심리학이 조조에게 말하다 ①

심리학이 조조에게 말하다 ①

펴낸날 2022년 11월 10일 1판 1쇄
2022년 12월 15일 1판 2쇄

지은이 천위안
옮긴이 이정은
펴낸이 강유균
편집위원 이라야 남은영
기획·홍보 김아름 김혜림
교정·교열 이교숙 나지원
경영지원 이안순
디자인 바이텍스트
마케팅 신용천

펴낸곳 리드리드출판(주)
출판등록 1978년 5월 15일(제 13-19호)
주소 경기도 고양시 일산서구 고양대로632번길 60, 207호(일산동, 대우이안)
전화 (02)719-1424
팩스 (02)719-1404
이메일 gangibook@naver.com
홈페이지 www.readlead.kr

ISBN 978-89-7277-367-2 (04320)
978-89-7277-201-9 (세트)

◈ 현대 심리학으로 읽는 삼국지 인물 열전 ◈

천위안 지음
이정은 옮김

심리학이 조조에게 말하다 1

살아남는 자가 강한 자다

리드리드출판

◆ 추천사 ◆

현대 심리학으로 난세의 영웅 조조를 들여다보다

위·촉·오가 천하를 삼분하여 호령하던 중국의 삼국시대에는 그 어느 시대보다 인재가 넘쳐났다. 그러기에 판세를 엎치락뒤치락하는 수많은 책략과 전술이 펼쳐졌다. 《삼국지》에는 수많은 인물이 복잡하게 등장하고 피비린내 나는 전쟁과 권력투쟁이 수없이 벌어진다. 각 등장인물이 보여준 파란만장한 이야기와 그들 나름의 생존 기술과 지혜는 시대를 막론하고 교훈과 감동을 준다. 나는 이것이 《삼국지》가 세대를 뛰어넘어 사랑받는 이유라고 믿는다.

저자 천위안은 '현대 심리학으로 읽는 《삼국지》 인물 열전 시리즈'의 인물로 우리에게 가장 큰 영향력을 발휘하는 조조, 제갈량, 관우, 유비, 손권, 사마의를 선택했다. 심리학을 통해 이들의 삶과 삼국시대의 이야기를 재해석한 방식은 이제껏 접근하지 못한 새로운 방식이다.

이러한 참신함에 다양한 의문을 제기할 수 있겠으나 반드시 짚고 넘어가야 할 질문은 두 가지다. 하나는 현대인의 시선으로 2천 년 전에 살았던 인물들의 심리를 추측하는 것이 과연 신빙성이 있는가? 좀 더 직설적으로 표현해 심리학적 분석이 과연 역사 연구에 도움이 될 수 있느냐이다. 다른 하나는 조조, 제갈량, 관우, 유비, 손권, 사마의를 '현대 심리학으로 읽는 《삼국지》 인물 열전 시리즈'의 인물로 택한 것이 타당한가? 이들이 과연 삼국시대를 대표하는 인물일까? 나는 평범한 독자의 시각에서 이 두 가지 문제를 생각해보려 한다.

심리학은 근현대에 발전한 사회과학이다. 이것으로 2천 년 전 난세 영웅들의 심리를 분석하고 해석하려는 시도는 대단히 흥미롭고 학문적 의미도 크다. 천위안의 '현대 심리학으로 읽는 《삼국지》 인물 열전 시리즈'는 처음부터 끝까지 철저하게 심리학적 각도에서 역사적 인물을 분석한 최초의 작품이다. 심리분석을 통해 인물과 시대를 해석한 것은 방법적인 측면에서 이의를 제기할 수 없다는 뜻이다. 마치 근대 고고학에서 탄소14를 이용해 유적이나 유물의 제작 시기를 분석하는 일에 비견할 수 있다. 과학과 수학, 통계학을 활용해 고대 역사를 연구하는 것처럼 심리학이 역사 연구의 또 다른 도구가 될 수 있다는 것을 보여준다.

물론 고대인과 현대인은 서로 다른 시대를 살고 있으므로, 오늘날의 시각으로 고대인의 의도나 당시의 실제 논리를 완전히 간파할 수는 없다. 이 점은 독자들이 유념해야 한다.

역사 고증의 목적은 역사 속 사실과 인물의 갈등을 찾아 대리 경험과 교훈을 얻는 데 있다. 또한, 역사적 사실에 다양한 소재를 가미시켜 이야기로 풀어내는 역사 연구(연희)는 '즐거움의 가치'를 지니고 있다. 역사의 재해석으로 현실의 삶을 깨닫고 전달하는 것이 바로 역사의 '현대적 가치'다. 그런 의미에서 이 책은 역사를 통해 깨달음을 얻는 데 머무르지 않고 현대적 가치를 발굴해내는 가치를 실현해내고 있다.

삼국의 주축은 위나라와 오나라이고, 촉나라(촉한)는 위와 오에 비해 아주 작은 땅을 차지한 나라이다. 삼국 중 가장 일찍 멸망한 촉나라가 삼국 역사에서 차지하는 부분은 극히 일부에 지나지 않는다. 하지만 촉나라는 삼국 중 통치가 가장 잘 이루어졌으며 한나라의 정통을 계승한 나라이다. 유비와 함께 촉나라를 세운 관우는 당시 엄청난 영향력을 발휘했다. 여러 맹장을 단칼에 날린 천하무적이었으며 그의 이름만으로도 적군을 사분오열시켰던 영웅 중의 영웅이었다. 삼국 역사의 기여도를 따지자면 삼국의 창시자인 조조, 손권, 유비의 기여도가 가장 크다. 이 세 사람이 세운 삼국의 영토 크기 역시 같은 순서이다. 하지만 역사적 영향력은 관우, 제갈량, 조조 순이다. 관우는 죽고 나서도 역대 제왕들로부터 10여 차례 봉작을 하사받았다. 건륭乾隆 32년에는 관성대제關聖大帝라는 칭호까지 받았다.

나 역시 삼국 역사에 관한 몇 권의 책을 냈지만, 기존의 연구 방법에서 탈피하지 못했다. 새로운 것을 개척해나가려는 창조 정신이 부족해 그저 문헌을 이용하여 재해석하는 수준에 그쳤다. 이런 내게 심리를 통한 역사 연구라는 좋은 사례를 보여 준 천위안의 도전은 소중한 귀감이 되고 있다. 이 책에 큰 동의와 큰 박수를 보낸다.

역사 연구가 장다커張大可

◆ 차례 ◆

3부 조조 리더십의 원칙

4부 조조의 위기관리 기술

1부

조조의 승리의 기술

불가능에 도전하는 사람은 어리석어 보인다.
그러나 역사의 전환은 그의 도전에서 시작된다.
세상을 바꾸고 뒤흔드는 위력이 발휘되는 기점이다.
이를 알고 거침없이 나아가는 조조를 만나보자.

베푼 만큼
되돌아오길 기대한다

지금 죽여야 하나? 아니면 살려둘까?

동탁이 등을 보인 채 모로 누워 있다. 절호의 기회다. 조조는 이제 판단을 내려야 했다. 이토록 숨 막히는 상황에 처하게 된 것은 사도 왕윤王允과의 약속 때문이다. 조조 자신의 젊은 혈기와 왕윤의 치밀한 계산이 뒤엉켜 빚어낸 결과였다.

전날 저녁, 생일을 맞은 왕윤이 집으로 대신들을 불러 모아 연회를 열었다. 초대받은 이들은 모두 한나라 왕실을 위해 오랫동안 일해 온 사람들이었다. 왕윤은 많은 대신들이 와준 것을 보고 기뻐하며 술잔을 들다 갑자기 울기 시작했다.

대체 어찌 된 일일까? 자신의 생일에 많은 사람들이 와서 축하해주는데 당사자인 왕윤이 왜 갑자기 울음을 터트리는 것일까? 왕윤이 소리 높여 운 것은 주의를 끌어 이목을 집중시키기 위한 작전이었다. 아니나 다를까 장내에 있던 사람들이 깜짝 놀라 까닭을 물었다. 왕윤은 눈물을 흘리며 대답했다.

"나를 위해 우는 것이 아니라 한나라를 위해 우는 것이오."

사실 오늘의 연회는 한나라 조정의 오랜 대신들을 한자리에 불러 모으기 위한 핑계에 불과했다. 생일이라는 것도 다 거짓말이었다. 동탁을 제거할 방법을 의논할 사람들을 모으기 위해서는 그럴듯한 명분이 필요했다.

외척 하진何進이 환관을 토벌하려 할 때 군사를 거느리고 수도 낙양에 입성한 동탁은 무력으로 조정을 장악했다. 그 후 소제少帝를 폐하고 아홉 살짜리 유협劉協을 헌제獻帝로 삼아 황위에 앉히면서 정권을 잡았다. 그리고 자신에게 앙심을 품고 있다는 이유로 폐위된 소제와 그의 어머니 하태후를 독살했다. 또 매일같이 궁에 드나들며 황제의 침실에서 잠을 자고 궁녀들을 희롱하는 등 수없는 만행을 저질렀다.

한나라 조정의 충신들은 분개하며 동탁을 몰아낼 방법을 찾았지만 할 수 있는 것이 아무것도 없었다. 이 사태를 더 이상 두고 볼 수 없었던 사도 왕윤이 생일을 핑계로 믿을 만한 사람들을 한자리에 불러 모아 대사를 도모하려 한 것이다.

왕윤은 한나라 황실을 오랫동안 섬겨온 사람들만 가려 뽑아 초대장을 보냈다. 조상 대대로 한나라에 충성해온 그들 역시 동탁의 편에 서지 않았다. 왕윤의 행동을 통해 우리는 인지 메커니즘Cognitive mechanisms에 어떤 요소가 강하게 작용하는지 알 수 있다. 바로 이것과 저것을 구분하려는 욕구다.

우리는 자신과 타인을 다른 그룹으로 구분 짓고 '우리'와 '그들'이 당연히 다르다고 믿는다. 또 우리가 속한 그룹을 감싸고 그 외의 그룹은 배척하기도 한다. 가치관이나 행동방식, 사물에 대한 기호 등에서 나와 다른 선택을 한 사람들은 다른 그룹으로 간주하는 것이다.

왕윤이 사용한 판단 기준은 '오랜 신하'였다. '오래된'이라는 단어는 '새로운'과 반대된다. '오래된' 사람들은 동탁이 조정을 장악하기 이전부터 한나라 조정을 위해 일하던 이들이고, 그 충성심은 여러 대에 걸쳐 이어져 왔다. 반대로 '새로운' 사람들은 동탁의 출현 이후에 나타난 이들로 동탁의 세력에 봉사하는 그룹이다.

왕윤이 '오랜 신하는 충성스러운 신하'라는 기준을 적용한 것은 참 다행스러운 일이다. 하마터면 주인공 조조가 초대받지 못하는 상황에 빚어질 번했기 때문이다. 동탁이 득세한 이후 조조는 그와 급격히 가까워졌을 뿐 아니라 유능한 일 처리로 신임을 한 몸에 받고 있었다. 그러나 '오랜 신하'라는 기준에 입각한다면 조조는 한나라 개국공신인 조삼曹參의 후손이자 400여 년간 한나라의 녹을 먹어온 조씨 집안 출신이기도 했다. 왕윤의 기준에서 볼 때 조조는 당연히 충신이었다. 한바탕 울음으로 시선을 집중시킨 왕윤이 본론을 꺼냈다.

"오늘은 이 늙은이의 생일이 아니오. 역적 동탁의 의심을 피하기 위해 생일이라는 핑계를 댄 것입니다. 내가 우는 것은 나 때문이 아니라 400년간 이어져 온 한나라를 위한 것이오. 동탁이 저리도 날뛰고 있는데 막을 사람이 아무도 없으니 어찌 내일을 장담할 수 있겠소."

왕윤의 말은 장내에 있던 한나라 신하들의 가슴을 후볐다. 그러나 그들 대부분 가진 것이라곤 충성심 하나뿐 동탁과 맞설 준비는 되어 있지 않았다. 술을 마시며 울분을 삼키거나 왕윤처럼 얼굴을 가리고 우는 수밖에 없었다.

사실 왕윤의 선택은 상당히 위험한 행동이었다. 만약 한 사람이라도 이 일을 발설한다면 왕윤은 물론 자리에 있던 사람들 모두 목이 달아날 수도 있었다. 그러나 당시 사람들은 충의를 매우 중요하게 생각했기 때문에 그처럼 배신하는 경우는 드물었다. 나중에 등장하는 여포가 엄청난 질타를 받은 것도 바로 이러한 사회적 규범의 영향이라고 할 수 있다.

모두가 울고 있는 와중에 돌연 커다란 웃음소리가 울려 퍼졌다. 그 웃음소리는 장내를 가득 채우고 있던 울음소리와 대조되어 더욱 명랑하게 들렸다. 사람들은 순식간에 울음을 멈추고 웃음의 진원지를 향해 고개를 돌렸다. 눈물은 문제를 해결하는 데 도움이 되지 않지만 웃음은 달랐다.

호탕하게 웃은 사람은 다름 아닌 조조였다. 뛰어난 재주로 일찌감치 두각을 나타내며 젊은 나이에 공적을 쌓은 겁 없는 청년 인재였다. 한바탕 웃고 난 조조가 입을 열었다.

"대신들께서 그렇게 밤을 꼬박 새워 운들 동탁이 죽겠습니까?"

그 말에 놀란 장내는 순식간에 물을 끼얹은 듯 조용해졌다. 그러자 옆에서 이 모습을 지켜보던 왕윤이 크게 화를 냈다.

"네 이놈! 네 조상이 400년 넘게 한나라의 녹봉을 먹었거늘 참으로 배은망덕하구나! 여기가 어디라고 감히 함부로 입을 놀린단 말이냐? 동탁에게 가서 밀고를 하려느냐? 우리는 죽어도 한나라의 귀신이 될 것이다!"

화를 내고는 있지만 사실 왕윤은 깜짝 놀라 심장이 오그라들었다. 자칫하면 이 젊은 녀석 때문에 대사를 그르칠 수도 있겠다는 생각이 퍼뜩 뇌리를 스친 것이다. 왕윤은 그제야 '오랜 신하'라는 기준에 중대한 결함이 있다는 사실을 깨닫게 되었다. 조조는 충신의 조건을 갖추었지만 현재 동탁 정권에서 가장 빠르게 부상하는 스타였기 때문이다. 그래서 겉으로는 죽음이 두렵지 않다고 큰소리치는 왕윤도 속으로는 이미 조조를 부른 걸 후회하기 시작했다. 그는 냉정함을 유지하려 스스로를 다그치며 조조를 붙잡을 방법을 찾아야 했다. 잘못하다간 이 자리에 모인 대신들이 한꺼번에 목숨을 잃을 수 있는 위기였다.

그러나 조조는 동탁에게 밀고할 생각이 전혀 없었다. 만일 그럴 마음이었다면 박장대소를 해가며 시선을 모으고 자신을 드러내지는 않았을 것이다. 그저 한쪽에서 지켜보고 있다가 적당한 때에 조용히 물러나 동탁을 만나면 왕윤과 대신들을 쥐도 새도 모르게 처단할 수 있었다. 하지만 조조의 마음은 아직 한나라에 있었다. 그 또한 동탁이 조정을 장악하고 안하무인으로 날뛰는 것을 마땅찮게 여기고 있었다. 하지만 원대한 포부를 품고도 좀처럼 기회를 잡지 못한 조조는 자신의 꿈을 위해 동탁을 도우면서 성공의 발판을 닦을 수밖에 없었다. 조조가 동탁과 가까이 한 것은 순전히 정치적인 필요에 의해서였다.

여기서 조조의 정치가로서의 숨은 능력을 엿볼 수 있다. 정치가의 선택기준은 충신의 기준과는 다르다. 충신은 정세에 상관없이 충성을 고집한다. 하지만 정치가는 상황의 변화에 따라 자신에게 가장 유리한 방향을 선택한다. 그리고 이러한 선택의 대가로 충의를 어느 정도 포기하게 된다.

사실 조조가 굳이 대신들이 '충심'을 비웃으며 도발할 필요가 없었다. 그럼에도 그렇게 한 것은 나약하고 무능한 그들의 울음소리가 조조의 영웅심을 자극했기 때문이다.

우리는 누구나 사회적 평가의 영향에서 자유롭지 못하다. 또 누구나 지나치게 자신을 믿는 경향이 있다. 조조의 눈에 비친 대신들은 늙고 힘이 없을 뿐 아니라 의지를 행동으로 옮길 열정도 없어 보였다. 아무리 주위를 둘러보아도 이 문제를 거뜬히 해결할 수 있는 사람은 자신밖에 없었다. 이러한 심리를 바탕으로 조조는 모두가 깜짝 놀랄 만한 발언을 한다.

"저는 다만 여러 대신 누구도 동탁을 죽일 방법이 전혀 없다는 사실이 우스웠던 것뿐입니다. 제가 대단한 재주는 없으나 머리는 좀 쓸 줄 압니다. 곧 동탁의 목을 치고 그 머리를 성문에 걸어 천하에 내보이겠습니다!"

이 말은 과도한 자신감을 보여주는 전형적인 예다. 물론 조조는 동탁과 가깝게 접촉할 수 있으니 마음만 먹으면 어렵지 않게 암살할 수도 있다. 그러나 동탁의 주변에는 무장한 군사가 둘러싸고 있었다. 특히 천하제일의 명장 여포呂布가 동탁의 곁을 한시도 떠나지 않고 있었다. 그러니 동탁을 죽이더라도 조조 또한 목숨이 위태로운 상황인 것이다. 결론적으로 동탁의 목을 성문에 걸겠다는 조조의 말은 현실성이 떨어지는 허풍에 불과했다.

하지만 왕윤은 조조의 말에 귀가 번쩍 뜨였다. 그의 원래 목적이 바로 조조 같은 인물을 찾는 것이었으니 그럴 만도 했다. 그러나 아직 조조에 대한 의심이 남아 있어 완전히 마음을 놓을 수는 없었다. 왕윤은 자리에서 일어나 조조에게 다가가 공손히 물었다.

"맹덕 공, 한나라 왕실을 구해낼 방법이 있으신가?"

비록 조조의 나이가 한참 아래였지만 동탁을 죽이고 한나라를 되살릴 수만 있다면 공대하는 것쯤은 문제도 아니었다. 그러자 조조가 자신감 넘치는 말투로 대꾸했다.

"제가 동탁과 가까이 있으니 기회를 엿보아 해치우면 됩니다. 동탁이 저를 신임하여 무슨 일이든 저와 상의하려 합니다. 사도께서 갖고 있는 보검을 제게 빌려주십시오. 그 검으로 역적 동탁을 죽이겠습니다."

조조는 어째서 왕윤의 보검을 언급한 것일까? 보통 검으로 동탁을 죽일 수 없는 것도 아니었다. 가까운 거리의 암살에는 좋은 검이 필요 없다. 평범한 검으로도 충분히 동탁의 목을 벨 수 있다는 것은 어린아이도 알 법한 사실이다. 그렇다면 조조가 굳이 보검을 빌려달라고 한 까닭은 무엇일까?

조조가 보검을 요구한 것은 왕윤의 신임을 얻기 위한 일종의 수단이다. 왕윤이 자신을 믿지 않는다는 것을 예민하게 알아차린 조조는 동탁과의 친분을 상쇄할 가장 쉬운 방법으로 왕윤의 보검을 택한 것이다. 만약 왕윤이 자신을 완전히 신임하지 않는다면 동탁을 죽이겠다는 용기는 명분을 잃게 되고 목숨까지 위태로워질 수 있었다. 만약 왕윤 등이 조조가 밀고하리라 확신한다면 아무리 힘없는 늙은이들이라 해도 한꺼번에 달려들어 조조의 입을 막고자 할 게 뻔했다. 그래서 조조가 생각해낸 방법이 바로 보검이었다. 이 아이디어의 원조는 사실 전국시대 진나라의 노장 왕전王翦이다.

당시 왕전은 진나라의 60만 대군을 이끌고 출전하게 되었다. 천하통일을 눈앞에 둔 최후의 일전이었던 만큼 나라의 모든 병력이 왕전의 손아귀에 있었다. 의심이 많은 진시황은 이것을 불안해했다. 장수 한 사람이 온 나라의 군대를 이끌게 되었으니 왕으로서는 걱정되는 것이 당연했다. 이를 잘 알고 있던 왕전은 출정한 지 얼마 지나지 않아 행군을 멈추게 하고 말을 돌려 궁으로 돌아갔다. 진시황이 깜짝 놀라 연유를 묻자 왕전이 대답했다.

"저는 이미 늙어 앞으로 전하를 보필할 기회가 많지 않을 것 같습니다. 아직 힘이 남아 있을 때 자손들을 위해 전답을 마련해두고 싶습니다."

그 말을 들은 진시황이 크게 웃으며 말했다.

"대장군이 천하를 평정한다면 그까짓 전답이 문제겠는가?"

"아닙니다. 부디 지금 제게 비옥한 전답을 내려주십시오."

진시황은 흔쾌히 고개를 끄덕이고는 수도 함양 서쪽의 기름진 땅 200만 평을 하사했다. 그 후 왕전은 행군 도중 두 번 더 왕에게 저택과 땅을 요구했고, 왕은 매번 그의 뜻대로 해주었다. 노장군 왕전은 어째서 출정을 대가로 미리 상 줄 것을 요구했을까? 그가 여러 차례에 걸쳐 지나칠 정도로 많은 땅과 재물을 요구한 것은 왕과의 관계 때문이었다. 준 것만큼 받으면 서로 빚진 것이 없는 상호교환 관계가 된다.

상호교환은 오랜 역사를 거치며 형성된 인간의 대표적인 행동 양식 가운데 하나다. 쉽게 말해 은혜는 은혜로 갚고 원수는 원수로 갚는 것이다. 우리는 누군가에게 신세를 지게 되면 어떤 형식으로라도 그에 상응하는 보상을 한다. 그렇지 않으면 기분이 영 찜찜하고 불안하기 때문이다.

진시황은 나라의 모든 병력을 손에 넣게 된 왕전이 엉뚱한 마음을 먹지는 않을까 매우 걱정했다. 예로부터 많은 군주가 바로 이 점을 우려하여 공을 세우고 돌아온 장수를 죽여 후환을 없앴다. '토사구팽'이라는 말도 바로 여기서 나왔다.

그런데 왕전은 자진해서 왕에게 재물을 요구함으로써 앞으로 세울 공에 대한 대가를 미리 받아두었다. 진시황의 입장에서는 이미 가장 좋은 땅과 저택을 주었으니 그가 받은 만큼 공을 세우고 돌아올 일만 기다리면 되었다. 게다가 많은 재물을 얻은 왕전이 자리에서 물러난 후 편안히 여생을 보내게 되었으니 딴마음을 품을 가능성도 적었다. 이것이 바로 왕전이 왕에게 먼저 요구한 이유였다. 설사 그가 결코 배신하지 않겠다고 맹세를 했다고 한들 의심 많은 진시황으로부터 진정한 믿음을 얻을 수는 없었을 것이다.

보검을 요구한 조조 역시 이와 비슷한 목적에서였다. 보검이 암살에 직접적인 도움은 주지 못한다고 해도 암살에 따르는 여러 가지 다른 위험은 어느 정도 피할 수 있기 때문이다. 또한 보검은 왕윤이 조조의 용기를 격려하고 지지한다는 상징이 되기도 했다. 이렇게 양측이 '등가교환'을 하면서 상호 간의 신뢰 관계도 탄탄하게 맺어진다.

◈ 심리학으로 들여다보기

때로는 맹세보다 요구가 신뢰를 얻는다. 맹세는 의구심을 부르지만 요구는 자신을 증명해보이는 길로 들어섰다는 것을 의미하기 때문이다. 특히 상대의 절대적 상징을 요구하면 확신한 각오나 다짐을 보여줄 수 있다.

도둑이 제 발 저리는 데는 이유가 있다

조조의 호기에 왕윤은 크게 기뻐하며 말했다.

"자네가 그렇게 해준다면 한나라를 구할 수 있을 것이네."

조조는 한나라 왕실에 충성을 다할 것이며 백번 죽어도 여한이 없음을 맹세했다. 먼저 요구하고 나중에 맹세하기! 신뢰를 얻기 위한 이 두 가지 단계는 지금과 같은 특수한 상황에서는 반드시 순서대로 행해져야 했다. 조조는 이대로 실행했고 그 결과 왕윤의 신임을 확실히 얻을 수 있었다. 왕윤은 즉시 사람을 보내 보검을 가져오게 한 다음 조조에게 건네주었다.

한 자가 넘는 길이의 검은 칠보로 장식되어 있었고 날의 예리함도 남달랐다. 듣던 대로 명검이었다. 조조는 공손히 검을 받아 허리에 찼다. 물론 보검을 사용하지 않고도 동탁을 죽일 수 있었다. 그러나 조조는 이 '보검'이 자신에게 새로운 선택과 가능성을 가져다줄 거라고는 생각지 못했다. 한편 해결책을 찾은 왕윤과 대신들은 기뻐서 어쩔 줄을 모르며 축배를 들었다. 연회는 밤늦도록 이어졌다.

다음 날, 조조는 동탁을 만나기 위해 아침 일찍 집을 나섰다. 그러나 동탁이 있는 승상부에 도착한 시각은 어쩐 일인지 예정보다 많이 늦어졌다.

"오늘은 왜 이렇게 늦게 왔느냐?"

동탁은 고개를 갸우뚱하며 물었다. 조조는 늘 아침 일찍 승상부로 찾아와 문안 인사를 했기 때문이다. 그러나 늦은 까닭만 물었을 뿐 꾸짖는 어조는 아니었다. 동탁이 조조를 얼마나 가까이 여겼는지 알 수 있는 대목이다. 조조가 대답했다.

"제 말이 허약하여 빨리 달리지 못해 늦었습니다."

하지만 문제가 생긴 것은 말이 아니라 조조의 머릿속이었다. 아침 일찍 말에 오른 조조는 동탁 암살 건에 대해 냉정하게 생각해보았다. 그는 이름을 널리 알리고 활동영역을 넓히기 위해 동탁을 죽이겠다고 나섰다. 과도한 자신감에 사로잡혀 동탁을 암살한 후 무사히 빠져나와 명성을 떨칠 수 있다고 생각했다. 그런데 실제로 일이 생각대로 풀릴 확률은 굉장히 낮았다.

물론 동탁이 조조를 깊이 신임하고 있어 가까이 접근할 수 있는 것은 사실이었다. 그러나 동탁이 있는 승상부는 경비가 삼엄한 데다 천하제일의 명장 여포(동탁의 양아들로 조조보다 더욱 큰 신임을 받고 있다)가 한시도 그의 곁을 떠나지 않았다. 설사 동탁을 암살하는 데 성공한다고 해도 무사히 빠져나오기가 쉽지 않은 것이다. 즉 조조는 영웅이 되는 동시에 목숨을 바친 열사로 이름만 남게 될 가능성이 컸다.

‘동탁 암살은 수단일 뿐 결코 목적이 아니지 않은가!’

생각이 여기까지 미치자 조조는 지난밤 자신의 호언장담이 그야말로 터무니없었다는 사실을 깊이 깨달았다. 함부로 날뛰는 동탁이 거슬리기는 해도 자신의 목숨을 대가로 할 수는 없었다. 자신은 젊고 앞으로 살아갈 날이 새털처럼 많았다. 가슴에 품은 원대한 뜻을 펼치려면 무엇보다도 건강하고 튼튼한 몸이 필요했다. 간단히 말해 조조는 죽기 싫었다. 하지만 활시위는 이미 당겨졌고 물러설 길은 없었다. 이렇게 말 위에서 이런저런 생각이 많다 보니 자신도 모르게 늦어버렸다. 그렇다면 조조는 어떤 선택을 해야 할까?

하나는 보검을 증거로 삼아 왕윤이 동탁을 암살하려 한다는 사실을 털어놓으면 되었다. 이 경우 조조는 위험을 피할 뿐만 아니라 동탁에게 더욱 두터운 신임을 얻을 수 있다. 그러나 왕윤과 대신들이 목숨을 잃는 것은 물론 그 가족들까지 화를 입게 될 것이다. 그러면 비열한 행동에 대한 손가락질을 감수해야 한다. 이 길을 선택할 수는 없었다.

다른 하나는 원래 계획대로 동탁을 암살하고 열사의 반열에 올라 역사에 길이 이름을 남기는 것이다.

보통 사람이라면 이 두 가지 방법을 놓고 고민하겠지만 조조는 머리를 짜내어 세 번째 방법을 생각해냈다. 손에 쥐어진 ‘보검’이라는 특수한 자원을 활용해보기로 한 것이다. 조조의 변명을 들은 동탁이 곧바로 입을 열었다.

“그런가? 마침 서량西涼에서 좋은 말을 보내왔구나. 여포야, 네가 가서 준마 한 필을 골라 맹덕에게 주거라.”

동탁은 이만큼 조조를 각별히 생각하고 있었다. 여포가 양아버지의 말이 떨어지기가 무섭게 달려나가자 조조는 속으로 쾌재를 불렀다.

'동탁 네놈은 이제 죽은 목숨이다.'

여포가 곁에 없었고 동탁은 술에 취해 있었다. 단칼에 해치우고 몸을 피할 시간은 충분했다. 절호의 기회였다. 조조는 검을 뽑으려 했지만 순간 힘이 센 동탁에게 밀리지 않을까 걱정이 되었다. 하지만 동탁은 겉으로는 강해 보여도 실제로는 별 볼 일 없었다. 특히 술에 취해 제대로 방어할 상황도 아니었다. 그러나 조조는 그의 위엄과 상대를 압도하는 분위기 때문에 겁을 먹고 있었다. 실제로 사람을 죽이는 것은 보검이 아니라 마음의 칼이다. 그런데 조조는 우물쭈물 망설이며 기회를 놓치고 있었다.

아무것도 모르는 동탁은 잠시 앉아 있다가 곧 등을 보이고 누웠다. 이 장면은 동탁이 조조를 가족처럼 깊이 신임하고 있다는 것을 보여준다. 다른 사람 앞에서 함부로 눕는다는 것도 그렇지만 아무런 경계심 없이 등을 내보였다는 점이 특히 그랬다.

이로써 조조는 또 한 번의 기회를 얻게 되었다. 드디어 그는 망설임 없이(정말 망설임이 없었을까?) 검을 뽑았다. 그러나 미처 검을 휘두르기도 전에 벽에 걸린 거울을 통해 조조의 모습을 본 동탁이 황급히 몸을 일으키며 고함을 쳤다.

"맹덕 이놈, 지금 뭐 하는 거냐!"

그때 저만치에서 여포가 말을 끌고 들어오는 게 보였다. 그러자 조조는 얼른 검의 손잡이를 바꿔 쥐고 바닥에 무릎을 꿇었다.

"제가 승상께 바치려고 보검 한 자루를 가져왔습니다!"

상황이 불리하다고 판단되자 재빨리 작전을 바꾸는 이 장면은 조조의 뛰어난 순발력과 기지를 보여준다고 평가받는다. 그러나 사실은 다르다. 동탁은 다혈질에다 난폭하기 그지없었다. 그는 승상의 자리에 올라 무소불위의 권력을 휘두르는 인물이었다. 비록 왕윤의 앞에서 호기를 부리며 성공을 장담했지만 막상 동탁 앞에 서자 조조는 주저하며 망설였다. 더구나 동탁이 거울을 통해 이상한 낌새를 눈치채고 고함까지 쳤다. 심장이 오그라드는 급박한 상황에서 그는 정말로 침착하게 머리를 굴려 절묘한 방법으로 위기를 모면한 것일까?

사실 이것이 조조가 생각한 세 번째 방법이었다. 보검이라는 진귀한 자원을 십분 활용한 것이다. 물론 보검의 활용 가능성을 알아보고 실제로 실행에 옮긴 조조의 지혜는 높이 살 만하다. 그에게 이러한 능력이 없었다면 지금의 위기상황에서 빠져나올 수 없었을 뿐 아니라 나중에 승상이 되어 천하를 호령하는 일도 없었을 것이다.

오랫동안 전쟁터를 누비며 장수로 살아온 동탁은 한눈에 명검을 알아보았다. 과연 조조의 말대로 진귀한 보검이었다. 그제야 웃으며 검을 받은 그는 조조에 대한 관성적인 믿음 때문에 별다른 의심을 품지 않았다. 조조는 그 자리에서 칼집을 풀어 동탁에게 바쳤다. 그때 여포가 뜰로 들어와 자신이 골라온 말을 보라며 조조를 불러냈다.

"그럼 가서 한번 타보겠습니다."

조조는 동탁에게 감사의 인사를 한 다음 밖으로 나갔다. 이것은 조조가 기지를 발휘한 것이다. 동탁이 그에게 말을 선물하는 것은 각본에 없던 사건이기 때문이다. 동탁은 하인을 불러 말 위에 얹을 안장을 가져오게 했다. 조조는 침착하여 애쓰며 자연스럽게 말에 올라 승상부를 벗어났다. 그리고는 집에도 돌아가지 않고 동남쪽을 향해 계속 말을 달렸다.

이로써 조조는 왕윤과 동탁 모두를 기만한 셈이 되었다. 전쟁에 나선 장수가 겁을 먹고 달아난 꼴이 되어 버린 것이다. 국가를 위해 희생하는 대의를 선택하지 않고 제 목숨 지키기에 급급했던 조조를 비난할 수도 있다. 그러나 인간적으로 보면 조조에게도 생명은 하나뿐이다. 그의 행동에 반대하더라도 이 부분은 이해해주어야 한다.

영국의 철학자 베이컨은 '꿀벌은 적을 만나면 분노의 침 한 방을 쏘고 죽는다. 그러나 사람은 이와 다르다'라고 말했다. 만약 조조가 시공을 넘어 이 말을 들었다면 아마도 자기변명을 위한 재료로 쓰지 않았을까? 비록 암살에는 실패했으나 이 사건은 미래 조조의 성공을 위한 발판이 되었다.

여기서 다시 여포에게 돌아가 보자. 조조가 검을 뽑았다가 동탁에게 바치는 장면을 창밖에서 본 여포는 뭔가 이상하다는 생각이 들었다. 하지만 조조를 무척이나 신임하고 있는 동탁이 아무런 의심도 하지 않자 여포도 조조 앞에서 별다른 말을 하지는 않았다. 조조가 말을 타고 가버린 후 여포가 말했다.

"조금 전 조조가 검을 휘두르려다 아버님께서 소리를 치시니 바로 말을 바꾸어 검을 바치지 않았습니까?"

동탁은 여포의 말에도 일리가 있다고 생각했다. 그러나 줄곧 조조를 믿어왔던 만큼 좀처럼 그가 정말로 자신을 죽이려 했다는 확신은 서지 않았다. 이러한 동탁의 심리는 대다수의 사람들이 갖고 있는 상호교환의 원리가 작용한 탓이다. 우리가 누군가에게 많은 은혜를 베푼다면 내심 상대도 그와 비슷하거나 심지어 더 큰 보답을 하리라 기대하게 마련이다. 바로 이러한 기대심리 때문에 믿고 싶은 것만 믿는 선택적 자각에 빠지게 된다. 그래서 은혜와 보은의 관계만 생각할 뿐 은혜를 원수로 갚는 경우는 계산하지 않는다. 더군다나 조조의 경우는 굉장히 특이해서 동탁 부자는 쉽게 결정을 내리지 못했다. 그때 마침 이유李儒가 동탁을 찾아왔다. 동탁은 이때다 싶어 그에게 조조의 일을 이야기하고 의견을 물었다.

꾀가 많은 이유는 사람의 심리를 들여다볼 줄 알았다. 동탁의 말을 듣자 그는 곧 조조의 속내를 알아낼 방법을 생각해냈다.

"조조에게는 아직 처자식이 없으나 분명 사는 집은 있을 것입니다. 승상께서는 지금 즉시 조조의 집으로 사람을 보내 그를 불러내십시오. 만약 조조가 바로 나온다면 마음에 거리낄 것이 없다는 뜻이니 아까의 일도 보검을 드리려고 뽑은 것입니다. 반대로 시간을 끌며 숨는다면 이는 분명 겁을 내는 것입니다. 바로 승상을 암살하려던 것이지요."

그의 말에 고개를 끄덕인 동탁은 즉시 조조의 집으로 사람을 보냈다. 잠시 후 돌아온 부하가 조조는 오늘 집으로 돌아가지 않았으며 승상이 선물한 말을 타고 쏜살같이 동문을 빠져나갔다고 전했다. 성문을 지키는 병사가 묻자 승상의 밀명을 받고 급한 일을 보러 간다며 그대로 말을 달려 사라졌다는 것이다. 그 말을 들은 이유가 말했다.

"이는 필시 도둑이 제 발 저려 도망간 것입니다!"

여기서 언급한 '도둑이 제 발 저리다'라는 말은 사실 심리학적으로 매우 미묘한 현상이다. 도둑은 왜 제 발을 저릴까? 그것은 바로 '투명도착각Illusion of transparency'이 작용했기 때문이다.

심리학에서 말하는 투명도착각이란 자신의 생각과 느낌을 다른 사람들도 똑같이 알 수 있으리라는 착각이다. 우리를 가장 잘 아는 것은 우리 자신이다. 그러나 인간은 늘 자기를 기준으로 사고하기 때문에 다른 사람도 나와 똑같이 내 생각과 느낌을 들여다볼 수 있다고 착각한다. 그러나 실제로 타인은 당신의 머릿속에 무엇이 들어있는지 알 방법이 없다. 우리가 알아차리기에 충분한(그러나 실제로 그는 눈치채지 못하는) 정보를 흘려 놓고 상대가 당연히 알아들었으리라 믿는 것도 바로 이 투명도착각의 작용 때문이다.

하지만 세상에 제 발 저리지 않을 도둑이 몇이나 될까? 죄를 지은 사람은 커피 한잔 마시러 나온 경찰을 보고도 나를 잡으러 왔나 싶어 가슴이 덜컥 내려앉는다. 만약 세상 모든 도둑이 나쁜 짓을 한 후 아무 일도 없었다는 듯 태연하게 군다면 경찰에 잡히는 도둑은 몇 명 되지 않을 것이다.

비록 조조가 대담한 인물이긴 하나 심리학적 현상의 굴레를 벗어날 수는 없었던 것이다. 뿐만 아니라 이러한 투명도착각에 대한 무지 때문에 앞으로 조조는 더 많은 대가를 치르게 된다.

◈ 심리학으로 들여다보기

제 발 저리는 도둑은 금방 잡히게 마련이다. 자신의 잘못은 자신이 가장 잘 안다. 그러기에 양심의 덫에서 자유로울 수 없다. 심리적 압박이 몸의 세포와 정신을 지배하기 때문이다.

멀리 보는 사람은
스스로 길을 찾는다

은혜를 원수로 갚는 것은 어느 문화권에서나 가장 충격적인 사건일 것이다. 동탁은 그제야 무조건적인 믿음에 가려져 있던 진실을 알고 나서 펄쩍 뛰었다. 그는 조조를 피붙이처럼 생각해 자신의 침실 출입까지 허락했다. 게다가 타고 온 말이 허약하다는 소리를 듣고 여포를 시켜 좋은 말까지 한 필 골라오도록 했다. 그런데 이 같은 은혜에 충성으로 보답할 줄 알았던 조조가 자신을 암살하려 했을 뿐만 아니라 방금 선물한 말을 타고 쏜살같이 달아나버린 것이다. 동탁은 말 그대로 머리끝까지 화가 났다.

여기서 재미있는 점은 세상만사 돌고 돈다는 사실이다. 조조는 동탁이 내린 준마를 타고 가버린 뒤 그를 배신하고, 나중에는 관우가 조조에게 받은 적토마를 타고 그를 떠나게 되니 말이다.

은혜를 원수로 갚으면 엄청난 보복이 뒤따른다. 호혜의 원리가 가진 또 다른 면이라고 할 수 있다. 동탁은 즉시 공문을 내리고 조조의 용모파기容貌疤記를 그려 배포했다. 현상금으로 황금 1천 근과 제후의 벼슬까지 걸었다.

한편 조조는 쉼 없이 말을 달려 고향 초군譙郡으로 향했다. 누구나 마음속에는 고향에 대한 애틋한 감정이 있게 마련이다. 금의환향은 고향 사람들에게 자신의 성공을 알리고 싶어 하는 마음 때문이고, 실패하여 돌아가는 경우는 일종의 귀속감을 느끼고 안정을 찾기 위해서일 것이다. 힘든 시기를 겪을 때 마음의 안정과 위안을 얻을 수 있는 곳은 고향밖에 없다. 그래서일까. 고향으로 가는 것은 상당히 위험한 결정이었지만 조조는 묵묵히 말을 달렸다.

문제는 조조가 동탁을 너무 과소평가했다는 데 있었다. 거친 군사들을 다스려서인지 동탁은 결단력이 있었고 실행도 빨랐다. 현상 수배는 조조보다 빠른 속도로 각 지방에 전달되었다. 결국 조조는 중모현中牟縣에서 붙잡혔다. 관문에는 이미 조조의 용모파기가 붙어 있었다. 문을 통과하는 사람들을 한 명씩 일일이 살펴보던 병사가 조조를 알아보고는 당장 끌어냈다. 조조는 일단 잡아떼었다.

"무슨 소리요. 나는 복씨 성을 가진 황보라는 사람으로 사주에서 왔소. 조조가 누구인지는 모르나 당치도 않소."

그러나 관문을 지키는 병사도 호락호락하지 않았다. 막대한 상금이 걸려 있는 만큼 의심스러운 사람은 단 한 명도 놓치지 않았다. 더군다나 조조는 상부에서 내려온 수배범의 인상착의와 딱 맞아떨어졌다. 결국 그는 현령 앞으로 끌려가게 되었다. 조조는 여전히 자신의 신분을 부인했지만 현령이 호통을 쳤다.

"그만둬라! 내가 벼슬을 청하러 낙양에 갔을 때 만난 일이 있거늘 아직도 발뺌을 하느냐? 여봐라, 저자를 당장 가둬라. 내일 아침 날이 밝는 대로 승상부로 압송할 것이다. 제후 벼슬은 내 차지가 될 것이나 황금은 모두에게 골고루 나누어주겠다!"

그 말에 병사들은 좋아서 어쩔 줄을 몰랐다. 조조는 더 이상 빠져나갈 길이 없음을 깨닫고 입을 다물었다. 마음이 복잡했다.

해가 진 후, 현령이 보낸 수하가 다가오더니 감옥 문을 열었다. 그러고는 조조를 밖으로 불러내어 후원으로 데려갔다. 감각이 남달리 예민한 조조는 목숨을 건질 기회가 왔음을 직감했다.

현령은 이미 조조의 신분을 확신했으니 아침이 될 때까지 감옥을 철통같이 지키면 되었다. 다시 그를 만나 심문할 필요가 전혀 없었다. 만약 심문한다고 해도 감옥 속에 넣어둔 채로 하는 것이 상식적이다. 그런데 현령은 직접 수하를 보내 조조를 후원으로 데려오도록 했다. 현령의 마음속에 미묘한 변화가 일고 있다는 증거였다. 눈치 빠른 조조가 이 신호를 감지를 못할 리 없었다. 현령이 물었다.

"동승상이 무척이나 가까이 두었다고 하던데, 어째서 위험을 자초했느냐?"

여기서 어떤 반응을 보이느냐가 매우 중요했다. 현령이 자신을 풀어줄 수도 있다는 것을 알아차렸으니 어떻게든 적당한 명분을 찾아내야 했다. 자칫하다가는 어렵게 얻은 기회를 날려버릴 수도 있는 위험한 순간이었다.

조조는 현령에게 동정심을 사기보다는 오히려 그와 자신의 입장을 동등하게 만드는 작전을 택했다. 그러고는 사뭇 위엄 있는 얼굴로 말했다.

"참새 따위가 어찌 봉황의 큰 뜻을 알겠는가! 이미 잡힌 몸이니 어서 끌고 가서 상이나 받으면 되지 않소. 무슨 질문이 그리 많은가?"

이러다 오히려 현령의 화를 돋워 어렵사리 얻은 기회를 잃어버리는 것은 아닐까? 그러나 여기서 조조가 보여준 반응은 매우 적절했다. 전세를 역전하지는 못해도 최소한 악화시키지는 않을 방법이었다.

생각해보자. 현령이 압송하기로 마음을 먹으면 조조는 화를 피할 수 없게 된다. 하지만 끝까지 불의에 굴하지 않는 모습을 보인다면 죽더라도 의인으로 이름을 남기게 될 것이다. 물론 이것은 현령이 동탁의 편이라는 것을 전제로 한다. 그런데 반대로 현령이 동탁과 조금 다른 입장이라면 어떨까? 현령을 참새에 비유하며 무시한 발언은 분명 그를 자극할 것이다. 우선 현령의 진짜 의도가 무엇인지 떠본 다음 자신에게 유리한 쪽으로 다음 행동을 결정하려는 것이 조조의 속셈이었다. 아니나 다를까 전략은 적중했다.

"나를 그렇게 얕잡아보지 말게. 나라고 가슴 속에 큰 뜻이 없겠나? 그저 아직까지 제대로 된 주인을 만나지 못했을 뿐이지!"

현령의 진심이 여과 없이 드러나는 말이었다. 여기서 조조의 정교한 두뇌 싸움에 다시 한번 감탄하지 않을 수 없다. 현령이 자신을 후원으로 불러냈을 때부터 어렴풋이 감지하고 있었던 상황이 그대로 펼쳐지고 있었다. 조조는 내친김에 끝까지 영웅 노릇을 하기로 마음먹고 목소리를 높였다.

"나는 승상을 지내신 개국공신 조삼의 후손으로 우리 집안은 400년

넘도록 한나라의 녹을 먹어왔소. 그런데도 한나라 황실을 저버린다면 짐승과 다를 것이 무엇이겠소? 내가 역적 동탁과 가까이 한 것은 놈을 죽일 기회를 잡기 위해서였소. 그런데 이렇게 실패하고 말았소. 이것이 하늘의 뜻이라면 낸들 어쩌겠소."

조조는 동탁과 가까이 지냈던 과거의 얼룩을 적당한 명분으로 깨끗이 씻어냈을 뿐 아니라 자신을 충심이 깊은 영웅으로 재탄생시켰다. 한나라에 대한 충성을 간직한 사람이라면 감동할 수밖에 없는 명대사였다. 이 말을 들은 현령은 태도를 바꿔 물었다.

"맹덕 공, 중모현을 지나 어디로 가시려 했소?"

줄곧 조조의 이름을 부르던 현령이 맹덕이라는 자를 사용했고 말투도 굉장히 친근해졌다. 조조는 이제 목숨을 건지게 되었을 뿐 아니라 주도권까지 쥐게 되었다고 확신했다.

"원래는 고향으로 돌아갈 계획이었소. 황제 폐하의 명을 받들어 여러 제후의 힘을 모아 군사를 일으켜 동탁을 칠 생각이었소. 하늘이 돕지 않는 것이 원망스러울 뿐이오."

말을 마친 후 조조는 땅이 꺼질 듯한 한숨까지 길게 내뱉었다. 역시 세기의 간웅이었다. 순간적으로 판단하고 상황에 적합한 말을 하면서 앞으로의 계획까지 내비친 말이다. 이때 조조는 황제나 황제가 내린 조서 등이 갖는 대단한 위력을 알고 있었다. 다만 황제의 명령을 사칭하는 게 대역죄가 된다는 걸 인식하지 못했다. 훗날 천자를 앞세워 제후들을 움직이는 조조의 전략적 틀은 바로 이때 탄생했다.

여기까지 들은 현령은 조조의 몸에 묶인 밧줄을 직접 풀어주고 그를 부축해 상석에 앉힌 다음 공손히 술 한잔을 올리며 말했다.

"공께서는 진정 의인이십니다. 저도 관직을 포기하고 공을 따르겠습니다!"

그러자 조조는 크게 기뻐하며 현령의 이름을 물었다.

"저는 진陳씨로 이름은 궁宮이고 자는 공대公臺입니다. 노모와 처가 동군에 있습니다. 맹덕 공과 함께 대사를 도모하고 싶습니다!"

이렇게 해서 조조는 위기를 무사히 빠져나왔을 뿐 아니라 생애 첫 추종자까지 얻게 되었다. 이 모든 것은 상황을 자세히 관찰하고 예민하게 분석해 사람의 마음을 흔드는 전략 덕분에 가능한 일이었다. 그는 상대를 탐색하고 그에게 조금씩 파고들어 불리한 상황을 역전시키는 장면을 연출해냈다. 만약 조조가 조금이라도 신중하지 못했다면 어떻게 되었을까. 운 좋게 살아남았더라도 진궁이 관직을 포기하고 위험을 감수하면서까지 조조를 따르지 않았을 것이다. 여기에서 조조의 리더십을 엿볼 수 있다.

조조와 진궁은 짐을 꾸리고 변복한 다음 초군을 향해 길을 나섰다. 해가 저물자 두 사람은 관군의 추격을 피해 조조의 아버지와 친분이 두터운 여백사의 집으로 갔다.

과연 동탁의 힘은 대단했다. 조조를 잡으려는 현상 수배가 이미 전국 방방곡곡에 퍼져 있었다. 여백사도 이 사실을 모를 리 없었다. 그러나 조씨 집안과 매우 가깝던 그는 죄를 짓고 쫓겨 다니는 조조 일행을 따뜻하게 맞아주었다. 동탁을 암살하려던 사건은 비록 실패로 돌아갔지만 덕분에 조조는 유명세를 타게 되었다. 이런 상황에서 조조를 맞이하게 되자 여백사는 차라리 영광스러웠다.

여백사는 가장 먼저 아버지 조숭의 소식을 조조에게 전해주었다. 이번 사건으로 집안 전체에 화가 미칠 것을 우려한 조숭이 고향 초군을 떠나 진류로 몸을 피했다는 내용이었다. 고향에 가서도 가족을 만나지 못할 뻔했으니 조조에게는 귀중한 정보였다. 아무런 도움도 받을 수 없는 외로운 처지가 되면 싸울 의지를 잃게 마련이다. 여백사는 어떻게 여기까지 오게 되었는지 물었다. 조조가 진궁이 도와준 것을 이야기하자 여백사는 깊은 감사의 마음을 표했다.

"공이 아니었다면 조씨 집안의 대가 끊길 뻔했소이다."

조조가 무사한 것을 보고 크게 기뻐한 여백사는 진궁을 잘 대접하리라 마음먹었다. 그런데 마침 집에 술이 없었다.

"이보게 조카, 두 사람은 우리 집에 편안히 있게. 내가 서촌에 가서 좋은 술을 사 올 테니. 자네 목숨을 구한 생명의 은인을 푸짐하게 대접해야 할 것이 아닌가!"

여백사에게 조조는 아들 같은 존재였다. 그러한 조조를 구해준 진궁이 너무나도 고마워서 여백사는 직접 좋은 술을 사다가 대접하기로 했다. 원래 이런 일은 하인을 시키곤 했지만 여백사는 호혜의 원리에 따라 직접 나귀를 타고 술을 사러 나갔다. 그러나 노인의 넉넉한 마음 씀씀이가 결과적으로는 멸문지화의 참극을 부르고 말았다.

◈ 심리학으로 들여다보기

선견지명이란 이미 벌어진 상황을 꿰뚫어보는 것에 지나지 않는다. 앞날은 누구도 예견할 수 없다. 비나 눈처럼 과학적 경로를 통해 관측할 수 있는 것도 아니다. 상대의 심리, 사회의 변화로 짐작하고 예측할 뿐이다.

자기합리화는 방패가 될 수 없다

'먼저 선수를 쳐야 한다. 한 발 늦으면 끝장이다!'

순식간에 판단을 내린 조조는 검을 뽑아 들고 진궁을 불러 여백사 집의 후원으로 뛰어들었다. 그러고는 닥치는 대로 검을 휘둘러 여백사의 가족 여덟 명을 모두 죽여버렸다. 조조가 갑자기 살의를 품은 까닭은 무엇일까?

사건이 일어나기 전, 여백사가 술을 사 온다며 집을 나설 때 조조와 진궁은 방에 있었다. 그때 갑자기 어디선가 칼 가는 소리가 들렸다. 화들짝 놀란 조조는 가만히 그 소리에 귀를 기울였다.

앞서 이야기했던 '투명도착각'을 떠올려보자. 이 심리 때문에 도둑은 제 발을 저리고, 길에 솟아 있는 나무를 경찰로 착각해 깜짝 놀라기도 한다. 조조는 동탁 암살에 실패하고서 달아나다 진궁에게 붙잡혀 죽을 고비를 넘기는 등 여러 가지 일을 겪으면서 심리적으로 무척 지쳐 있었다. 이런 상황에서는 외부 사물을 인식하는 과정에서 '착각상관illusory correlation'이 발생하기 쉽다. 착각상관이란 실제로는 별다른 연관성이 없는 두 가지 사물을 연결시키고, 심지어 둘 사이에 직접적인 인과관계가 있을 것이라 생각하는 심리 현상이다.

조조는 여백사가 직접 술을 사러 간 것과 칼 가는 소리를 연관 지어 생각하고는 곧바로 여백사의 동기를 의심하기 시작했다. 아무래도 그가 자신과 진궁을 안심시켜 잡아두고 관군을 부르러 간 것 같았다. 그렇지 않다면 왜 하인을 시켜 술을 사 오게 하지 않고 굳이 직접 갔다는 말인가? 여기까지 생각이 미친 조조가 진궁에게 말했다.

"여백사는 나와 피 한 방울 섞이지 않은 남남이네. 아무래도 수상하니 후원에 가서 무슨 일이 벌어지고 있는지 엿들어보세."

진궁에게 조조는 의심할 나위 없는 영웅이자 권위 있는 인물이었다. 권위자의 후광효과는 매우 강력했다. 그를 따르는 사람은 본능적, 맹목적으로 모든 지시에 복종하게 마련이다. 진궁 역시 아무 생각 없이 조조를 따라 후원으로 숨어들었다. 그때 누군가의 목소리가 들렸다.

"빨리 묶어서 죽여버리자."

그 말을 들은 조조는 몸을 부르르 떨었다. 자신의 의심이 여지없이 들어맞았던 것이다. 그는 진궁을 불러 검을 뽑아들고 후원으로 뛰어들어 안에 있던 사람들을 모조리 죽여버렸다.

순식간에 일을 끝낸 두 사람은 주방을 둘러보았다. 그 순간 줄에 묶여 있는 돼지 한 마리를 발견했다. 여백사의 가족들은 조조와 진궁을 대접하려 돼지를 잡고 있었던 것이다. 이를 깨닫게 된 조조와 진궁은 깜짝 놀라 머릿속이 하얗게 흐려졌다. 진궁이 먼저 입을 열었다.

"맹덕 공이 의심이 많아 죄 없는 사람들을 죽였소!"

우리는 책임을 판단할 때 '자기위주편향self-serving bias'의 영향을 많이 받는다. '이기적 편향'이라고도 불리는 이 현상은 성공의 원인은 자기 자신에게 돌리고 실패의 원인은 외부환경이나 타인의 탓으로 돌리는 심리를 일컫는다.

오해로 인해 여백사의 가족을 죽인 이 사건은 조조의 주도로 일어난 것이 사실이지만 진궁 역시 책임을 피할 수는 없다. 어쨌거나 여덟 명이나 되는 사람들이 진궁의 칼끝에서 죽었다. 진궁이 조조에게 충동적인 행동을 자제할 것을 적절히 경고했더라면 이런 참극은 빚어지지 않았을 것이다. 진궁이 냉정하게 판단하지 못한 것은 조조의 권위에 맹목적인 반응을 보였기 때문이다.

그러나 지금은 누가 책임을 질 것인지를 놓고 다툴 때가 아니었다. 일을 저지르자 마음이 다급해진 조조는 이것저것 생각할 겨를이 없었다.

"어서 말에 오릅시다!"

진궁은 또다시 반사적으로 조조의 지시에 따랐다. 하지만 죄 없는 사람들을 죽인 일로 걷잡을 수 없는 죄책감을 느꼈다. 말을 달린 지 얼마 지나지 않아 그들은 나귀를 타고 집으로 돌아오는 여백사와 마주쳤다. 좋은 술이 담긴 술병 두 개를 안장에 매단 노인은 과일과 떡까지 들고 있었다. 조조와 진궁을 본 여백사가 황급히 물었다.

"아니, 조카. 어찌 그냥 가는가?"

정말이지 난처한 순간이었다. 여백사의 친절에 대한 보답으로 그 가족을 몰살했으니, 보통사람이라면 죄책감을 이기지 못해 말에서 내려와 눈물을 흘리며 고개를 숙였을 것이다. 그러나 조조는 아무 일 없다는 듯 냉정을 잃지 않았다. 이것은 인간 조조의 매우 무서운 면이었다. 조조는 안색 하나 바꾸지 않고 대꾸했다.

"쫓기고 있는 몸이라 오래 머물 수가 없습니다."

"내 벌써 안에다 일러 돼지를 잡아 두 분을 대접하도록 했는데 하루도 쉬지 않고 간단 말인가?"

그의 말에 조조는 한마디 대꾸 없이 말을 몰고 달리다가 잠시 후 다시 말머리를 돌렸다. 그러고는 영문을 모르고 어리둥절해하는 여백사를 향해 물었다.

"저길 보십시오. 저기 오는 사람이 누굽니까?"

여백사가 아무 생각 없이 조조가 가리키는 쪽을 향해 고개를 돌리는 순간, 조조는 손에 들고 있던 검으로 단칼에 노인을 죽여버렸다. 그 모습을 본 진궁이 소리쳤다.

"우리가 그 가족들을 오해했다는 것이 밝혀졌는데 왜 또 사람을 죽이십니까?"

"여백사가 집으로 돌아가서 가족들이 몰살당한 것을 본다면 가만히 있겠는가? 분명 복수하려 할 것이다."

조조의 이 같은 행동을 통해 우리는 두 가지를 알 수 있다.

첫째, 조조는 결단력이 매우 강하고 상황을 재빨리 판단해 신속하게 행동한다. 모든 사물에 양면성이 있듯 칼 또한 사람을 죽이기도 하고 살리기도 한다. 이러한 특성이 올바른 방향으로 사용되면 동탁 암살에 실패하고도 목숨을 건질 수 있다. 반대로 나쁜 곳에 사용된다면 여백사 집안처럼 비극을 부른다.

둘째, 조조는 모든 일을 자신의 입장에서 판단하므로 이기적인 사람이 틀림없다. 동탁 사건 이전에는 왕윤에게 호기를 부리며 장담을 하더니 막상 생사의 갈림길에 서자 자신의 목숨부터 챙겼다. 이번 사건도 마찬가지다. 조조는 자신이 큰 잘못을 저질렀다고 생각지 않고 여백사가 복수할 것이 두려워 그마저 죽여버렸다.

진궁은 그제야 조조의 권위에 멀었던 눈을 떴다. 엄청난 죄책감이 밀려오면서 자신의 도덕관에 자극을 받았기 때문이다.

"이것은 옳지 않소. 진상을 알고도 사람을 죽이다니. 의롭지 않은 행동이오!"

진궁은 처음에 조조의 '의로운' 행동에 탄복해 관직을 버리고 그를 따라왔다. 그런데 그 조조가 '매우 의롭지 않은' 행동을 하자 진궁은 혼란스러워졌다. 그가 조조를 비난하는 것은 이러한 '인지부조화 cognitive dissonance'를 제거하려는 행동이다. 인지부조화란 우리의 신념 사이, 또는 신념과 실제로 보는 것 사이에 불일치나 비일관성이 발생할 때 생기는 현상이다. 마음을 불편하게 만들기 때문에 누구나 반사적으로 제거하려 한다. 그런데 조조는 오히려 하늘이 깜짝 놀랄 발언을 했다.

"내가 세상 사람을 저버릴지언정 세상 사람은 나를 저버리지 못하게 할 것이오!"

이 말을 들은 진궁은 심한 충격을 받고 입을 다물어버렸다. 조조는 왜 이런 말을 했을까? 후안무치의 뻔뻔함이 극에 달해 급기야는 인간 말종 수준에 다다르게 된 것일까?

확실히 조조는 극도로 이기적인 사람이다. 그러나 비열함의 극치를 보여주는 것으로 유명해진 이 말 속에는 이기심 외에 또 다른 것이 숨어 있다. 사실 이것은 인간에게 거의 본능적으로 작용하는 '자기방어 ego defense'의 전형적인 예다. 우리가 조조를 천하에 몹쓸 악인으로 낙인찍을 수 없는 이유이기도 하다.

1997년, 미국 캘리포니아주에서 광신도 집단 '천국의 문Heaven's Gate' 신도 39명이 집단 자살하는 사건이 벌어졌다. 사건이 일어나기 몇 주 전, 이 집단의 교주는 헤일-밥 혜성이 지구에 접근할 때 자신들을 구원할 우주선이 뒤따라올 것이라고 말했다. 몇몇 신도들은 혜성과 우주선을 보기 위해 고가의 광학망원경을 구입했다. 그들의 본질(영혼)이 죽음을 통해 지구에서 벗어나 우주선에 탑승할 수 있는 기회라고 믿었기 때문이다. 그런데 몇 주 후, 신도들은 망원경 상점을 찾아가서 환불을 요구했다. 망원경에 문제가 있다는 것이다. 상점 주인이 무슨 문제가 있냐고 묻자 신도들이 대답했다.

"혜성은 잘 보이는데 뒤따라오는 우주선이 보이지 않거든요."

혜성을 뒤따르는 우주선이 없었으니 눈에 보이지 않은 것이 당연했다. 그러나 우주선의 존재와 구원의 희망을 철석같이 믿는 신도들은 망원경이 불량품이라고 판단한 것이다.

이 사례는 사람들이 특정한 신념이나 행위에 대해 강하게 확신하는 경우, 그와 반대되는 사물은 모두 틀린 것으로 인식하는 현상을 잘 보여준다. 우리는 자신을 방어하기 위해 그렇게 인식하는 이유를 수백 가지 넘게 찾아내고 때로는 황당하기 이를 데 없는 핑계를 댈 때도 있다. 그래야만 마음을 불편하게 만드는 인지부조화를 제거할 수 있기 때문이다. 조조도 사람이니 잘못을 저지른 후에는 마음이 아팠을 것이다. 진궁 역시 어이없는 오해로 여백사의 가족을 몰살한 사건을 두고 심각한 인지부조화를 겪었다. 조조의 마음도 그와 크게 다르지 않았다. 오히려 여씨 집안과 친분이 두터웠던 만큼 그 강도는 진궁보다 훨씬 심했을 것이다.

또한 이를 통해 자신의 행위에 정당성을 부여하고, 나아가 사회적 도덕 관념의 속박에서도 벗어날 수 있었다. 이런 방법으로 자기합리화를 하지 않았다면 조조는 엄청난 잘못 앞에서 목숨을 끊어 속죄하는 수밖에는 없었을 것이다. 그러나 그는 '죽음'을 택하지 않았다. 사실 오늘 일어난 모든 일은 모두 죽기 싫었던 마음에서 비롯되었다. 이미 천하가 우러르는 의인이 된 조조가 관군을 피해 도망 다니는 것도 모두 '살기 위해'서였다.

조조가 심한 말을 여과 없이 내뱉어버린 것은 강력한 자기방어이기도 하지만 이를 통해 그의 또 다른 면을 엿볼 수 있다. 바로 조조가 속내를 숨기는 데 능숙한 사람이 아니라는 사실이다. 그러나 조조는 이런 식의 솔직함이 부작용을 가져오리라고는 전혀 생각지 못했다.

◈ 심리학으로 들여다보기

'나는 옳다'라는 생각은 살아가는 데 큰 힘이 된다. 자기 확신을 주기 때문이다. 자신을 믿는 믿음이 행동과 생각을 결정한다. 옳다고 결정한 일에 망설일 사람은 없다. 당당함과 자신감이 '옳다'는 생각에서 나오기 때문이다.

한 발 물러서면
더 넓게 보인다

지금 죽여야 하나? 아니면 살려둘까?

이번에는 진궁이 선택의 기로에 섰다. 며칠간 쌓인 피로로 지쳐버린 조조는 깊이 잠들었다. 엄청난 일들을 겪고도 쿨쿨 잘 자는 것을 보면 배짱이 아주 강한 사람인 것만은 틀림이 없었다. 하지만 좀처럼 잠을 이루지 못한 진궁은 조조의 침대로 다가갔다. 그리고 애정과 증오가 뒤섞인 눈빛으로 그를 바라보며 천천히 검을 뽑았다.

여백사와 그 가족을 죽인 일은 진궁에게 크나큰 충격과 고통을 안겨주었다. 현령이라는 안정적인 삶을 버리고 조조를 따랐던 것은 한나라 황실을 일으켜 세우는 데 힘을 보태기 위해서였다. 그런데 진궁에 눈에 비친 조조는 더 이상 영웅이 아니었다. 그의 진짜 모습은 거리낌 없이 사람을 죽이는 이리 같은 사나이였다.

그러나 진궁에게도 방어기제가 작동했다. 조조가 세상에 다시 없을 악담을 퍼부으며 자신의 행위를 정당화한 것과 마찬가지였다. 만약 조조를 죽인다면 진궁은 과거에 그를 살려주고 관직까지 버리며 따랐던 일을 모두 부정하는 셈이 된다. 내가 그토록 사람 보는 눈이 없었다니. 여기서 발생한 인지부조화는 여백사의 가족을 몰살한 후 조조가 맞닥뜨렸던 심리적 혼란과 맞먹을 정도였다. 검을 든 진궁의 손이 떨리기 시작했다.

'나는 조국을 위해 큰 뜻을 품고 조조를 따라 여기까지 왔다(이 말의 속뜻은 '나는 아무런 잘못도 없음'). 그러나 만약 지금 이 자를 죽인다면 조국을 저버리는 것이다. 아아, 그만두자. 죽이지 않는 것이 낫겠다.'

나라를 위해 조조를 살려둔다. 매우 그럴듯한 이유였다. 조조는 동탁의 적이고 동탁은 나라의 적이니 조조를 죽이는 것은 동탁에게 유리하고 나라에는 불리하기 때문이다. 이러한 명분을 내세우자 진궁의 인지부조화도 깨끗이 제거되었다. 하지만 더 이상 조조를 따를 수는 없었다. 자신의 도덕관과 수시로 충돌하는 이 '이리 같은' 사내와 함께한다면 진궁의 마음은 하루도 편치 않을 것이 뻔했다. 결국 그는 조용히 행장을 꾸려 자신의 고향인 동군으로 떠나버렸다.

진궁도 결단력이 매우 강한 사람이었다. 그러나 결단의 다른 말은 충동이다. 진궁은 조조에게 매료되어 과감하게 그를 따랐고 다시 충동적으로 그를 떠났다. 정치인으로서 진궁의 삶이 순탄치 않을 걸 예감하게 하는 부분이다. 진궁은 전혀 감정을 드러내지 않고 조조를 떠났다. 영웅의 기질이 있는 조조가 급변하는 천하 정세를 타고 곧 두각을 드러낼 걸 알았기 때문이다. 훗날 큰 뜻을 펼치려면 조조의 영향을 피할 수 없을 테니 두 사람의 관계에도 여백을 두어야 했다.

다음날, 잠에서 깬 조조는 진궁이 사라진 것을 보고 곧바로 상황을 파악했다.

‘어제 그 말 때문에 나를 의롭지 못한 자라고 생각한 모양이군. 나는 그저 명분이 필요했을 뿐이었거늘.”

나와 타인의 생각은 언제나 다르다. 나 자신의 성공은 내가 노력한 덕분이지만 남의 성공은 운이 따랐기 때문이다. 내 잘못은 반드시 이유가 있지만 남의 잘못은 용서받을 수 없는 것이다.

미국 NBA 농구 스타 매직 존슨Magic Johnson은 에이즈 양성 판정을 받은 후 이렇게 말했다.

“에이즈는 동성애자나 마약중독자들이 걸리는 병이잖아요. 나 같은 사람이 걸릴 리가 없죠.”

존슨은 수많은 이성과의 난잡한 교제로 인해 병을 얻었는데 변명을 멈추지 않았다.

“내가 체임벌린Wilt Chamberlain도 아니고….”

윌트 체임벌린 또한 복잡한 여자관계로 잘 알려진 NBA 스타였다. 두 사람의 행실은 사실상 별 차이가 없었다. 존슨은 자신이 체임벌린과는 다르다고 믿었다.

조조도 마찬가지였다. 은인과 그 가족을 몰살한 일은 절대로 용서받을 수 없는 큰 잘못이다. 그러나 그 주체가 자신이 되자 ‘내가 세상 사람을 저버릴지언정 세상 사람은 나를 저버리지 못하게 할 것’이라는 명분으로 합리화시키고 마음의 안정을 얻으려 했다.

조조는 즉시 말에 올라 아버지가 있다는 진류로 갔다. 하지만 진궁이 말 한마디 없이 떠나버린 사건은 조조에게 큰 상처를 주었다. 진궁이 반드시 필요해서가 아니었다. 그는 진심으로 조조를 따랐던 첫 번째 부하이고 도망 다니는 그를 위해 관직까지 버린 사람이었다. 무엇이든 '처음'은 그 의미가 남다른 법이다. 우리가 첫사랑을 잊지 못하고 처음 실연을 겪을 때 가장 많이 힘들어하는 것도 모두 같은 선상에 있다. 진궁 이후로 수많은 사람들이 자신을 따랐지만 조조는 진궁을 만났을 때처럼 기쁘지 않았다. 마찬가지로 진궁 이후 여러 사람이 조조를 배반했지만 역시 진궁이 떠났을 때처럼 고통스럽지는 않았다.

예로부터 큰 인물이 있으면 사방에서 사람들이 모여든다고 했다. 진궁은 큰 뜻을 품은 조조의 영웅심에 불을 붙여주었다. 그뿐 아니라 스스로 이미 큰 인물이 되었다는 자신감까지 불어넣어 주었다. 이렇듯 커다란 의미를 가진 진궁이 떠나버리자 조조는 상당한 충격을 받았다. 그리고 오랫동안 이 일을 마음에 담아두게 된다.

진류에 도착한 조조는 아버지를 만났다. 하지만 여백사에 대한 일은 한마디도 꺼내지 않았다. 대신 가산을 정리해 의병을 모아 동탁을 정벌해야 한다고 말했다. 이러한 조조의 전략은 적절했다. 공격이야말로 최선의 방어책이기 때문이다. 조정을 장악한 동탁은 천하에 그 세력을 뻗치고 있어 도망 다니기만 해서는 벗어날 방법이 없었다. 군사를 모아 힘을 기르는 게 목숨을 보전하는 길이었다. 그러나 조숭은 고개를 저었다.

"우리 재산이 얼마 되지 않아 군사를 일으키기는 어려울 것 같구나. 이 지역에 위호衛弘라는 큰 부자가 있으니 그의 도움을 받으면 대사를 도모할 수 있을 거다."

그러자 조조는 곧바로 위호를 집으로 초대했다.

"지금 한나라는 주인을 잃고 동탁이 모든 권력을 쥐고 있습니다. 천하가 통곡할 노릇이지요. 제게 나라를 구할 뜻이 있으나 물자가 부족한 것이 한입니다. 공께서는 이 나라에 충의를 간직하고 계시니 이렇게 부탁드립니다. 저를 도와주십시오!"

조용히 듣고 있던 위호가 입을 열었다.

"진작부터 그럴 마음이 있었으나 지금까지 적당한 사람을 만나지 못하고 있었소. 큰 뜻을 품으셨으니 나도 가산을 기울여 도우리다."

조조를 잘 알지 못하는 위호는 어째서 단 한 번의 만남으로 전 재산을 털어 조조를 돕겠다고 했을까? 먼저 마구잡이로 권력을 휘두르는 동탁이 사람들의 공분을 샀기 때문이다. 그러나 여기에는 또 다른 이유가 있다. 바로 동탁의 역할이다. 조조를 잡으려 혈안이 된 그가 대대적인 추격을 하면서 결과적으로는 조조의 이름을 전국적으로 홍보해 준 꼴이 되었다. 덕분에 조조의 암살시도는 영웅적 행위로 둔갑했다. 죽을 것이 두려워 물러서는 바람에 실패했다는 사실은 어느새 쏙 빠져버렸다. 동탁 앞에서 모든 이들이 벌벌 떨 때 조조라는 무명의 용사가 나타나 용감하게 암살을 시도한 것으로 사실이 재편집되었다. 물론 의도한 바는 아니지만 조조의 인기와 명성이 하루아침에 치솟은 것은 다름 아닌 동탁 덕분이었다.

사람이 영웅으로 이름을 날리면 세상의 관심과 물자, 인재가 물밀듯이 모여든다. 한나라 황실에 충성해온 위호가 조조를 위해 자신의 재산을 남김없이 쓰기로 한 것도 자연스러운 일이었다. 이쯤 되자 조조도 동탁을 암살하려던 일이 본인의 가장 큰 자산이 되었다는 사실을 깨달았다. 이것을 발판으로 황제까지 끌어들이면 세력을 더욱 키울 수 있었다. 두 가지를 잘만 이용하면 모든 일이 술술 풀릴 것 같았다.

조조는 사람을 보내 황제의 명(물론 조조가 가짜로 만들어낸 것)을 전하고 각지의 제후들이 힘을 합쳐 동탁을 정벌해야 한다고 주장했다. 그리고 진류에 '충의忠義'라는 두 글자를 쓴 하얀 깃발을 세웠다.

대의의 깃발이 서자 사람들이 몰려들기 시작했다. 조씨 집안의 조인曹仁, 조홍曹洪, 그리고 조조와 인척 관계인 하후돈夏侯惇과 하후연夏侯淵이 군사를 이끌고 왔다. 악진樂進과 이전李整도 뜻을 같이했다. 위호의 자금으로 마련한 5천 명의 군사와 전국 각지에서 보내온 군량미로 세력을 구축했다. 이런 결과를 보면 동탁이 조조의 성공을 뒷받침했다고 할 수 있다.

한편 조조가 보낸 가짜 황명을 받은 원소袁紹도 부하들의 의견을 모았다. 당시 원소는 전풍田豐, 저수沮授, 심배審配, 곽도郭圖 등의 모사와 안량顔良, 문추文醜 등의 장수가 이끄는 3만의 정예병을 거느리고 있었다. 의논 끝에 원소도 군사를 일으켜 조조와 뜻을 함께하기로 결정했다. 원소가 참여하면서 조조의 궐기에는 한층 더 힘이 실렸다. 조조의 인기가 날로 높아지는 데다 명문가로 손꼽히는 원씨 집안의 지원을 받게 되었기 때문이다. 당시 원소의 영향력은 조조에 비할 바가 아니었다.

이 외에도 천하의 제후들이 속속 조조에게 응해왔다. 남양태수 원소, 기주자사 한복韓馥, 예주자사 공주孔伷, 연주자사 유대劉岱, 하내군태수 왕광王匡, 진류태수 장막張邈, 동군태수 교모喬瑁, 산양태수 원유袁遺, 제

북상 포신鮑信, 북해태수 공융孔融, 광릉태수 장초張超, 서주자사 도겸陶謙, 서량태수 마등馬騰, 북평태수 공손찬公孫瓚, 상당태수 장양張楊, 오정후이자 장사태수 손견孫堅, 조조와 원소까지 합치면 모두 열여덟 제후들이 연합하게 된 것이다.

조조가 독자적인 세력을 형성하고 있던 이들과 어떻게 뜻을 같이할 수 있었을까? 유비와 관우, 장비가 뜻을 모으던 장면과 비교해보자. 유비, 관우, 장비 세 사람이 도원결의하고 황건적 토벌을 위해 모은 군사는 500명이 채 안 되었다. 반면 조조가 모은 군사는 유비의 수십 배에 달했다. 명성이 자자한 원씨 형제를 비롯한 여러 강호들이 자발적으로 군대를 끌고 왔다. 조조의 영향력이 무서운 속도로 치솟고 있음을 알 수 있는 대목이다.

이렇듯 혜성처럼 등장한 정계의 총아는 계속해서 승승장구할 것만 같았다. 그런데 조조는 뜻밖에도 깜짝 놀랄 만한 결정을 내렸다. 처음부터 동탁의 반대편에 서서 모든 제후를 한데 모은 것은 조조였다. 그러므로 동맹군의 수장인 맹주를 뽑을 때는 당연히 조조가 우선적으로 고려되어야 했다. 본래 인기가 높아지면 자기도 모르게 우쭐해져서 자신에게 그만한 능력이 있다고 믿는 것이 보통이다. 그러나 조조는 원소를 맹주로 천거한 것이다. 이는 큰일을 도모하기 위해 물러설 줄 아는 지혜였다.

사실 당시의 조조는 명성이나 실력 모두 원소에 한참 못 미쳤다. 설사 맹주의 자리에 앉는다고 해도 거만한 제후들을 통솔하기가 어려웠을 것이다. 그럴 바에야 자신이 먼저 나서서 원소를 천거하여 원소는 물론 다른 제후들에게도 좋은 인상을 남기는 것이 나았다.

한편 원소는 진작부터 자신이 맹주가 되어야 한다고 생각하고 있었으나 겉으로는 연거푸 사양하며 물러섰다. 그러다 제후들이 한목소리로 재차 강력하게 권하자 못 이기는 척 받아들였다.

◈ 심리학으로 들여다보기

때론 친구보다 적이 성공을 돕기도 한다. 적을 이용하라. 의견 대립이나 어떤 결정에 있어 당신의 반대편에 선 사람을 예의 주시해라. 그의 의견과 생각에 성공의 해답이 있다.

편견은
두 눈을 멀게 한다

맹주가 된 원소에게 가장 시급한 것은 권위를 세우는 일이었다.

"나는 본래 강압적인 사람이 아니지만 여러분이 나를 맹주로 선출한 이상 질서가 필요하다고 생각하오. 공을 세운 자에게는 상이 돌아갈 것이나 잘못한 이에게는 벌을 내릴 것이오. 다들 이것을 기억하고 규율에 따르시오!"

원소의 이 약속은 매우 중요했다. 원칙을 세우지 않고서는 주인이 각기 다른 동맹군을 통솔할 수 없기 때문이다. 원소는 동생 원술袁術에게 동맹군 전체의 군량미를 맡겼다. 가족이기 때문에 안전한 후방으로 돌린 것이 아니었다. 당시 전쟁에서 군량미는 승패를 가르는 아주 중요한 요소였다. 운송 수단이 발달하지 못해 공급도 쉽지 않았기 때문이다.

동맹군의 선봉장을 맡은 장사태수 손견은 자신의 군사를 이끌고 사수관汜水關으로 진격했다. 사수관 수문장은 서둘러 낙양으로 파발마를 보냈고, 소식을 들은 동탁은 장수 화웅華雄에게 군사를 주어 사수관으로 보냈다. 동맹군의 제후 가운데 한 사람인 제북상 포신은 손견이 공을 가로챌까 두려워 몰래 동생 포충鮑忠을 앞질러 보냈다. 하지만 그는 화웅의 단칼에 목숨을 잃고 말았다.

사수관에 도착한 손견은 그에 맞서 나온 화웅의 부장 호진을 죽였다. 그러나 화웅이 철통같이 성만 지키며 응하질 않아 생각했던 것보다 전투가 길어지면서 군량미가 바닥났다. 손견은 원술에게 군량미 지원을 요청했다. 그때 원술의 수하가 목소리를 낮춰 말했다.

"손견은 용맹하기가 호랑이 같은 자입니다. 나중에는 낙양까지 가서 동탁을 죽이고 모든 공을 독차지하게 될 겁니다. 그런 자에게 힘을 보태느니 차라리 군량미를 끊어버리십시오. 그러면 양식이 떨어진 손견의 군대는 우왕좌왕하다가 패하게 될 것입니다."

이 말을 들은 원술은 군량미를 보내지 않았고, 손견의 군대는 결국 화웅에게 패하고 말았다.

동맹군은 필연적으로 이런 문제점을 안고 있다. 각 제후들이 같은 목적을 가지고 뜻을 모으기는 해도 각자 다른 생각을 품은 채 경쟁하기 때문에 제대로 힘을 합치기가 어렵다. 원소는 맹주가 되면서 '공을 세우면 상을 내리고 잘못을 하면 벌을 내리겠다'라고 말했다. 만약 그가 약속을 지켰다면 동맹군은 올바른 방향으로 발전할 수도 있었을 것이다. 그러나 안타깝게도 원소는 처음이자 유일한 기회를 놓쳐버렸다.

전투에 패했다는 소식이 전해지자 원소는 제후들에게 이 사실을 알려주기만 했다. 마음대로 앞서 출정한 포신이나 군량미를 보내지 않은 원술에게 죄를 묻지 않았다. 그러자 맹주로서 원소의 위신은 삽시간에 땅에 떨어졌다. 여기서 시작된 균열이 점점 벌어져 동맹군은 결국 흩어지게 된다.

이번에는 화웅이 동맹군을 공격해오기 시작했다. 각 제후들은 서둘러 장수를 뽑아 내보냈지만 하나같이 화웅에게 패했다. 그야말로 속수무책일 때 관우가 조용히 일어나 자신이 나가 싸워보겠다고 말했다. 이때 유비, 관우, 장비 세 사람은 북평태수 공손찬을 따라 동맹군에 합류해 있었다. 당시 유비의 지위는 일개 평원현령平原縣令이었고 관우는 유비의 수하로 마궁수에 불과했다.

명문가 출신 원술은 배다른 형 원소조차도 첩의 아들이라는 이유로 평소 크게 존중하지 않던 인물이었다. 따라서 출신이 비천하고 직위도 보잘것없는 관우는 고려 대상조차 될 수 없었다. 이런 자를 내보내면 동맹군 전체의 체면이 말이 아니게 된다고 여긴 원술은 크게 호통을 쳤다.

"지금 우리 제후들에게 좋은 장수가 없다고 비웃는 것이냐? 일개 궁수 따위가 여기가 어디라고 감히 함부로 입을 놀리느냐? 저놈을 당장 몹시 쳐라!"

심각한 '범주화categorization'의 오류다. 반면 관우의 기개를 높이 산 조조는 황급히 원술을 말렸다.

"고정하십시오. 이 자가 출정하겠다고 나선 것은 분명 이유가 있지 않겠습니까. 일단 내보냈다가 이기지 못하면 그때 처단해도 늦지 않습니다."

그러자 맹주 원소도 아우의 편을 들고 나섰다.

"맹덕, 그것은 옳지 않소. 일개 궁수를 출정시켰다가는 분명 화웅의 비웃음을 사게 될 것이오. 그런 수모를 어찌 감당하겠소."

조조가 대꾸했다.

"저렇게 비범한 용모를 지닌 자가 궁수라는 것을 화웅이 어찌 알겠습니까?"

같은 사람을 두고 어째서 원소 형제는 '자리'로 판단한 반면 조조는 '외모'로 판단했을까?

우리는 외부세계를 인식할 때 하나 혹은 여러 개의 특징을 기준으로 사물을 구분한다. 좀 더 쉽고 빠르게 인지하기 위해서다. 예를 들어 흑인 여성 한 명이 백인들 사이에 끼어 있으면 우리는 그녀가 흑인임을 쉽게 인식할 수 있다. 반면 대상이 여성이라는 사실은 상대적으로 무시하게 된다. 그런데 이 여성을 한 무리의 남성들 사이에 두면 여성이라는 것이 먼저 눈에 띄고 피부색은 더 이상 중요하지 않게 된다. 이렇게 공통적인 속성을 중심으로 분류하는 과정을 범주화라고 한다. 그런데 이 범주화는 종종 편견을 낳는 중요한 원인이 된다.

원소와 원술은 출신이 같고 기본적으로 동일한 교육을 받고 자랐다. 그래서 인식과 판단의 척도가 기본적으로 같고 역시 같은 종류의 편견을 갖고 있다. 그 때문에 두 사람은 궁수를 출정시키면 체면을 잃는다고 생각한 것이다.

명문가 출신에 다른 사람보다 유리한 조건을 가진 원소 형제가 평생 이렇다 할 업적을 세우지 못했던 이유도 바로 범주화의 오류에서 비롯된 습관적 편견에서 찾아볼 수 있다. 지금과 같은 난세에서는 많은 영웅이 출신성분과 관계없이 탄생하기 때문이다. 진나라 말기의 혼란기에 출현한 농부의 아들 유방劉邦도 천하통일의 대업을 달성하여 한나라의 첫 번째 황제가 되었다. 그런데도 원소 형제처럼 신분에 따라 사람을 취한다면 얼마나 많은 영웅들을 놓치게 되겠는가?

반면 조조가 원소 형제의 오류에 빠지지 않은 것 역시 그의 출신 배경과 깊은 관계가 있다. 한나라의 개국공신인 조승의 자손이라고는 하지만 사실 조조의 아버지는 환관의 양자였다. 당시 환관의 사회적 지위는 매우 낮았다. 출신성분에서 오는 우월감이 없던 조조는 다른 기준으로 사람을 판단했다. 외모로 사람을 판단한 조조의 시각은 굉장히 흥미롭다. 이것은 우리가 타인을 판단하는 가장 빠른 방법이기도 하다.

구 척 장신에 수염 길이만 두 척인 관우는 봉황의 눈에 누에 눈썹을 가졌으며 얼굴은 대추처럼 검붉은 데다 목소리는 쇠북을 울리는 것 같았다. 그야말로 헌헌장부軒軒丈夫에 타고난 영웅의 모습이었다. 우리는 타인을 볼 때 얼굴과 몸매 등에서 풍기는 첫인상에 따라 판단을 내리곤 한다. 보통 외모가 출중한 사람은 뛰어난 능력이나 훌륭한 품성, 고운 마음씨 등 내재적인 요소까지 긍정적으로 기대되는 경우가 많다. 키가 작고 인물도 별 볼 일 없었던 조조는 평생 외모에 대한 콤플렉스를 안고 살았다.

한번은 흉노의 사신이 조조를 만나러 왔다. 조조는 자신의 외모와 몸매가 한나라 승상이라는 지위에 걸맞지 않아 오랑캐(이 또한 흉노족에 대한 일종의 '범주화' 오류다)의 눈에 우습게 비칠 것을 염려했다. 그래서 최염崔琰을 자리에 앉히고 자신은 칼을 든 채 옆에 서 있기도 했다. 최염은 키가 크고 인물 또한 어디 나무랄 데 없는 미남자였다(대필을 의미하는 고사성어 '착도捉刀'가 여기서 유래되었다). 이 이야기는 외적 매력이 조조의 인지판단에 큰 영향력을 미쳤음을 보여준다.

관우의 당당한 풍채에 매료된 조조는 그가 반드시 대단한 재주를 가졌을 것이라 믿었다. 그래서 기회를 주려 애썼다. 이 만남으로 조조는 관우에게 깊은 호감을 갖게 되었고, 평생에 걸쳐 관우의 기개와 실력을 높이 평가하며 흠모했다.

조조는 원소 형제가 더 반박하기도 전에 관우에게 따끈한 술을 한잔 내렸다. 출정하기에 앞서 격려하는 뜻이었다. 이렇게 먼저 행동하여 반대의견을 원천봉쇄하는 방법은 상대방을 설득하는 방법 중에서도 매우 공격적인 방법이다. 웬만큼 배짱이 두둑한 사람이 아니고서는 시도하기 어렵기도 하다.

그런데 관우는 술잔을 건드리지도 않고 곧바로 말에 올라 전장으로 향했다. 그리고 단칼에 벤 화웅의 목을 갖고 막사로 돌아왔다. 조조가 내린 술이 미처 식기도 전에 벌어진 일이었다.

관우가 큰 공을 세우고 돌아오자 애초에 반대했던 원술의 체면이 말이 아니게 되었다. 그런데 그때 관우가 실력 발휘를 한 것에 신이 난 장비가 입을 열었다.

"우리 형님이 화웅을 베었으니 이제 곧바로 관중關中으로 치고 들어가 동탁을 잡으면 되겠소!"

그 말을 들은 원술이 이때다 싶어 소리를 쳤다.

"우리 대신들도 몸을 낮추거늘 여기가 어디라고 감히 현령의 졸개

따위가 무예를 뽐내느냐! 저놈들을 당장 밖으로 내쳐라!"

참으로 속 좁은 처사였다. 그런데 여기서 조조가 다시 한번 나섰다.

"이미 공을 세우고 돌아온 사람인데 어찌하여 출신의 귀천을 따지십니까?"

정곡을 찌르는 말이었다. 원소는 처음부터 상과 벌을 분명히 하는 것으로 권위를 세우려 했다. 그런데 이것조차 제대로 해내지 못한다면 맹주로서의 위신이 곤두박질칠 뿐만 아니라 동맹군의 연합 자체도 흐트러지게 되었다. 원소는 조조와 원술의 입씨름을 아무렇지 않은 척 바라만 보았다. 결국 원술이 성질을 이기지 못하고 말했다.

"일개 현령 따위를 그렇게 중시할 거면 마음대로 하시오. 내가 물러나겠소."

그러자 조조가 대꾸했다.

"어찌 한마디 말 때문에 큰일을 그르치려 하십니까?"

이 말은 더더욱 원술의 자존심에 상처를 입혔다. 여러 사람 앞에서 대사를 도모할 그릇이 안 되는 소인배가 되어버렸기 때문이다. 결국 양측은 서로 불쾌함을 느끼며 각자의 막사로 돌아가버렸다. 이 일은 조조와 원소 형제 사이에 오래도록 나쁜 기억으로 남게 되었다.

한편 이번 논쟁에서 원소는 노골적으로 동생 원술의 편을 들었다. 이것은 가족을 보호하려는 심리의 일종으로 직계혈족 사이에서 자주 나타난다. 같은 핏줄을 지키고 계속 이어가려는 욕구에서 비롯되는 것이다. 유전학적으로 친족관계의 정도를 나타내는 '혈연계수kinship coefficient'라는 개념이 있다. 우리와 부모의 혈연계수는 0.5이고 형제자매 사이 역시 0.5다. 배다른 형제인 원소와 원술의 혈연계수는 0.25

가 되지만 피 한 방울 섞이지 않은 남남인 조조보다는 훨씬 가까우니 원소가 원술의 편에 선 것도 당연했다.

조조는 원소 형제에게 불만이었지만 겉으로 나타내지는 않았다. 다만 유비와 관우, 장비에게 조용히 사람을 보내 공을 치하하는 뜻으로 술과 고기를 내렸다. 사람의 마음을 사는 조조 특유의 인용술이었다.

화웅이 패하자 이번에는 동탁이 직접 20만 대군을 이끌고 동맹군을 맞았다. 동맹군 제후들은 호로관虎牢關에서 천하에 적수가 없다는 맹장 여포에게 줄줄이 당하고 돌아왔다. 그러자 이번에는 유비와 관우, 장비 세 사람이 나서서 여포를 물리쳤다. 기세가 오른 동맹군은 호로관에 입성했다. 동맹군에게 밀려 낙양으로 도망친 동탁은 서둘러 장안으로 수도를 옮기고 낙양에 불을 질렀다. 황제와 대신들, 백성들 모두 강제로 짐을 꾸려 장안으로 향해야 했다.

텅 빈 낙양에 입성한 후, 조조는 추격대를 보내 황제를 구출해오자는 의견을 냈다. 누가 봐도 맞는 말이었으나 조조를 눈엣가시처럼 여긴 원소 형제는 고개를 저었다. 결국 조조 혼자서 황제를 구하러 갈 수밖에 없었다.

동탁을 추격하던 조조는 매복하고 있던 관군에게 걸려 목숨이 위태로운 지경에 빠졌다. 그리고 조홍의 도움으로 간신히 빠져나왔다. 조조에게는 최초의 참패였다. 이번 패배로 조조는 한 가지 중요한 교훈을 얻었다. 동맹은 믿을 것이 못 된다는 사실이었다.

아니나 다를까 조조가 낙양으로 돌아왔을 때 각 제후국들은 서로 등을 돌린 채 내전을 벌이고 있었다. 손견이 황제에게 전해져 내려오는 옥새를 갖고 사라져버리자 화가 난 원소가 형주자사 유표에게 밀서를 보내 손견을 죽여버렸다. 또 군량미가 떨어진 연주자사 유대가 동군 태수 교모에게 식량을 빌려달라고 청했다가 거절당하자 교모를 죽이고 그 군사를 차지해버리는 일도 생겼다. 상황이 점점 파국으로 치닫자 원소는 자신의 군사를 이끌고 관동으로 가버렸고 각 제후들도 뿔뿔이 흩어졌다. 조조는 크게 실망했다. 한나라를 일으켜 세우려던 처음의 뜻은 잔혹한 현실 앞에서 산산이 부서지고 말았다.

이렇게 해서 전례 없는 혼란의 시대가 막을 열었다. 이제 피바람 속에서 진정한 영웅이 탄생할 것이다.

◈ 심리학으로 들여다보기

자기비하는 자신에 대한 편견이다. 자신의 능력이나 한계를 누구보다 자신이 더 잘 알기 때문에 미리 '난 안 돼'라고 선언한다. 이는 더 잘나고 싶은 욕심에서 비롯된다. 그러므로 자기비하보다 도전과 인정이 자신에게 이롭다.

2부

조조의 마음 다스리기

역경과 위기는 언제나 다가온다.
늘 우리 주변을 서성거리며 넘어지게 하고 고꾸라지게 만든다.
일뿐 아니라 사람과 사람 사이의 관계는 갈등의 연속이다.
이 어지러움에서 벗어나려면 먼저 자기를 다스려야 한다.

혼란한 난세에는 만사에 신중을 기해야 한다

쫓기듯 장안으로 수도를 옮긴 동탁은 나날이 더 포악해졌다. 이를 보다 못한 사도 왕윤은 고심 끝에 수양딸 초선을 이용해 연환계를 펼쳤다. 여기에 걸려든 여포가 동탁을 죽이면서 정세는 순식간에 뒤바뀌었다.

권력을 잡은 왕윤은 동탁의 편에 섰던 가신들을 모조리 처단했다. 동탁의 수하였던 장수 이각李傕, 곽사郭汜, 장제張濟, 번주樊稠 네 사람은 겁을 먹고 서량에 몸을 숨기고 왕윤에게 사신을 보내 용서를 빌었으나 거절당했다. 하지만 쥐도 다급하면 고양이를 무는 법이다. 물러날 길이 없어지자 네 사람은 거꾸로 군사를 이끌고 장안으로 쳐들어가 왕윤을 죽였다. 그리고 이각과 곽사가 헌제를 조종하면서 장안은 다시 혼란에 빠졌다.

설상가상으로 청주青州에서 황건적이 다시 일어나 연주자사 유대를 죽이고 도처에서 약탈을 일삼았다. 무장 출신인 이각과 곽사는 조정을 장악하고도 어떻게 통치해야 할지 몰랐다. 속수무책인 상황에서 태복 주준朱儁이 황건적을 정벌할 장수로 조조를 천거했다.

주준은 왜 조조를 천거했을까? 자기 자신을 존중하는 사람이 세상으로부터 존경받는 법이다. 특히 이렇다 할 배경이 없는 사람이 스스로를 중요하게 여기지 않는다면 다른 사람으로부터 무시당하게 마련이다. 동맹군이 뿔뿔이 흩어진 후, 조조는 자신의 군사를 이끌고 복양과 무양의 반란군을 진압했다. 그리고 내황의 흉노까지 물리치면서 명성을 드높였다. 이 소식을 들은 주준이 조조를 산동으로 보내 황건적을 정벌하도록 한 것이다.

명령을 받은 조조는 다시 한번 실력을 발휘하여 백일 만에 황건적을 깨끗이 소탕했다. 또한 이번 승리로 황건적 병사 30만을 얻었으니, 이것이 조조에게는 더욱 큰 수확이었다. 그는 이들을 자신의 휘하에 편입하고 '청주군青州軍'이라 이름 붙였다. 30만을 정예병 청주군은 나중에 조조가 천하를 도모하는데 중요한 자산이 된다.

그렇다면 또 다른 영웅 유비의 상황은 어떨까? 그는 좀처럼 형편이 풀리지 않아 여전히 이곳저곳을 돌며 몸을 의탁하고 있었다. 조조처럼 빠른 시간에 강력한 군사력을 갖추지 못했기 때문이다.

산동 지방을 호령하게 된 조조는 대대적으로 인재를 모집하기 시작했다. 먼저 조조를 흠모하던 순욱荀彧과 그의 조카 순유荀攸가 함께 찾아왔다. 순욱은 정욱程昱을 천거했고 정욱은 곽가郭嘉를, 곽가는 유엽劉曄을, 유엽은 만총滿寵과 여건呂虔을, 만총과 여건은 다시 모개毛玠를 천거했다.

이렇게 해서 순식간에 조조는 여러 명의 모사를 거느리게 되었다. 그렇다면 조조의 조직은 어떻게 한나라 말의 난세에서 가장 강력한 그룹을 형성할 수 있었던 걸까?

조조 진영의 사람들은 경계심이나 질투심 없이 서로 자기보다 더 우수한 다른 인재를 추천했다. 다른 군영에서는 절대로 찾아볼 수 없는 장면이다. 원소 진영에도 모사단이 있었지만 전풍, 심배, 허유, 봉기 등은 서로 견제하며 지려 하지 않았다.

유비 진영에는 이렇다 할 인재 자체가 없었다. 나중에 유비를 돕는 서서徐庶도 지척에 있던 제갈량諸葛亮에 대해 아무런 언급도 하지 않았다. 그러다 조조에게 붙잡힌 노모를 위해 떠날 때가 돼서야 유비에게 말해주었다. 제갈량도 나중에 자신과 맞먹는 실력을 가진 방통龐統을 영입하려 했으나 열성을 기울이지는 않았다. 방통은 합류한 후에 유비의 냉대를 받았다. 이렇게 각 측의 사정을 살펴보면 서로 존중하고 신뢰하는 조조 진영의 분위기가 가장 좋았다. 그래서 원소나 유비보다 더 강한 힘을 가질 수 있었다.

조조는 모사 외에 우금于禁, 전위典韋 등의 장수도 얻었다. 거기에 원래 조조를 따랐던 하후돈 형제와 조조의 형제들, 악진, 이전 등을 합하니 군사력도 크게 강화되었다. '동탁암살 실패사건'을 이용해 충성스럽고 의로운 자라는 명성을 얻은 조조는 각지에 흩어진 세력들을 하나하나 점령해나가면서 조금씩 자신의 세력을 키워나갔다. 이제 천하에는 조조라는 이름을 모르는 자가 한 명도 없었다.

이쯤 되자 조조는 아버지를 떠올렸다. 조조의 아버지 조숭은 그때까지도 가족들을 이끌고 진류에 숨어 있었다. 이제 제법 힘을 길렀으니 가족쯤은 거뜬히 지킬 수 있겠다고 판단한 조조는 태산태수를 보내 아버지를 모시고 오도록 했다. 조숭과 동생 조덕을 포함한 일가족 40여 명과 100명이 넘는 하인들이 100대가 넘는 마차와 많은 마필까지 끌고 당당하게 연주로 향했다. 이 소식을 들은 서주태수 도겸陶謙은 조숭 일행을 맞아 극진히 대접했다.

조숭과 아무 관계도 없던 도겸은 왜 그랬을까? 겸손하고 온화한 성격의 도겸은 태수로서 백성을 보살피는 능력은 있었지만 난세에 적절히 대처할 방법은 잘 몰랐다. 서주를 지키기 위해서는 힘을 가진 강호와 잘 사귀어 두는 수밖에 없었다. 명성이 날로 높아지는 조조와 진작부터 친해지고 싶었지만 적당한 기회를 잡지 못하던 차에, 조조의 아버지가 서주를 지나가게 되었으니 그야말로 절호의 기회였다.

이러한 도겸의 계산에는 역시 호혜의 원리가 바탕에 깔려 있다. 인류는 오랜 세월을 거치면서 가장 효율적으로 생존하는 방법을 찾기 시작했고 자연스럽게 서로 돕는 것을 배웠다. 엄밀히 말하면 모두가 자기 자신을 위한 행동이지만 협력을 촉진하고 좋은 관계를 맺는 효과를 내는 것은 부인할 수 없다.

도겸은 조숭 일행을 위해 성대한 연회를 베풀고 이틀 동안 대접했다. 이뿐만 아니라 자신의 성의를 표현하기 위해 특별히 교위 장개張闓에게 500명의 군사를 주어 조숭 일행을 호위하도록 했다. 그러나 일은 때로 아무도 예측하지 못한 방향으로 흘러간다. 도겸은 정성을 다해 베푼 호의가 결과적으로 자신은 물론 서주 전체에 큰 화를 입히게 될 줄은 꿈에도 몰랐다.

조숭 일행과 장개가 화비華費 지역에 도착하자 갑자기 비가 내리기 시작했다. 늦여름에서 초가을로 넘어가는 시기의 소나기였다. 일행은 근처의 오래된 절에서 잠시 쉬어가기로 했다. 절에는 승려 몇 사람만 있었다. 비가 내려 절에 발이 묶이자 장개는 엉뚱한 생각을 품고 부하를 불렀다.

"우리가 이래 봬도 황건적 출신 아니냐? 도겸의 수하 노릇을 해봐야 할 일만 많고 돈 나올 구멍이 별로 없으니 못 해 먹겠다. 저 노인네를 봐라. 식솔을 무더기로 거느렸는데 돈이 많은지 하나 같이 기름이 잘잘 흐르지 않냐. 여기서 한밑천 잡지 못할 게 뭐란 말이냐? 오늘 밤 3경에 산적이 나타났다고 소리를 칠 테니 저들을 모조리 죽인 다음 재물을 갖고 달아나자!"

장개의 수하는 이런 일에 이골이 난 도적 출신이었으니 당연히 고개를 끄덕였다.

밤이 되자 비바람은 더 거세게 몰아쳤고, 잠자던 조숭은 난데없는 고함에 깜짝 놀라 일어났다. 도적으로 분장한 장개와 그 수하들이 쳐들어와 조씨 가족을 한 사람도 빠짐없이 몰살하고 재물을 챙겨 달아났다. 조조의 명으로 조숭 일행을 데리러 왔던 태산태수 응소應邵는 조조가 책임을 물을 것이 두려워 원소에게 도망갔다.

'뿌린 대로 거둔다'라는 말은 조조의 삶 자체였다. 일전에 동탁이 선물한 말을 타고 동탁을 배신한 일과 훗날 관우가 자신이 선물한 적토마를 타고 유비를 찾아 떠나버린 일이 그랬다. 또 죄 없는 여백사 가족을 몰살한 것과 장개의 손에 자신의 가족 전부를 잃은 것도 그렇다. 나중에는 헌제의 손에서 천하를 빼앗았으나 다시 사마씨에게 똑같은 방법으로 빼앗긴 것도 마찬가지였다.

그렇다면 장개 일당은 이처럼 대담한 일을 어떻게 저지를 수 있었을까? 사회심리학에서는 이 같은 현상을 군중심리mob psychology가 작용했기 때문으로 해석한다. 특정한 집단에 속한 개인은 혼자서 하지 못하거나 할 수 없는 일을 해내곤 한다. 군중 속에 섞임으로써 도덕의 속박에서 자유로워지고 심지어 자기 자신이 누구인지조차 잊게 되어 자신조차 이해할 수 없는 일을 벌이게 되는 것이다.

이라크 전쟁 중 벌어진 사례를 살펴보자. 미군이 바그다드 공습을 시작하자 사담 후세인의 독재에서 '해방'된 사람들은 순식간에 벌떼처럼 무리를 지어 병원과 도서관, 박물관 등으로 쳐들어가 돈이 될 만한 물건은 몽땅 훔치기 시작했다. 바그다드 국립박물관은 불과 48시간 만에 수천여 점의 소장품을 남김없이 털렸다. 〈사이언스Science〉지는 이 사건을 두고 '스페인 정복자들의 약탈 이후 가장 심각한 사건이다. 아즈텍, 잉카 문명에서 벌어진 약탈도 이 정도는 아니었다'라고 평론했다.

선량한 시민이었던 이들이 어째서 한순간에 폭도로 변한 것일까? 가장 큰 이유는 역시 집단에서 오는 군중심리 효과였다. 많은 수가 저지른 위법은 처벌하기 어려운 것 또한 같은 맥락이다. 이런 현상은 축구경기에서도 자주 볼 수 있다. 한데 모여 큰 집단을 이룬 축구팬들은 집단적 분위기 속에서 공공기물을 망가뜨리거나 상대방 팀의 팬을 공격하고 심지어 경찰에게 맞서는 것도 서슴지 않는다.

그렇다면 왜 사람들은 집단 속에서 자신을 잃고 도덕과 규칙까지 내팽개치면서 사회적 규범에 반하는 행동을 하는 것일까? 그것은 개인이 집단의 일부가 되면서 일종의 익명성을 갖기 때문이다. 자신을 드러낼 필요가 없는 익명 상태는 아무도 보는 사람이 없는 것과 마찬가지다. 사회적 행동규범에서 자유로워지다 보니 급기야는 함부로 행동하게 되는 것이다.

미국의 심리학자가 흥미로운 실험을 했다. 한 여성 운전자에게 신호가 초록불로 바뀐 후에 12초 동안 서 있다가 출발할 것을 주문했다. 그리고 뒤에 선 차들이 일반 차량인 경우와 천장이 없는 오픈카일 경우의 경적의 빈도수를 기록해보았다. 결과는 일반 차량의 운전자들이 오픈카 운전자들에 비해 더욱 적극적이었다. 이들이 경적을 울리기 시작한 시점은 후자에 비해 삼분의 일 정도 더 빨랐다. 빈도도 두 배에 달했으며 지속 시간 역시 두 배에 가까웠다. 사방이 막힌 차 안에 앉은 채 자신을 노출하지 않은 일반 차량의 운전자는 익명성이 보장되어 더욱 공격적인 성향을 지닌 것이다.

한편 특정한 환경 역시 사람들에게 순간적인 익명성을 부여한다. 미국 심리학자 필립 짐바도Philip G. Zimbardo는 두 대의 실험용 차량을 각각 뉴욕 브롱크스The Bronx에 위치한 뉴욕시립대학 근처와 캘리포니아에 있는 스탠퍼드대학 근처에 두었다. 두 차량은 번호판을 떼고 천장 덮개를 열어두어 한눈에 보아도 주인 없는 차 같았다. 브롱크스에서는 48시간도 지나기 전에 말쑥한 차림을 한 행인들이 대낮에 부품을 뜯어가거나 아무런 이유 없이 차를 망가뜨리고 지나갔다. 치안상태가 비교적 좋지 않고 혼잡한 브롱크스의 환경이 사람들에게 일정한 익명성을 부여한 탓이다.

반면 스탠퍼드대학 근처에 세워둔 차량은 일주일이 지나도록 무사했고 행인들은 관심조차 보이지 않았다. 심지어 실험을 끝낸 짐바도가 자동차를 가져가려고 하자 행인 세 명이 '차를 훔쳐 가려 한다'며 경찰에 신고하는 일까지 있었다.

장개 일행이 외딴 암자에 도착하자 엉뚱한 마음을 먹게 된 것은 장소의 특성이 익명성을 가져다주었기 때문이다. 조숭 일행을 수행하던 응소가 자신이 거느린 몇십 명의 군사로 장개 등에게 대항하기란 애초부터 불가능했다. 제아무리 도겸이나 조조라 할지라도 외딴 암자에까지 영향력을 발휘할 수는 없었다. 사회규범의 구속과 권위의 힘 모두 여기에서만큼은 아무 소용이 없었다. 이런 상황에서 장개와 그 수하들은 군중심리의 마수에 이끌려 천박한 욕심에 무릎을 꿇고 말았던 것이다.

게다가 일을 끝내고 산속 깊이 들어가 숨어버리면 나중에 도겸과 조조가 추격해오더라도 찾아내기 어려울 것 같았다. 이 또한 익명성을 확보해 처벌을 피하려는 심리였다. 장개가 이토록 완벽한 기회를 어떻게 놓칠 수 있겠는가? 아마도 조숭은 죽는 순간까지도 무슨 일이 벌어지고 있는지 몰랐을 것이다.

하지만 아버지가 죽게 된 데에는 조조에게도 어느 정도 책임이 있다. 조조가 진작 장수 한두 사람에게 군사를 주어 아버지를 맞이하도록 했다면 어땠을까? 휘하에 많은 군대를 거느린 조조에게 그리 어려운 일은 아니었을 것이다. 조조의 일생을 살펴보면 어렵고 힘든 시기일수록 실수를 하지 않았다. 반면 하는 일마다 잘 풀리고 거치는 것이 없는 시기에는 언제나 중대한 잘못을 저지르곤 했다.

이 시기에 이미 산동 지방을 호령하던 조조는 무의식중에 자만했고 경계도 늦추고 있었다. 하지만 어느 때보다 혼란한 난세에는 만사에 신중을 기해야 한다. 조금이라도 한눈을 팔면 곧 엄청난 대가를 치러야 하기 때문이다.

◈ 심리학으로 들여다보기

우리는 사회적 테두리 안에서 벗어나고 싶은 욕구와 제약, 규제가 자유를 억압한다고 느낀다. 당신뿐만이 아니다. 누구나 다 그렇다. 사람들의 안전을 지키는 선에서, 더불어 사는 사회의 범주 안에서 이를 어떤 방법으로 해소할지 고민해보자.

넙죽 받기보다
거절의 매력을 발산하라

아버지가 죽임을 당했다는 소식을 들은 조조는 충격과 슬픔으로 몸을 가누지 못했다. 그러자 함께 있던 하후돈 등이 바닥에 쓰러져 통곡하는 조조를 일으켜 세우며 말했다.

"이는 도겸이 제 군사 관리에 소홀했기 때문입니다. 도겸이 있는 서주를 쳐서 죄를 물으십시오."

그러나 도겸은 분명 조숭 일행을 극진히 대접했고 떠날 때는 호위 군사까지 붙여주는 등 손님 접대를 소홀히 하지 않았다. 그런데도 하후돈은 어째서 모든 것을 도겸의 탓으로 돌린 것일까? 이것은 전형적인 '기본적 귀인오류The fundamental attribution error'에 해당한다.

심리학에서 말하는 기본적 귀인오류란 우리가 타인의 행위를 해석할 때 환경에서 오는 상황적 영향은 과소평가하고 개인의 고유한 성향을 과대평가하는 오류다. 장개의 경우, 길을 가던 도중 갑자기 비가 내렸고 절에서 잠시 비를 피해 가려다 조숭의 재물에 마음을 빼앗겨 죽일 생각을 하게 되었다. 처음부터 조숭을 죽이고 재물을 훔쳐 달아날 생각으로 호위에 나선 것은 아니다. 도겸이 이를 지시한 것은 더더욱 아니었다. 만약 도중에 비가 내리지 않았다면 일행은 걸음을 멈추지 않았을 것이고 장개도 나쁜 마음을 품지 않았을 수 있다. 그러나 하후돈은 아무런 죄가 없는 도겸에게 모든 책임을 뒤집어씌웠다.

조조 역시 그 나름대로 계산이 있었다. 충분한 군사를 보내 아버지를 마중하지 않은 자신의 불찰을 무마시킬 핑곗거리가 필요했다. 도겸은 여기에도 최적의 희생양이었다.

조조는 즉시 대군을 일으켜 서주를 치라는 명령을 내렸다. 서주는 아버지를 죽인 원수이니 서주에 있는 것은 풀뿌리 하나 남겨두지 말고 모조리 죽이라는 서슬 퍼런 명이었다. 이때 조조가 부친의 원수를 갚는다는 명분으로 죄 없는 백성들까지 몰살할 것이라는 소식을 들은 진궁이 황급히 조조를 찾아왔다. 당시 동군종사東郡從事로 있던 진궁은 도겸과도 오랫동안 친분을 유지해온 사이였다. 그는 조조가 자신의 얼굴을 봐서라도 명령을 거두고 위기에 몰린 백성들을 구해줄 것이라 생각했다.

진궁이 이토록 적극적으로 나설 수 있었던 까닭은 과거 그가 중모현에서 현령을 지내고 있을 당시 동탁 암살에 실패하고 도망치다 붙잡힌 조조를 살려주었기 때문이다. 그러나 조조는 진궁이 자신이 잠든 사이에 말 한마디 없이 떠나버린 것에 적잖은 유감을 품고 있었다. 이를 알리 없는 진궁은 그저 자신이 조조에게 큰 은혜를 베풀었다고 생각하고 있었다. 아니나 다를까 진궁의 방문을 받은 조조는 그에게 앉도록 권하지 않았다. 조조의 속마음이 엿보이는 대목이다.

어쨌거나 일단 대면에 성공했으니 조조가 명을 거두도록 설득할 기회는 아직까지 있었다. 그러나 진궁은 입을 열자마자 돌이킬 수 없는 실수를 저지르고 만다.

"공께서 부친의 원수를 갚기 위해 대군을 일으켜 백성들을 모조리 죽이고 서주를 평정할 것이라는 소식을 듣고 왔습니다. 도겸은 어진 사람으로 결코 이득을 위해 도의를 저버릴 자가 아닙니다. 그가 보낸 호위 군사가 그런 악행을 저지른 데에는 다른 이유가 있었음이 틀림없습니다. 또한 서주의 백성들 모두 우리 한나라 백성이며 공과는 아무런 원한도 없으니 이들을 죽이는 것은 좋지 않습니다. 바라건대 공께서는 심사숙고한 다음 행동하십시오!"

바로 처음부터 조조의 잘못된 행위를 지적하면서 자신의 주장을 펼친 것이다. 살살 구슬려도 부족할 판에 네가 틀렸다고 비판부터 하고 나서니 조조가 받아들일 리 없었다. 그러나 무엇보다도 진궁의 가장 큰 잘못은 문제를 정면으로 가로지르는 단도직입적인 설득 방식에 있다. 당시 조조는 아버지를 잃고 심장이 관통당한 것 같은 고통과 분노에 사로잡혀 있었다. 이러한 사람에게 아무리 합리적이고 사리에 맞는 말을 해본들 단도직입적인 설득 방식은 통하지 않는다.

진궁의 말을 들은 조조는 크게 화를 내며 입을 열었다. 그런데 그가 내뱉은 첫마디는 뜻밖에도 서주와 아무런 관련이 없는 이야기였다.

"예전에 나를 버리고 떠난 자네가 무슨 낯으로 여기까지 찾아왔는가?"

이 말은 진궁이 조조가 잠든 사이 일언반구도 없이 떠나버렸던 사건이 조조에게 얼마나 큰 충격을 주었는지를 잘 보여준다. 또한 첫마디부터 지난 일을 들추며 진궁을 원망하는 것으로 보아 속마음을 숨기지 못하고 '눈에는 눈, 이에는 이'라는 식으로 받은 만큼 돌려주는 조조의 꽁한 성격도 엿볼 수 있다. '재상의 뱃속에는 배도 띄울 수 있다'라는 말이 있다. 자고로 큰 인물은 도량이 넓어야 한다는 뜻인데, 조조의 뱃속은 그다지 넓지 않았던 모양이다. 그러나 이는 동시에 조조의 솔직하고 인간적인 면모도 보여준다. 조조를 간사한 인물로 묘사하는 후세 사람들의 평가에 의구심이 드는 대목이기도 하다. 조조의 이러한 성격은 앞으로도 여러 차례 볼 수 있다.

"도겸은 내 집안 전체를 몰살했네. 당장 그놈을 죽여 그 머리를 가족들의 제사상에 올려놓고 싶은 심정이네. 도겸과 가까운 자네가 무슨 생각으로 나를 말리는 것인가?"

진궁과 도겸의 관계 역시 조조를 설득하는 데 불리한 조건이었다. 두 사람이 같은 편에 서 있는 것으로 간주되기 때문이다. 도겸의 이익을 대변하는 진궁의 말이 조조의 귀에 들어올 리 없다. 게다가 진궁은 입을 열자마자 조조가 도겸의 해명을 듣지 않고 죄 없는 백성들을 죽이려 한다며 비난을 퍼부었다. 처음부터 조조와 반대편에 서서 대화를 시작한 셈이다.

진궁은 단도직입적으로 핵심을 찌르기보다는 에둘러서 말해야 했다. 먼저 조조의 슬픔을 인정하면서 부친의 복수를 하는 것이 백번 옳은 일이라고 고개를 끄덕이는 것이다. 용건을 꺼내기에 앞서 먼저 조조의 입장에 공감하는 모습을 보여주었어야 한다. 그런 다음에 완곡한 말투로 이렇게 이야기하는 것이다.

"그런데 여백사는 이렇게 슬퍼하고 분노할 자손 하나 남기지 못했지요."

조조가 '오해' 때문에 여씨 집안을 몰살한 것과 도겸이 '실수'로 조씨 가족을 죽인 것은 크게 보면 같은 성질의 사건이다. 만약 조조가 스스로의 결백을 굳게 믿는다면 뜻하지 않은 실수로 조승을 죽게 만든 도겸의 억울하고 애타는 속사정도 이해할 수 있어야 한다. 이런 식으로 조조의 마음을 움직였다면 그의 불타는 복수심은 조금 수그러들었을지도 모른다.

지난날 목숨을 구해준 은혜 때문이라도 조조가 자신의 말을 들을 것이라 생각한 진궁은 예상과 달리 강경한 조조의 태도에 당황했다. 진궁은 남달리 자부심이 강한 사람이었다. 자존심에 큰 상처를 입자 그는 더 이상 아무 말도 하지 않은 채 씩씩대며 조조의 진영을 떠나버렸다. 그러고는 설득에 실패하고 면목이 없어져 도겸에게 돌아가지 못하고 진류태수 장막張邈에게 가 몸을 의탁했다.

조조는 서주의 코앞까지 군사를 몰아갔다. 도겸이 직접 성 밖으로 나가 죄를 빌었지만 조조는 화를 내며 받아들이지 않았다. 조조의 군사가 금방이라도 서주를 공격할 태세였다. 급기야 도겸은 서주 백성을 구하기 위해 직접 제 몸을 묶어 조조에게 바치리라 마음먹었다. 한편, 도겸의 모사 미축糜竺이 북해태수 공융孔融에게 도움을 청하자, 공융은 유비, 관우, 장비 세 사람에게 서주를 도와줄 것을 부탁했다.

소식을 들은 유비는 말을 달려 서주 성을 둘러싼 조조군의 두터운 포위망을 뚫고 도착했다. 도겸은 경황없는 와중에도 연회를 베풀어 세 사람의 노고를 치하했다. 그리고는 유비의 기백이 남다른 것을 보고 서주목徐州牧의 인장을 가져다 그에게 주려 했다.

사실 도겸은 서주태수 노릇하기가 힘에 부치기 시작한 지 오래였다. 그런데 이때 유비를 만난 것이다. 영웅의 기상을 가진 데다 한나라 황실의 종친이기도 한 유비가 서주를 맡아준다면 안심할 수 있을 것 같았다. 도겸이 말했다.

"지금은 황제 폐하가 나약하여 천하가 어지럽소. 공께서는 황실의 종친이니 마땅히 힘이 되어주셔야 하오. 이 늙은이는 나이가 육십을 넘어 이제 힘도 없는 데다 언제 죽을지 모르는 신세요. 현덕 공은 시대의 호걸로 명성이 자자하니 저를 대신하여 서주를 다스려주시오. 여기 태수의 인장이 있소."

아무 조건 없이 서주를 통째로 유비에게 넘겨주려는 도겸의 행동은 언뜻 큰 은혜를 베푸는 것처럼 보인다. 더군다나 유비는 당시 마땅한 근거지도 없었다. 하지만 감격하며 얼른 받아들일 줄 알았던 유비는 뜻밖에도 펄쩍 뛰며 바닥에 엎드렸다.

"제가 비록 황실의 피를 이어받았으나 덕이 부족해 지금 맡고 있는 현령 벼슬조차 제대로 감당하지 못합니다. 제가 여기에 온 것은 대의를 위해 서주를 돕기 위함일 뿐 다른 뜻은 없는데 어찌 그런 말씀을 하십니까? 설마 이 유비가 기회를 틈타 서주를 차지하려 한다고 생각하시는 겁니까? 만에 하나라도 그런 뜻을 품었다면 하늘이 당장 벼락을 내릴 것이오!"

유비는 도겸이 자신을 떠보고 있다고 생각했다. 당시 한창 명성을 쌓으려 애쓰던 유비는 그렇지 않아도 단숨에 서주로 달려와 오해를 사면 어쩌나 걱정하고 있었다. 유비는 오직 대의를 위해서 온 것일 뿐 다른 뜻은 추호도 없음을 하늘에 맹세했다. 그러자 도겸은 진심 어린 말투로 말을 이었다.

"공을 시험하기 위해 이러는 것이 아니외다. 나는 진심으로 서주를 넘겨주고 싶소."

그러나 유비는 천부당만부당한 일이라며 끝까지 도겸의 청을 받아들이지 않았다. 사실 서주를 넘겨주려는 도겸의 행동은 처음부터 불가능한 시도였다. 상대가 명성에 유독 민감한 유비였기 때문만은 아니었다. 그런 식의 양보는 누구라도 사양했을 것이다.

심리학에서는 이를 두고 '과잉정당화 효과overjustification effect'라고 한다. 호혜의 원리는 인간의 사회활동 곳곳에서 강도 높게 작용한다. 누구나 열심히 노력한 후 좋은 수확을 기대하지만 이 수확에는 일정한 한도가 있다. 만약 수확량이 늘었는데 노력은 조금밖에 하지 않았다면 (합리적인 범위를 크게 벗어났을 때) 여기에서 오는 인지부조화가 우리를 혼란에 빠뜨린다. 누구나 때로는 하늘에서 공짜 떡이 뚝 떨어지기를 바라지만 정말로 하늘에서 떡이 떨어진다면 그것을 제대로 믿지도, 받아들이지 못한다. 심지어 헛것을 보았거나 누군가 사기를 치고 있다고 생각해 뒷걸음치기도 할 것이다.

이제 막 서주에 도착한 유비는 아직 손톱만 한 공도 세우지 않은 상태였다. 그런데 서주를 통째로 넘겨준다는 것은 누구에게나 합리적인 범위를 넘어선 제안이었다. 따라서 유비는 당연히 받아들일 수 없었다. 설사 유비 자신이 도겸의 마음에 감동했다고 하더라도 다른 사람들은 도와준다는 핑계로 와서 서주를 빼앗았다고 생각할 것이다. 덕과

의를 누구보다도 강조하던 유비에게 이런 소문은 치명적이었다. 이제 한창 명성을 높이고 실력을 쌓는 단계에 있던 유비에게 '위선자'라는 꼬리표가 붙는다면 서주를 얻는 대신 천하의 인심을 잃는 꼴이 되기 때문이다.

그래서 도겸이 무슨 말을 해도 유비는 받아들이지 않았다. 결국 도겸은 어쩔 수 없이 인장을 거두고 조조를 상대할 방법을 의논하기 시작했다. 유비가 말했다.

"일단 제가 조조에게 편지를 써서 군사를 물리도록 설득해보겠습니다. 만약 듣지 않으면 그때 싸워도 늦지 않으니까요."

유비는 당장 조조에게 보내는 편지를 썼다.

> 지난날 공을 뵈었으나 천하가 갈라지는 바람에 모실 기회가 없었습니다. 장개 때문에 공의 부친께서 해를 입으신 것에 대해 도겸 태수도 매우 죄스러워하고 있습니다. 오늘날 바깥으로는 황건적이, 안으로는 동탁의 무리가 천하를 어지럽히고 있습니다. 부디 공께서는 이 나라의 일을 먼저 생각하여 사적인 원한을 누르시길 바랍니다. 서주에서 군사를 물려 나라를 구한다면 서주에게도 천하에게도 좋은 일이 아니겠습니까!

그러나 진궁의 말보다 나을 것이 별로 없는 편지로 조조를 설득하기란 애초에 불가능했다. 편지를 본 조조는 크게 화를 냈다.

"유비라는 자가 대체 누구기에 감히 이딴 편지로 나를 가르치려 든단 말이냐? 글 사이에 비웃는 뜻까지 숨어 있구나! 이 편지를 가져온 자의 목을 치고 당장 성을 공격하라!"

편지는 내용에 따라 전한 사람이 억울하게 죄를 뒤집어쓰기도 한다. 다행히 옆에 있던 곽가가 사자를 해치지 않고 돌려보내주었다. 그런데 곽가의 말이 조조의 귀를 솔깃하게 했다.

"주공께서는 노여움을 푸십시오. 어차피 싸우게 된 일, 먼저 편지를 써서 유비를 꼼짝 못 하게 만든 다음 공격할 준비를 하시지요."

조조도 전혀 말이 통하지 않는 사람은 아니었다. 서주를 지키려는 진궁과 유비는 반대편에 서서 그를 설득하려다 실패했지만 곽가는 달랐다. 조조의 편으로 조조의 이익을 위해 의견을 내자 단숨에 받아들여졌다.

고개를 끄덕인 조조는 회심의 미소를 지으며 유비에게 보낼 편지를 쓰기 시작했다.

◈ 심리학으로 들여다보기

일하지 않으면 먹을 수 없다. 실적이 없으면 상도 없다. 당연한 이치이다. 다른 이의 성과를 시기하거나 질투하지 마라. 다음은 당신 차례이다. 그러니까 당장 목표를 향해 출발하라.

진실은 언제나
가면을 쓰고 있다

유비는 굉장히 운이 좋았다. 조조가 유비의 손발을 묶어놓을 작전을 궁리하고 있을 때 갑자기 여포가 군사를 몰아 연주(兗州)를 공격하려 한다는 소식이 날아들었기 때문이다. 서주를 공격하느라 본거지인 연주를 잃는다는 것은 말도 안 되는 일이었다. 조조는 서둘러 군사를 돌리기로 했다.

하지만 조조는 상황을 활용하는 능력이 뛰어난 사람이었다. 이왕 군사를 물리게 된 마당에 생색이라도 내야겠다고 생각하고 유비에게 편지를 썼다. 불과 몇 분 전까지만 해도 유비 때문에 괘씸해하며 분통을 터트리던 것과 달리 백팔십도 돌변한 모습이었다.

내 아버지가 변을 당하셨는데 어찌 가만히 있을 수 있었겠소? 나는 군사를 일으켜 도겸의 집안을 몰살하고 그 죄를 물으려 했소. 그러나 황실의 종친이요, 재덕을 겸비한 현덕 공께서 특별히 편지를 보내 내게 천하를 생각하라 하니 즉시 군사를 물리겠소.

조조는 편지에서 자신의 원래 의도를 부풀린 동시에 모든 것이 유비의 덕인 것처럼 한껏 치켜세웠다. 이 둘의 격차가 벌어질수록 은혜의 강도는 높아진다. 철군이 불가피했던 조조였지만 모든 공을 유비에게 돌려서 체면을 살려준 것은 그에게 은혜를 베풀기 위해서였다. 호혜의 원칙에 따라 나중에 어떤 형식으로라도 되돌려 받을 가능성을 염두에 두었기 때문이다.

그렇게 아버지의 원수를 갚으려 했던 원래의 의도는 물거품이 되었다. 조숭의 소식을 듣자마자 군대를 일으켰던 불타는 복수심도 이미 온데간데없었다. 그리고 그는 죽을 때까지 두 번 다시 이 일을 구실삼아 전쟁을 일으키지 않았다. 그렇다면 조조는 '배알도 없는' 불효자인 것일까? 아니면 '안 되면 할 수 없고' 식의 흐리멍덩한 마음을 먹은 것일까?

우리는 살면서 수많은 좌절을 겪는다. 한 번 넘어졌다고 해서 두 번 다시 일어서지 못한다면 인생을 살아갈 수 없다. 인류는 수천 년간 진화하면서 정신적인 충격을 받더라도 무의식중에 그 영향력을 제한하고 망각하는 일종의 '심리면역력psychological immunity'을 갖추게 되었다. 우리가 각종 실패를 딛고 일어설 수 있는 것도 바로 이 심리면역력 덕분이다. 매우 신속하게 작용하기 때문에 대부분 인식하지 못한다. 미국 심리학자 티머시 윌슨Timothy D. Wilson과 대니얼 길버트Daniel T.

Gilbert는 이 같은 현상을 '심리면역 망각immune neglect'이라고 정의했다. 좌절을 겪었을 때 자신도 모르는 사이에 빨리 적응하고 잘 극복해내는 것은 이 현상 때문이다. 나쁜 기억을 잊는 것은 배알이 없거나 성격이 흐리멍덩하기 때문이 아니라 인간의 선천적인 특성 때문이다.

심리면역 망각은 사건의 종류나 그것을 겪는 개개인의 특질에 따라 차이가 난다. 이를테면 어떤 사람은 감옥에서도 밤하늘의 아름다움을 감상하지만, 어떤 사람은 호화 저택에 누워 있어도 인생의 무미건조함을 불평할 수 있다. 또 같은 사람도 불의의 사고로 얻은 신체적 장애는 받아들이면서도 첫사랑의 상처는 평생 잊지 못하고 괴로워한다.

물론 노력을 통해 심리면역력을 키울 수 있다. 하지만 조조는 매우 강한 심리면역력을 타고 났다. 이 같은 선천적인 특질 덕분에 그는 유형과 강도를 막론하고 모든 종류의 충격에서 쉽게 벗어났고 아무리 나쁜 일이 벌어져도 오랫동안 끙끙 앓지 않았다. 조조는 일생을 통틀어 수많은 실패를 겪었다. 죽을 고비에서 살아난 경우도 부지기수지만 단 한 번도 의기소침하거나 용기를 잃는 법이 없었다. 아버지를 잃은 슬픔은 어느새 저 멀리 사라져버렸다. 조조는 다시 천하를 도모하는 데 모든 신경을 모았다.

한편 조조의 답장을 받은 서주는 모든 공을 유비에게 돌렸다. 편지 한 장으로 100만 대군을 물리쳤으니 여간 큰 공이 아니었다. 도겸은 크게 기뻐했다. 서주를 유비에게 넘겨줄 기회가 다시 온 것이다. 저번에는 유비가 아무런 공도 세우지 않아 거절할 수밖에 없었지만 이번에는 달랐다. 서주 백성들을 전쟁에서 구해냈으니 유비가 서주를 다스릴 이유는 충분했다.

도겸은 확신에 찬 말투도 입을 열었다.

"나는 이제 늙었고 두 자식은 능력이 모자라 큰일을 해낼 수 없소. 현덕 공은 황실의 종친이고 덕과 재주가 뛰어나니 서주를 맡아주시오. 이제 나도 관직에서 물러나 조용히 요양이나 하며 살고 싶구려."

사람이 한번 높은 자리에 앉게 되면 죽을 때까지 권력을 놓지 않으려 하는 법이다. 그런 측면에서 도겸의 행동은 높이 살 만하다. 그러나 유비는 또다시 사양했다.

"저는 공융의 부탁으로 서주를 돕기 위해 온 것입니다. 모두 의를 위한 것이지요. 그런데 만약 서주를 차지하게 되면 천하가 저를 불의한 자로 여길 것입니다."

그러자 미축이 말을 받았다.

"지금 한나라는 무너지고 있습니다. 큰 뜻을 세우려면 지금 만한 때는 없지요. 서주는 땅이 기름지고 백성의 수가 100만이 넘으니 이곳을 근거지로 삼아 힘을 키우시지요."

미축은 실리를 내세워 유비를 설득하려 했지만 실리는 대의의 천적이었다. 의를 무엇보다 중요하게 여기는 유비가 실리의 유혹에 넘어갈 리 없었다. 미축의 시도는 당연히 실패로 돌아갔고 유비는 고개를 힘껏 가로저었다.

이번에는 진등陳登이 나섰다.

"태수께서는 몸이 편찮아 더 이상 공무를 수행하기가 어렵습니다. 공께서는 거절하지 마십시오."

진등은 도겸의 건강을 이유로 유비를 설득하려 들었지만 아쉽게도 거기에 그쳤다. 지금 유비는 '의'라는 글자에 손발이 묶여 있었다. 그를 풀어주려면 더 큰 의를 가져다주는 수밖에 없었다. 그것은 바로 국가적인 대의였다.

진등은 서주태수가 되는 것이 나라를 위한 일이라는 데 초점을 맞춰야 했다. 백성들에 대한 책임을 들어 유비에게 용기가 없어 임무를 다하지 못하고 있다며 '질책'했다면 유비는 내적 갈등이 풀리면서 요구를 받아들였을 것이다. 그런데 진등의 말은 도겸 개인의 건강상태에 머물러 있었으니 유비가 겪고 있는 인지부조화를 극복하기에는 역부족이었다. 그러자 유비는 '제삼자를 끌어들이는' 방법으로 돌파구를 찾으려 했다.

"그럼 원술에게 맡기면 어떻겠습니까? 그도 명문가 출신인 데다 가까이 있지 않습니까?"

그 말을 들은 공융이 펄쩍 뛰었다.

"원씨 가문은 이미 무덤 속 뼈다귀입니다! 공께서는 하늘이 주신 기회를 놓치면 크게 후회할 겁니다."

공융의 말은 다시 한번 실리의 유혹을 언급한 셈이니 유비의 뜻과 반대되는 것이었다. 유비라고 먹음직스러운 고깃덩이가 싫은 것은 아니었다. 그러나 사리에 맞는 명분 없이 결코 손댈 수 없는 것이 문제였다. 유비가 끝까지 고개를 젓자 도겸이 급기야 눈물을 흘리며 그를 끌어안았다.

도겸의 눈물은 관우와 장비를 움직였다. 세상이 어지러운 시기에는 남을 쉽게 믿지 못하는 법이다. 떠돌이 생활로 잔뼈가 굵은 유비, 관우, 장비는 이 풍족한 서주를 그냥 넘겨주겠다는 말을 믿을 수가 없었다. 그래서 도겸이 처음 말을 꺼냈을 때 유비뿐만 아니라 관우와 장비도 믿지 않았다.

그러나 이번에는 달랐다. 도겸과 그 부하들까지 유비에게 서주를 넘겨주어야 한다고 입을 모으자 그들의 진심에 감동한 관우와 장비도 거들기 시작했다. 어쨌거나 유비는 조조를 물리치는 큰 공을 세웠으니 아무 이유 없이 서주를 차지하는 것은 아니었다. 관우가 말했다.

"태수께서 이렇게까지 간청하시니 형님께서 잠시 서주를 맡으시면 어떻겠습니까."

훌륭한 타협안이었다. 먼저 대리 자격으로 서주를 다스리다가 서서히 정식 태수로 자리를 잡는다면 유비도 한결 부담을 덜 수 있을 것이다. 그런데 유비가 채 대답하기도 전에 장비가 끼어들었다.

"억지로 뺏는 것도 아니고 태수께서 스스로 넘겨주시겠다는데 사양할 건 뭐요?"

장비의 말은 어느 정도 유비의 뜻을 대변하는 것으로 받아들여질 수 있었다. 유비, 관우, 장비는 의가 두터운 형제로 말하지 않아도 통하는 데가 있기 때문이다. 자리에 있던 모두 장비의 말을 진실로 받아들였다. 그러나 진실이 언제나 환영받는 것은 아니다. 이런 식으로 튀어나온 진실이 유비를 벼랑 끝으로 몰았기 때문이다.

"너희들까지 이 형을 불의에 빠뜨리려고 하는구나! 그렇다면 차라리 죽는 것이 낫겠다!"

이렇게 말한 유비가 정말로 검을 뽑아 목숨을 끊으려 하자 좌중은 깜짝 놀라며 유비의 검을 빼앗았다. 서주를 넘겨주려는 두 번째 시도는 이렇게 끝나버렸다. 도겸의 호의가 또다시 좌절된 까닭은 무엇일까?

우리는 누구나 일관된 모습을 보여주고 싶어 한다. 말과 행동, 처음과 끝이 일관되어야 사회적으로 인정받고 사람들의 신뢰를 얻을 수 있기 때문이다. 유비는 언제나 덕과 의를 앞세웠다. 그에게 인의仁義란 대명사와 같았고 사람들의 머릿속에도 그 같은 이미지로 남아 있었다. 이 두 가지는 서로 순환하는 관계이므로 유비의 명성이 높아질수록 사회적 평가가 가져오는 구속력도 강해졌다.

그래서 도겸이 처음 말을 꺼냈을 때 거절했던 유비는 두 번째 역시 거절할 수밖에 없었다. 만약 그가 말을 바꿔 서주를 차지한다면 처음의 거절은 위선이자 입바른 소리가 되어버린다. 그렇게 되면 단번에 서주를 받아들이는 것보다 훨씬 더 나쁜 평가를 받게 된다. 이런 계산이 서자 유비의 마음속에는 극단적인 인지부조화가 발생한 것이다. 그런데 미축이나 진등, 공융 등은 하나같이 이 같은 인지부조화를 극복하도록 도와주지 못했고 오히려 기름을 부어버린 꼴이 되었다. 그러니 유비가 설득당하지 않을 것은 불을 보듯 뻔했다.

유비가 끝까지 뜻을 굽히지 않자 도겸은 어쩔 수 없이 청을 거두었다. 대신 근방의 소패小沛에 머물며 서주를 지켜줄 것을 부탁했다. 도겸은 자신도 채 의식하지 못하는 사이에 효과적인 부탁하기 전략을 사용한 셈이다. 어려운 부탁을 거절했을 경우 거절한 사람은 일정한 죄책감을 갖게 된다. 이것을 이용해 처음보다 조금 쉬운 부탁을 하면 이번에는 받아들여질 확률이 높다.

유비는 애초에 서주를 도우러 왔던 만큼 일이 마무리되었으니 돌아가야 했다. 그러나 앞서 도겸의 성의를 두 차례나 거절한 그는 차마 고개를 가로젓지 못하고 소패에 머물렀다.

◈ **심리학으로 들여다보기**

진실은 언제나 가면을 쓰고 있다. 가면을 들추려 하면 할수록 더 꽁꽁 숨는다. 그래서 진실을 왜곡하고 악용하는 사람들이 많다. 그들은 진실을 가리기 위해 언제나 가면을 들고 다닌다. 표면적 진실에 속아서는 안 되는 이유이다.

돌다리도
두드려봐야 할 이유가 있다

여포는 왜 갑자기 조조를 공격했을까? 그것은 진궁 때문이었다.

여포는 원술에게 거절당하고 원소에게 몸을 의탁했다. 하지만 상산의 장연張燕을 무너뜨린 다음부터 기고만장해져 원소의 미움을 샀다. 그 후 장양에게 갔지만 뜻대로 되지 않았고 결국 진류태수 장막의 밑으로 들어갔는데 마침 진궁이 그곳에 있었다.

앙심을 품으면 앙갚음을 하고 싶어지는 법이다. 서주에서 조조를 설득하려다 실패한 일로 진궁은 자존심에 큰 상처를 받았다. 진궁은 여포를 이용해 조조의 퇴로를 끊으려 했다. 서주도 돕고 조조도 골탕 먹일 방법이었다. 진궁의 말을 들은 장막은 여포를 받아들였다.

복양성에서 벌어진 첫 번째 전투에서 여포가 승리했다. 조조는 미축의 말대로 밤을 틈타 여포 진영을 기습했지만 진궁은 이미 예상하고 있었다. 또 한 번 패배한 조조는 여포에게 쫓기다 부하 장수 전위의 도움으로 겨우 목숨을 건졌다. 진궁은 다시 작전을 세웠다.

"복양성 안에 전씨 성을 가진 부자가 살고 있습니다. 그를 시켜 조조에게 가짜 편지를 보내도록 하십시오. 포악한 여포 때문에 백성들이 모두 떠나 성안이 텅 비었다고 말입니다. 문을 열어줄 테니 성안으로 들어오라고 하면 조조를 잡을 수 있을 것입니다."

여포는 하늘이 자신을 돕고 있다고 생각했다.

전씨로부터 편지를 받은 조조는 아니나 다를까 매우 기뻐하며 즉시 군사를 몰아 성으로 갔다. 조조는 의심이 많은 사람으로 알려져 있으나 실제는 그렇지 않았다. 냉엄한 현실에서 자신을 보호하기 위해 어쩔 수 없이 의심이 많아졌을 뿐이다. 그만큼 살아가는 동안 너무도 많은 속임수를 겪은 것이다.

조조는 태생적으로 쉽게 믿는 성격을 타고났다. 허술하기 짝이 없는 가짜 편지를 믿을 정도로 쉽게 속는 사람이다. 강한 심리면역력을 발휘하지만 남을 쉽게 믿는 경솔함도 함께 가졌으니, 역시 신은 공평한 모양이다. 다행스럽게도 조조의 곁에는 그를 도와줄 모사들이 있었다. 그중 유엽劉曄이 조조에게 경고했다.

"진궁은 꾀가 많은 자입니다. 편지가 속임수일 수도 있습니다."

조조가 혀를 차며 대꾸했다.

"자네처럼 의심이 많으면 큰일을 그르칠 것이네!"

하지만 조조처럼 아무런 의심 없이 행동하면 함정에 빠져 목숨을 잃을 수도 있다. 유엽은 자신의 의견을 굽히지 않았다.

"조심해서 나쁠 것은 없습니다. 군사를 셋으로 나누어 하나만 성으로 들여보내고 둘은 성 밖에 남아 만일을 대비하도록 하십시오."

조조는 마지못해 그의 뜻에 따르기로 했다. 그러나 본인은 전씨의 편지를 철썩같이 믿고 있었기 때문에 아무런 경계심 없이 밤에 성으로 들어가려 했다. 불안해진 이전이 조조에게 말했다.

"주공께서는 여기에 계십시오. 제가 먼저 성으로 들어가겠습니다."

조조는 그 호의에 호통을 쳤다.

"내가 앞장서지 않으면 누가 군사를 이끈단 말이오!"

그러고는 곧장 말을 몰아 활짝 열린 성문으로 들어갔다. 단숨에 복양성 관청까지 들어갔지만 거리는 텅 비어 있었다. 그제야 속았다는 사실을 깨달은 조조는 급히 말머리를 돌리며 소리쳤다.

"후퇴! 후퇴하라!"

그와 동시에 사방에서 화살이 쏟아졌고 네 개의 성문에 불길이 치솟아 조조와 군사들은 꼼짝없이 성안에 갇혀버렸다. 숨어 있던 적군이 쏟아져 나와 조조를 공격했다. 남문으로 갔다가 여포의 군사들에게 가로막힌 조조는 말을 돌려 북문으로 향했다. 그것을 본 여포가 바짝 뒤따라와 조조의 머리 위로 긴 창을 휘둘렀다.

"조조는 어디에 있느냐?"

목소리의 주인공이 여포라는 걸 알아챈 조조는 고개를 돌리지 않고 손가락으로 앞을 가리켰다.

"저 앞쪽에 누런 말을 탄 사람이 조조요."

조조도 쉽게 믿는 사람이지만 여포 또한 그에 못지않았다. 그는 말을 듣자마자 곧바로 그가 가리킨 쪽을 향해 말을 몰아 달렸다. 동탁의 휘하에 있던 시절 매일같이 마주친 조조를 여포가 모를 리 없었다. 그러나 때는 밤이었고 여기저기서 불길이 일어나는 데다 주변은 병사들이 싸우는 소리로 가득했던 탓에 알아보지 못했던 것이다. 조조로서는 지독히 운이 좋았다고 할 수밖에 없는 상황이었다.

조조는 말머리를 돌려 동문으로 향하다가 마침 그곳에 있던 전위를 만났다. 전위가 힘을 다해 적군의 포위망을 뚫어 조조를 탈출시켰다. 막 성문을 벗어나려던 조조의 머리 위로 커다란 나무 들보가 떨어졌다. 나무에 엉덩이를 맞은 말이 비명을 내지르며 쓰러졌다. 말에서 떨어진 조조는 얼른 불붙은 통나무를 밀어냈지만 머리카락과 수염이 모두 타버렸다. 그것을 본 전위와 하후연이 위험을 무릅쓰고 조조를 구했다. 조조는 무사히 빠져나왔으나 양측의 전투는 날이 밝을 때까지 이어졌다.

조조가 엉망이 된 모습으로 진영에 돌아오자 모두가 깜짝 놀랐다. 그런데 처음으로 겪은 참담한 패배 앞에서 이를 갈 줄 알았던 조조가 갑자기 껄껄 웃기 시작했다. 모사와 장수들은 주공이 여포의 화공에 놀라 정신이 나갔나 싶어 고개를 갸우뚱했다. 조조는 웃으며 말했다.

"대단치 않은 꾀에 걸려들다니. 이 빚은 반드시 갚아주어야겠다."

패배를 일소에 부치는 모습은 누구보다도 강력한 심리면역력의 작용이었다. 그는 함정에 빠져 죽을 고비를 넘기고 겨우 살아 돌아왔다. 보통 사람이라면 혼비백산하거나 적어도 몹시 부끄러워했을 것이다. 대패하고 돌아와 크게 웃는 사람은 세상천지에 조조 한 사람뿐이리라. 그러자 곽가가 입을 열었다.

"이 상황을 잘 이용하면 여포를 잡을 수 있을 것입니다."

진정한 고수는 상황을 꿰뚫어보고 최대한 이용할 줄 안다. 곽가는 조조의 패배에서 상당한 이용가치를 보았다. 아니나 다를까 조조도 회심의 미소를 지었다.

"좋아. 지금 당장 내가 여포의 작전에 당해 죽었다는 소문을 퍼뜨려라. 우리는 마릉산에 매복하여 적을 기다린다."

곽가는 참으로 훌륭한 작전이라며 손뼉을 쳤다.

삼국시대의 이름난 모사 가운데 한 명인 곽가는 지능지수IQ뿐만 아니라 감성지수EQ도 높았다. 자신이 생각해낸 작전을 바로 이야기하지 않고 조조에게 넌지시 힌트부터 주었으니 말이다. 그는 조조가 작전을 직접 말하게 함으로써 참패하고 돌아온 주공의 위신을 세워주었다. 패배에 좌절하지 않고 상황을 역이용하는 모습까지 부각시켜 준 것이다. 자신은 한 걸음 물러나 조조를 칭찬하면서 지도자의 이미지를 지켜주었다. 이렇게 주인의 마음을 잘 헤아리는 수하이니 어느 누군들 아끼지 않을 수 있겠는가!

물론 손뼉도 마주쳐야 소리가 나는 법이다. 말의 의도를 꿰뚫어보는 눈이 조조에게 있었기에 곽가의 배려가 빛을 발했다. 만약 원소나 원술이었다면 아무리 지혜로운 수하라도 제대로 능력을 발휘하지 못했을 것이다.

소문을 들은 여포는 군사를 이끌고 성 밖으로 나왔다가 매복하고 있던 조조군에게 크게 패했다. 양측이 한 번씩 승패를 주고받은 셈이었다. 나중에는 군사들이 지치고 군량미도 바닥나자 결국 두 사람 모두 더 버티지 못하고 군사를 물릴 수밖에 없었다.

한편, 도겸은 자신의 병세가 깊어지자 다시 유비에게 서주를 넘겨주려 했다. 그는 유비를 침상으로 불러 단도직입적으로 말했다.

"이 늙은이가 현덕 공을 모셔 온 것은 다름이 아닙니다. 이제 내 병이 깊어 언제 죽을지 모르겠구려. 부디 나라를 생각하시어 서주를 맡아주신다면 나도 편하게 눈을 감을 수 있겠소."

유비는 또다시 제삼자를 끌어들이려 했다.

"태수께서는 두 아드님이 계시니 그들에게 서주를 물려주시면 되지 않습니까?"

그럴듯한 말이었다. 좋은 것은 아들에게 주고 싶은 것이 인지상정 아닌가. 그러나 생각이 깊은 도겸은 달랐다. 그는 두 아들에게 그만한 능력이 없다는 사실을 알고 있었다. 아들들에게 서주를 넘겨준다면 그들을 도리어 위험으로 몰아넣는 꼴이 될 것이다. 도겸이 말했다.

"내 아들들은 능력이 모자라 의탁할 곳이 필요하오. 현덕 공께서 그놈들을 잘 돌봐주시오. 절대 공사를 맡겨선 안 되오."

"저 혼자서 어찌 이 큰 성을 다스릴 수 있겠습니까?"

절대 안 된다며 완강하게 버티던 처음보다 훨씬 누그러진 말투였다. 지성이면 감천이라 했다. 열 번 찍어 안 넘어가는 나무 없고 낙숫물이 댓돌을 뚫는다. 강한 의지만 있다면 세상에 해내지 못할 일은 없다. 한풀 꺾인 유비의 말에 도겸은 기회를 놓치지 않았다.

"내가 능력 있는 사람을 천거해 현덕 공을 보좌하도록 하리다."

도겸은 급히 사람을 보내 손건孫乾과 미축을 불러왔다.

"현덕 공을 잘 섬기도록 해라."

유비는 끝까지 사양하려 했지만 도겸은 이내 숨을 거두었다. 협상에서 가장 극단적인 방법은 상대에게 자신의 요구사항을 전달한 후 모든 연락을 끊어버리는 것이다. 그러면 상대는 어쩔 수 없이 수락하게 된다. 도겸이 죽어버렸으니 유비는 더 이상 사양할 수 없게 되어 서주태수가 되었다.

능력 있는 사람이 낮은 지위에 너무 오래 있으면 위축되게 마련이다. 맨주먹으로 의병을 일으킨 후부터, 유비는 오랜 세월 이리저리 몸을 의탁하며 숨 한번 크게 쉬지 못한 채 살아왔다. 이런 상태로는 서주를 제대로 다스리기 어려웠다. 나중에 자신을 찾아온 여포에게 서주태수 자리를 넘겨줄 생각을 하게 된 것도 바로 이런 열등감 때문이었다.

한편 조조는 유비가 도겸의 청을 여러 차례 거절했다는 소식을 듣고 감탄했다. 예전에 제후 동맹군 맹주 자리를 원소에게 양보했던 자신과 비슷했다. 멀리 내다볼 줄 아는 사람은 눈앞의 이익에 혹하지 않는다. 그런데 결과적으로 도겸이 죽고 유비가 서주를 넘겨받자 조조는 크게 화를 냈다.

아버지의 복수 따위는 진작 잊어버린 조조지만 유비가 화살 하나 쏘지 않고 서주를 차지하자 이성을 잃었다. 그는 질투와 분노를 담아 소리 질렀다.

"나는 아직 복수하지 못했다. 내 반드시 유비를 죽이고 도겸의 시체를 파헤쳐 아버지의 원한을 풀어드릴 것이다!"

◈ **심리학으로 들여다보기**

쉽게 믿는 사람이 의심도 많다. 쉽게 믿은 사람에게 상처받거나 위기를 경험했기 때문이다. 그들은 자기 믿음을 확신하지 않는다. 일단 믿는 척하지만 거듭 상대를 확인하려 든다.

양보도 상대를 가려가며 해야 뜻을 이룬다

잔뜩 화가 난 조조는 군사를 일으켜 서주를 치려 했다. 이를 안 모사 순욱이 급히 조조를 찾아갔다.

"일찍이 한고조께서는 관중關中 땅에서, 후한의 광무제光武帝께서는 하내河內에서 힘을 길러 천하를 손에 넣었습니다. 지금 주공께는 연주가 있지요. 그런데 만약 지금 서주를 친다면 여포가 다시 쳐들어올 것이니 연주를 잃을 것입니다. 그럼 주공께서는 발붙일 곳을 잃게 되지요. 게다가 서주는 도겸이 죽고 유비를 새 태수로 맞았습니다. 지금 서주를 친다면 서주 백성들은 도겸의 덕을 기리고 유비를 도와 필사적으로 성을 지키려 할 테니 무너뜨리기가 매우 어려울 것입니다. 부디 주공께서는 깊이 생각하신 후 행동하십시오."

조조는 빨리 흥분했다가도 금세 냉정을 되찾는 성격이 강점이다. 이미 소리를 질러 울분을 토한 후라 화도 누그러져 있었다. 특히 '게다가' 다음에 이어진 순욱의 말은 조조를 설득하는 데 결정적이었다.

만약 지금 서주를 공격한다면 유비를 돕는 일밖에 되지 않았다. 이제 막 서주를 넘겨받아 입지가 불안정한 유비를 그냥 둔다면 서주 내부에서 변고가 생길 수도 있었다. 그런데 만약 외부에서 적이 침입한다면 서주는 하나로 똘똘 뭉쳐 성을 사수할 테니 유비의 권위를 세우고 민심을 모으는 결과를 초래할 것이다. 특히 유비는 사람의 마음을 움직이는 데 뛰어난 만큼 적을 물리치고 나면 탄탄한 기반을 마련하여 조조의 가장 큰 적이 될 것이다.

조조는 동탁이 자신을 적으로 돌리고 잡으려 한 것이 결과적으로 자신을 키워놓은 셈이 되었던 과거를 떠올렸다. 유비에게 똑같은 혜택을 줄 수는 없었다. 여기까지 생각한 조조는 서주를 치려던 마음을 접었다.

순욱은 연주를 기반으로 삼고 동쪽으로 세력을 확장해 황건적 잔당을 소탕하도록 제안했다. 이들은 손쉽게 물리칠 수 있을 뿐만 아니라 쌓아놓은 식량과 재물을 얻는 기회였다. 또한, 도적 소탕이라는 명분으로 조정과 백성들로부터 좋은 평가를 들을 수 있었다.

조조는 순욱의 의견을 받아들여 영주穎州, 여주汝州, 산동山東을 어렵지 않게 평정했다. 또 새로 얻은 장수 허저許褚와 전위를 복양성으로 보내 여포를 공격했다. 처음부터 여포가 밀리는 싸움이었다. 부호 전씨가 조조에게 성을 넘겨주자 여포는 군사를 이끌고 정도定陶로 달아났다. 앞서 조조를 가짜 편지로 속였던 전씨가 이번에는 정말로 복양성을 넘긴 것이다. 조조는 당시 여포와 진궁의 강요로 어쩔 수 없이 작전에 가

담했던 그를 용서해주었다.

조조는 융통성 있는 사람이었다. 설령 그의 자존심에 큰 상처를 냈더라도 다시 자존심을 세워주면 과거의 잘못을 묻지 않았다. 그러나 이 점을 모르고 그를 건드린 사람은 끝까지 따라가 복수할 만큼 집요했다.

전씨는 앞서 조조를 큰 위험에 빠뜨렸지만, 성을 바치면서 조조의 호혜 정신을 자극했다. 무너진 조조의 자존심까지 크게 세워주어 무사할 수 있었다. 조조는 여세를 몰아 정도에서 여포를 다시 한번 물리쳤다. 궁지에 몰린 여포는 남은 군사와 함께 서주의 유비에게 투항했다. 소식을 들은 유비는 사람을 보내 여포를 맞이하려 했지만 미축이 고개를 저으며 경고했다.

“여포는 이리 같은 자이니 절대 받아들이지 마십시오. 성안에 들이면 반드시 사람을 해칠 것입니다!”

그러나 유비는 지난번 조조가 서주를 포위했을 때 여포가 구해준 일을 떠올렸다. 그는 조조가 물러간 것이 자신의 편지 때문이 아니라 여포가 그의 퇴로를 끊어버렸기 때문이라는 사실을 알고 있었다. 그 관점에서 보면 서주는 여포가 구한 것이 된다. 그러므로 조조에게 패하고 갈 곳이 없어진 여포를 거부할 이유가 없었다. 게다가 유비는 서주를 넘겨받은 후로 줄곧 감당할 수 없다는 생각을 떨치지 못하고 있었다. 이런 때에 여포가 나타나자 서주태수 자리를 넘겨야겠다고 마음먹었다. 유비가 직접 수천 군사를 이끌고 성 밖으로 나가 맞이하자 여포는 하소연을 시작했다.

“내가 사도 왕윤과 함께 일을 꾸며 동탁을 죽였으나 뜻밖에도 이각과 곽사의 난을 만나 관동을 떠도는 신세가 되었소. 이곳저곳을 떠돌며 의탁할 곳을 찾았으나 아무도 나를 받아주지 않았소. 조조 그 도적 같은 자가 서주를 침략하자 공께서 도겸을 구하려 힘쓰셨다고 들었소. 그래서 내가 조조의 근거지인 연주를 쳐서 세력을 나누려 한 것이오. 그런데 이번에 조조의 계략에 빠져 군사를 모두 잃고 말았소. 이제 사군使君과 함께 대사를 도모하고자 하는데 사군의 생각은 어떠시오?"

인생에서 중대한 일을 겪으면 누구에게라도 하소연하고 싶어진다. 여포는 삼국지에 등장하는 인물 가운데 가장 부침이 심하고 굴곡진 삶을 살았다. '자기위주편향'으로 자신의 삶이 순탄치 못한 이유를 객관적으로 바라보지 못했다. 여포는 자신이 동탁을 죽이고 조조를 공격한 것만 이야기하고 정원丁原(여포를 양아들처럼 키웠으나 동탁에게 매수된 여포의 손에 죽임을 당했다-옮긴이)을 죽이고 동탁과 함께 세도를 부렸던 일은 입 밖에 내지 않았다. 이에 유비는 여포를 동정하며 받아들였다. 그리고 여포에게 서주를 넘겨주기로 마음먹었다.

"도겸 태수께서 얼마 전에 돌아가시고 난 후 서주에 주인이 없어 제가 맡아왔습니다. 그런데 오늘 장군께서 오셨으니 참으로 다행입니다. 저는 원래 덕이 없는 사람이라 서주태수의 자리를 장군께 넘겨드리고 싶습니다."

여포는 깜짝 놀랐다. 자신의 하소연이 이토록 큰 위력을 나타낼 줄 몰랐다. 생전 양보를 모르고 산 그는 얼른 입을 열어 승낙하려고 했다. 만약 여포가 바로 승낙해버리면 유비는 매우 곤란했을 것이다. 도겸이 진심으로 서주를 부탁했을 때 유비는 두 차례나 완강히 사양한 후에야 받아들였다. 유비의 공식에 따르면 여포도 이번에 거절해야 했다. 그러면 조조의 공격에서 서주를 구해준 일에 사례를 끝낸 셈이 되어 마음의 빚을 갚고 홀가분해질 수 있었다.

관우와 장비는 유비의 말을 듣고 깜짝 놀랐다. 생각 없이 말을 내뱉는 유비가 원망스러웠다. 게다가 여포가 덥석 받을 눈치라 두 사람은 당장이라도 검을 뽑을 듯 칼자루를 움켜잡았다. 그것을 본 여포는 정신이 번쩍 들었다. 가만 생각하니 굴러온 돌이 박힌 돌을 빼내는 격이었다. 전쟁에서 패하고 몸을 의탁하러 온 주제에 서주를 차지하는 것도 말이 안 되는 일이었다.

"일개 무장인 내가 태수라니 당치도 않소이다."

그러자 유비는 다시 권했다. 이번에는 진궁이 그의 마음을 읽고 대신 대답했다.

"어찌 객이 주인을 누르겠습니까? 유사군께서는 의심을 거두십시오."

진궁의 말은 유비가 처음 도겸에게 했던 말과 비슷했다. 그 뜻을 이해한 유비는 더 권하지 않았다. 유비는 연회를 베푼 다음 여포와 그의 군대를 소패에 머무르도록 했다.

그즈음 산동을 평정해 큰 공을 세운 조조에게는 건덕장군建德將軍 비정후費亭侯의 벼슬이 내려졌다. 조정은 이각과 곽사가 장악해 스스로 대사마, 대장군이라 부르며 권력을 휘두르고 있었다. 그러나 마음을 제대로 합치지 못한 두 사람은 결국 서로 싸우기 시작했고 장안은 혼란에 빠졌다. 급기야 이각이 천자를 데리고 장안을 떠났으나 양봉楊奉과 동승董承이 천자를 구해 낙양으로 환도했다.

하지만 동탁이 장안으로 천도하면서 불을 지른 낙양은 텅 비어 있었다. 궁궐도 대부분 소실되었고 잡초만 무성했다. 천자는 궁궐 한 귀퉁이에서 대신들의 조례를 받아야 했다. 한나라 황실이 이토록 처참하게 몰락한 것이다. 흉년이라 먹을 것도 떨어져 벼슬아치인 상서시랑尙書侍郞조차 나무껍질과 풀뿌리로 연명할 정도였다. 셀 수도 없는 사람들이 굶어 죽었다.

태평성대에는 능력 없는 사람도 명문가에서 태어났다는 이유만으로 권세를 얻는다. 난세에는 출신이 비천한 영웅에게 기회가 돌아간다. 그러나 아무리 도처에 널린 기회라도 원소 같은 사람의 눈에는 보이지 않았다. 또 유비처럼 기회라는 것을 알면서도 힘이 없어 잡지 못하는 사람도 있었다.

정치적 감각이 발달한 조조가 이런 좋은 기회를 놓칠 리 없었다. 그는 즉시 모사들을 불러 모으고 헌제가 낙양으로 환도한 이 상황을 어떻게 이용하면 좋을지 의논했다. 순욱이 말했다.

"지난날 진나라의 문공文公은 주나라의 양왕襄王을 모셔 여러 제후들이 복종하였고, 한고조漢高祖께서도 의제義帝의 장례를 지내 천하의 인심을 얻었습니다. 지금 천자께서 곤경에 처했으니 군사를 일으켜 보좌하십시오. 머뭇거리다가는 다른 제후들에게 기회를 빼앗길 수도 있습니다."

조조는 고개를 끄덕였다. 지금 헌제는 꼭두각시처럼 동탁, 이각과 곽가, 양봉에게 차례로 조종당하고 있었다. 그러나 그가 황제의 자리에 있는 이상 반드시 이용가치가 있었다. 천자의 명을 앞세운다면 모든 일은 한결 쉬워질 터였다. 여기까지 생각한 조조에게 낙양으로 오라는 천자의 조서가 도착했다. 생각한 대로 이루어진 것이다. 만약 조조가 군사를 일으켜 낙양으로 향했다면 역모를 의심을 받을 수 있었다. 그러나 천자가 직접 불렀으니 당당하게 들어가게 되었다.

헌제는 왜 조조를 낙양으로 불렀을까? 조조의 이름이 이미 널리 알려졌기 때문이었다. 게다가 동탁을 암살하려던 '의로운 행동'은 시간이 흐르면서 영웅 이미지로 굳어 있었다. 그러기에 한나라에 충성하는 사람이라면 믿을 수 있다는 심리가 작용했다. 사람들은 타인의 첫인상을 계속 간직하려는 경향이 있다. 상대가 첫인상의 환상을 완전히 깨버리지 않는 한 효과는 지속된다.

첫인상 효과에 매료된 태위 양표楊彪가 천자에게 조조를 불러들여 황실을 보좌하도록 간언한 것이다. 조조의 동탁 암살을 기억하고 있던 헌제는 이를 수락했다. 자신이 동탁보다 백배는 더 무서운 인물을 불러들이고 있다는 사실은 전혀 알지 못했다.

◈ 심리학으로 들여다보기

과도한 하소연은 뭔가를 요구하는 것처럼 보인다. 넋두리는 절대로 상대에게 환호받을 수 없다. 호감을 잃어버리는 지름길이다. 상대는 이야기를 듣는 것조차 부담을 느끼며 빨리 자리를 피하려 한다.

하늘은 길을 찾는 자에게 길을 내준다

헌제는 조조에게 사예교위司隸校尉 가절월假節鉞 녹상서사錄尙書事의 벼슬을 내렸다. 황제의 은혜에 깊이 머리를 숙인 조조는 곧바로 이각과 곽사를 완전히 소탕하려 했다. 조조가 왔다는 소식을 들은 이각과 곽사가 조조에 맞서 싸우려 하자 모사 가후賈詡가 말렸다.

"안 됩니다. 조조는 10만의 정예병을 거느린 데다 휘하에 용맹한 장수들이 셀 수도 없이 많습니다. 차라리 투항하는 것이 낫습니다."

가후는 삼국을 통틀어 상황을 판단하는 능력이 가장 빠른 모사였다. 그러나 두 사람은 크게 화를 내며 칼을 뽑아 들었다. 가후는 옆에 있던 사람들 덕분에 겨우 목숨을 건졌다. 조조에게 질 것이 불 보듯 뻔한데 말을 듣지 않자 가후는 몰래 그들 곁을 떠나버렸다. 이 인물은 나중에 조조에게 적잖은 골칫거리가 된다.

아니나 다를까 이각과 곽사는 파죽지세로 달려드는 조조군에게 크게 패하고 깊은 산에 숨어버렸다. 승리한 조조는 낙양성 밖에 군대를 주둔시켰다. 그때까지 천자를 모시던 양봉과 한섬은 기세등등한 조조를 당해낼 수 없다는 것을 알고, 도망간 이각과 곽사를 쫓는다는 명분으로 자신의 군사를 이끌고 대량大梁으로 가버렸다. 이렇게 조조는 실질적으로 조정을 장악하게 되었다.

조조에게 입궁하여 천자를 알현하라는 명이 떨어졌다. 헌제의 명을 전하러 온 동소董昭는 두 눈이 맑고 얼굴빛이 좋아 마치 신선 같았다. 외모에 민감한 조조는 동소의 모습에 반감을 품었다. 잘생긴 사람에게 언제나 관심과 편애를 보이는 조조가 어째서 동소에게는 나쁜 인상을 받았을까?

인간관계에 큰 영향을 미치는 외모의 매력은 두 가지를 전제로 한다. 첫째, 정당하게 얻은 아름다움이라야 한다. 타고난 미모거나 혹 성형한 부위가 있어도 표가 나서는 안 된다. 상대가 성형 사실을 알아챈다면 외모의 매력에서 발생되는 효과는 크게 반감된다. 둘째, 자신의 매력을 남용하거나 상대가 그것을 알게 해서는 안 된다. 순수하지 않은 동기가 감지되면 역시 매력이 줄어든다.

당시 낙양은 심각한 흉년이라 누구 할 것 없이 얼굴색이 누렇게 떠 있었다. 그런데 유독 동소의 얼굴에서는 빛이 났다. 그를 본 조조는 남이야 굶어 죽든 말든 제 몸 하나만 열심히 챙긴 탐욕스러운 벼슬아치라는 생각이 들었다.

천자의 사자에 대해 이러쿵저러쿵할 수 없었지만 조조는 원래 속내를 감추는데 서툰 데다 감추고 싶어 하지도 않는 성격이었다. 자신도 모르게 싫은 표정을 짓고는 비꼬듯 말했다.

"참으로 대단하십니다. 이런 때 어떻게 몸을 보살피기에 얼굴빛이 그리 좋으십니까?"

"별다른 것은 없습니다. 30년째 고기를 멀리하고 담백한 음식을 먹고 있는 것뿐입니다."

그 말을 들자 앞서 품었던 나쁜 감정이 눈 녹듯 사라졌다. 이것은 동소가 첫 번째 전제를 성공적으로 해결했기 때문이다. 특별한 보양을 하지 않고 채식만 한 것이 그 근거가 되었다. 이로써 그의 외모에 대한 조조의 감탄은 오히려 더 커졌다.

"진작부터 명성은 익히 들어왔습니다. 드디어 만나 뵙게 되는군요!"

거짓이라고는 조금도 섞이지 않은 진지한 말투였다. 그러나 사실 조조는 동소의 이름을 한 번도 들은 적이 없었다. 조조가 조정의 대사를 어떻게 처리해야 좋을지 공손하게 묻자 동소가 대답했다.

"공께서 군사를 일으켜 난을 평정하고 천자를 보좌하시니 춘추시대 오패(쇠약한 주나라 황실을 도왔던 제환공齐桓公, 진문공晉文公, 초장왕楚莊王, 오왕吴王 합려闔閭, 월왕越王 구천勾踐을 가리킨다. 문헌에 따라 진목공秦穆公, 송양공宋襄公이나 오왕吴王 부차夫差를 꼽는 경우도 있다-옮긴이)의 공에 못지않습니다. 그러나 공께서는 이제 막 낙양에 오셨고 사람들의 생각이 다르니 따르지 않을까 걱정입니다. 이곳에 머물면서 조정을 돌보신다면 뜻을 펼치기가 쉽지 않을 것입니다. 허창許昌으로 수도를 옮겨야 문제를 근본적으로 해결할 수 있습니다. 하지만 장안에서 낙양으로 온 지 얼마 되지 않아 모두 안정을 바라고 있습니다. 만약 다시 천도하면 원망이 들끓게 될 것입니다. 중대한 일이니만큼 비범한 인물이 아니면 해내지 못할 것이라 이렇게 청을 드리는 것입니다."

동소의 이 선견지명은 결과적으로 조조가 정치적으로 우뚝 설 수 있는 기반을 마련해주었다.

하루아침에 슈퍼스타가 된 조조는 정치적 기반이 몹시 취약했다. 심리적으로는 이런 급작스런 신분 상승을 아직 받아들이지 못하고 있었다. 유비가 투항하러 온 여포를 보자마자 서주를 양보할 생각을 한 것과 마찬가지다. 조조의 자신감은 천도라는 엄청난 일을 감당할 준비가 되어 있지 않았다. 하지만 잔뜩 기대하는 동소를 실망시킬 수 없었다.

"그것이 원래 내 뜻입니다!"

동소가 이런 말을 한 것은 조조에게 그럴 만한 능력과 패기가 있다고 생각했기 때문이다. 만약 거절한다면 자신의 밑바닥을 드러내 보이는 꼴이 된다. 누구나 자신에게 기대를 품고 있는 사람을 실망시키지 않으려 한다. 조조도 마찬가지였다.

"양봉이 대량에서 기회를 엿보고 있는데 만약 대신들과 힘을 합쳐 방해하려 들면 어떻게 합니까?"

조조가 묻자 동소가 미소 지으며 대답했다.

"그것은 별로 어렵지 않습니다. 양봉에게 편지를 써서 그를 안심시키십시오. 형편없는 자이니 걱정하지 않아도 됩니다. 조정의 대신들에게는 도성에 식량이 없어 잠시 허창으로 어가를 옮겨야 되겠다고 말씀하십시오. 허창과 가까운 곡창지대 노양魯陽에서 식량을 가져오면 굶주림에서 벗어날 것이니 모두가 좋아하며 찬성할 것입니다."

동소가 명쾌하게 걱정을 없애주자 조조는 크게 기뻐했다.

"앞으로 늘 제 곁에 머물며 가르침을 주십시오. 반드시 보답하겠습니다."

동소는 고개를 끄덕였다. 사람 보는 안목이 탁월한 그는 조조가 큰 영웅임을 꿰뚫어보았다. 그렇지 않았다면 조조를 부추겨 수도를 옮길 생각은 처음부터 하지 않았을 것이다. 그러나 천도는 분명 중대한 일이었고, 처음의 흥분이 가시자 조조는 또다시 망설이기 시작했다. 마침 그때 시중侍中 태사령太史令 왕립王立이 별의 움직임을 풀이했다.

"지난봄부터 태백성이 두우斗牛 사이에서 진성(북극성)을 지나가고, 형혹성(화성)은 역행하여 천관에서 태백과 만나고 있소. 금과 화가 바뀌는 형국이니 반드시 새로운 천자가 나게 될 것이오. 한나라는 이미 기운을 다했으니 위魏와 진晋에서 반드시 흥하는 이가 있으리라."

왕립은 한나라가 엄연히 존재하고 있는 상황에서 '한나라가 이미 기운을 다했다'라는 대담한 발언을 했다. 고립무원에 처한 헌제의 신세를 간접적으로 보여주는 대목이다. 동탁의 난을 견디고 이각, 곽사의 난을 지나면서 모든 권한을 빼앗긴 황제는 누구에게도 대접받지 못하고 있었기 때문이다. 왕립은 이 엄청난 말을 입 밖에 낸 것도 모자라 직접 헌제에게 달려가 말했다.

"천명은 오기도 하지만 갈 때도 있으며 오행의 이치도 항상 흥할 수 없습니다. 앞으로 화를 대신해 토가 흥할 것입니다. 위가 한의 뒤를 이어 조씨가 천하를 안정케 할 것입니다."

이처럼 노골적인 말을 듣고도 헌제는 아무런 반응을 보이지 않았다. 황권은 이미 파국에 이르렀는데 더 이상 무슨 반응을 보일 수 있겠는가. 그러나 이 말을 전해 들은 조조는 크게 반응했다.

첫 번째 반응은 두려움이었다. 이런 소문이 아직 지위를 다지지 못한 자신에게 악영향을 끼칠 것을 염려했다. 그는 즉시 왕립에게 사람을 보내 나무랐다.

"한나라에 대한 충심으로 이런 말을 한 것은 알고 있소. 그러나 하늘의 이치는 깊고도 먼 것이니 함부로 이야기하지 마시오!"

두 번째 반응은 불안한 와중에도 차오르는 기쁨이었다. 하늘의 별이 자신을 가리켰다는 말이다! 그때까지 조조의 꿈은 자신의 묘비에 '한나라 정서장군征西將軍 제후 조조의 묘'라고 새기는 것이었다. 지금의 위세로 볼 때 그 바람은 실현될 확률이 높다. 하지만 한나라가 무너진다면 이야기는 달라진다. 이는 조조의 영웅심과 야심을 자극했다. 궁극으로 최고의 지위에 오르고 싶은 욕망이 걷잡을 수 없이 커졌다.

자기실현적 예언self_fulfilling prophecy이었던 왕립의 별자리 풀이는 조조에게 엄청난 심리적 암시를 가져다주었다. 자기실현적 예언은 외부의 기대가 당사자의 인지, 판단, 예측에 큰 영향을 끼친다. 나아가 행동과 선택에 영향을 준다. 대단치 않은 정보가 당사자의 심리에 미묘하게 작용하고 결국 현실화되어 신비로운 예언으로 탈바꿈하게 되는 것이다.

특히 조조와 아무런 이해관계도 없는 왕립은 철저한 제삼자였다. 왕립은 천문관측을 맡은 태사령이라는 지위 덕분에 그의 발언은 한층 신빙성을 더했다. 당시 사람들에게 천문은 신비로운 권위와 힘을 갖고 있었다. 이런 왕립의 예언은 조조의 욕망을 자극하고 하늘의 선택을 받은 사람이라는 자신감까지 키워주었다. 앞으로 무슨 일이 벌어지든 하늘이 자신을 돌보고 지켜줄 거라 확신했다. 신비한 예언에 타고난 낙천적인 성격(뛰어난 심리면역력)이 합쳐지면서 조조는 어떤 좌절을 겪어도 웃어넘기는 강력한 정신력을 갖게 되었다.

◈ **심리학으로 들여다보기**

하늘이 당신을 속이는 것은 당신을 아끼기 때문이다. 믿고 있다는 증거이다. 그러므로 어려움에 처하거나 일이 생각대로 흘러가지 않을 때, 당신의 장점을 먼저 떠올려라. 신은 자신이 준 재능이 활용되기를 기다린다.

인적자산은
보이지 않는 무기이다

조조는 끓어오르는 흥분을 누르며 순욱을 불렀다. 순욱은 조조의 모사단 중 가장 신임 받는 위치에 있었다. 순욱이 말했다.

"한나라 유씨는 화火의 기운을 타고 천하를 얻었고 주공께서는 토土에 속하십니다. 허도許都는 토의 기운이 강한 곳이니 반드시 흥하게 될 것입니다. 불은 흙을 낳고 흙은 나무木를 기르니 왕립과 동소의 말 그대로이지요. 틀림없이 머잖아 다음 왕이 나타날 것입니다."

순욱의 말을 들은 조조는 더 이상 망설이지 않았다. 왕립과 동소, 순욱 셋의 의견이 일치하니 더욱 자신감이 생겼다. 다음 날 조조는 군대를 이끌고 낙양으로 가 헌제에게 말했다.

"낙양은 오랫동안 황폐된 상태입니다. 수리할 수도 없고 식량을 날라 오기도 어렵습니다. 제가 보니 허창이 낙양에서 가깝고 성곽과 궁궐도 있으며 재물과 곡식이 풍족합니다. 준비는 이미 다 해두었으니 어서 옮기시지요."

건의도, 의논도 아닌 통보였지만 이미 신하의 명령에 익숙해진 헌제는 고개를 끄덕였다. 여러 대신도 반대할 엄두를 내지 못했다. 조조의 강력한 세력 때문에 겁을 먹었기 때문만은 아니었다. 수도를 옮기는 엄청난 일을 손쉽게 해낼 수 있었던 것은 앞서 포악을 부리고 간 동탁과 이각, 곽사 때문이었다. 대신들은 권력을 손에 쥔 무장들이 어떻게 일을 처리하는지 잘 알고 있었다. 반대했다간 온 가족이 몰살당하기 일쑤였으니 조조의 말에 따를 수밖에 없었다. 습관적 공포에 사로잡힌 대신들의 눈에 조조는 또 다른 동탁일 뿐이었다.

허도로 수도를 옮긴 조조는 '천자를 등에 업고 제후들을 움직이는' 전략을 본격적으로 펼치지 시작했다. 꼭두각시 황제는 대단한 효력을 발휘했다. 조조는 허도에 궁궐을 새로 짓고 종묘와 사원을 세웠다. 관청의 문서와 재물을 보관하는 부고府庫와 성곽도 수리했다. 그는 스스로 대장군 무평후武平侯(조조가 꿈꾸던 벼슬보다 훨씬 높았다)가 되어 동승을 비롯한 열세 명을 제후에 봉했다. 그 다음 순욱, 순유, 곽가, 유엽, 모개, 임준, 정욱, 범성, 동소, 만총, 하후돈, 하후연, 조인, 조홍, 여견, 이전, 악진, 여건, 서황, 허저, 전위 등에게 벼슬을 내렸다. 나머지 장졸들에게도 골고루 관직을 내렸다.

조조가 권력을 잡자 휘하 모두에게 콩고물이 떨어진 셈이었다. 이제 대권은 조조의 손에 들어가게 되었다. 대신들도 일이 있으면 먼저 조조에게 알린 다음 천자를 찾을 정도였다. 큰일이 어느 정도 일단락되자 조조는 부하들을 불러 다음 계획을 논의하기 시작했다.

"유비와 여포가 손을 잡은 것이 제일 걱정이오. 이들을 해결할 좋은 방법이 없겠소?"

그러자 맹장 허저가 나섰다.

"제게 정예병 5만을 주시면 지금 당장 유비와 여포의 목을 가져오겠습니다!"

가만히 듣고 있던 순욱은 생각했다.

'이제 막 수도를 옮긴 이때 군사를 움직이는 것은 좋지 않다. 게다가 지금 우리 손에는 세상에서 가장 귀한 것이 있지 않은가. 이용하지 못할 까닭이 없지.'

그는 옅은 미소를 지으며 입을 열었다.

"장군의 용맹은 알고 있습니다. 허나 더 쉬운 방법이 있습니다."

상대방의 심리를 고려한 매우 정교한 발언이었다. 허저는 성질이 불같고 생각이 깊지 못한 사람이었다. 자기 힘센 줄만 아는 사람이니 만약 순욱이 대놓고 반박했다면 길길이 날뛰었을 것이다. 아니나 다를까 나중에 허유許攸가 허저를 자극하는 말을 했다가 그에게 죽임을 당하는 사건이 발생한다. 그의 성격을 잘 알고 있던 순욱은 허저를 건드리지 않고 의견을 제시함으로써 조직 내부의 분위기를 깨뜨리지 않았다. 바로 이 조화로움이 조조의 조직을 강화시킨 원동력이었다. 한편 조조는 순욱의 말에 귀가 번쩍 뜨였다. 그도 허저를 앞세워서는 유비와 여포를 이길 수 없다는 사실을 잘 알고 있었기 때문이다. 순욱이 대답했다.

"지금 유비가 서주를 다스리고는 있지만 황제로부터 임명받은 것은 아닙니다. 주공께서는 유비에게 서주목의 벼슬을 내리신 후 몰래 편지를 써 여포를 죽이도록 하십시오. 성공한다면 유비 한 사람만 상대하면 되니 한결 수월할 것이고, 실패하면 여포가 유비를 죽일 테니 주공께는 마찬가지로 유리하지요. 다시 말해 두 마리 호랑이가 먹이 하나를 놓고 싸우게 만드는 계책입니다."

황제를 조종하게 되면서 얻은 가장 좋은 점은 바로 제후들의 관직을 마음대로 할 수 있는 것이었다. 천하가 큰 혼란에 빠져 황제의 명령은 사실상 그 효력을 잃었지만 공식적으로 모든 관직은 황제에게 임명받아야 인정이 된다. 그러니 도겸이 마음대로 유비에게 서주를 넘겨준 것은 따지고 보면 불법인 셈이다. 조조는 이렇게 황제를 이용해 모든 관직에 대한 임명권을 손에 넣게 되었다. 이렇게 순욱이 '천자를 등에 업고 제후들을 움직이는' 전략의 구체적인 실행 방안을 제시한 뒤로 조조는 이 방법을 자주 애용하게 된다.

얼마 후, 서주에 사신이 도착했다. 유비는 정동장군征東將軍 의성정후宜城亭侯에 봉하고 서주목 벼슬을 내린다는 황제의 조서와 함께 조조의 밀서를 건네받았다. 내가 너에게 이렇게 큰 은덕을 내렸으니 여기에 적힌 대로 여포를 처치해버려라. 밀서의 뜻은 아주 명확했다. 하지만 유비 역시 보통 인물은 아니었다. 그는 조조의 은혜에 깊이 감사하면서도 밀서를 본 후 아무 말도 하지 않았다. 다만 감정을 숨기듯 무표정한 얼굴로 말했다.

"이 일은 제 수하들과 상의해야 하겠습니다."

유비는 사신에게 머물 곳을 마련해준 후, 밤늦게 미축, 미방, 간옹, 손건과 관우, 장비를 불러 의논했다. 원래 여포를 싫어하던 장비는 당장 그를 죽이자고 했다. 하지만 유비가 반대했다.

"여포는 상황이 좋지 않아 내게 의탁한 자다. 그를 죽인다면 큰 불의를 저지르게 된다."

유비의 입에서 '불의'라는 말이 나오자 모두가 입을 다물었다. 더 이상 논쟁해봤자 결론이 나오지 않을 것을 잘 알고 있는 수하들은 각자의 숙소로 돌아갔다.

한편 힘만 세고 머리는 나쁘다고 알려진 여포도 이번만큼은 냄새를 맡은 모양이었다. 다음 날 아침 일찍 유비를 찾아와 조조의 사신이 왔던 일에 대해 물었다. 그러자 옆에 있던 장비가 갑자기 검을 뽑아 여포에게 달려들었다. 여포는 깜짝 놀랐고 유비는 황급히 장비를 말렸다.

"조조가 너를 의롭지 못한 놈이라며 우리 형님께 죽여달라고 했다!"

마초 같은 장비도 영 생각이 없는 위인은 아니었다. 간밤에 유비는 여포를 죽이면 '불의'를 저지르게 된다고 말했는데 지금 장비는 여포를 가리켜 '의롭지 못한 놈'이라고 했다. 부정의 부정은 긍정이 되는 법. '의롭지 못한 놈'을 죽이는 일은 더 이상 '불의'가 아닌 것이다.

장비가 소동을 부리자 유비는 조조의 밀서 이야기를 더 이상 숨길 수 없게 되었다. 그는 장비를 큰 소리로 꾸짖어 물러나게 한 뒤 여포에게 밀서를 보여주었다. 비밀 공유를 통해 여포와의 신뢰를 두텁게 하려는 생각에서였다. 밀서를 본 여포는 눈물을 흘리며 말했다.

"이것은 모두 조조 그 도둑 같은 놈이 나와 동생을 이간질시키려는 것이오."

이에 유비가 믿음을 주는 말로 답했다.

"마음 놓으십시오. 제가 어찌 형님을 죽일 마음을 품겠습니까?"

안심한 여포가 돌아가자 관우와 장비가 여포를 죽이지 않는 까닭을 물었다. 두 사람은 유비의 형제지만 정치적 감각은 한 수 아래였다.

"나와 여포가 싸우면 조조는 앉아서 물고기를 잡는 셈이다."

그 말에 관우는 고개를 끄덕였다. 하지만 장비는 그래도 여포를 죽여야 한다고 고집을 부렸다. 유비는 조조에게 이 일은 천천히 진행하겠다는 편지를 써 보냈다. 사신이 답장을 가져오자 조조가 순욱을 불렀다.

"이 계책은 실패했으니 이제 어떻게 하면 좋겠소?"

순욱은 다른 계책을 내놓았다. 유비가 천자에게 표表를 올려 원술을 치려 한다는 사실을 원소에게 슬쩍 알려주는 것이었다. 동시에 유비에게 황제의 조서를 내리고 원술을 정벌하도록 하면 유비와 원술이라는 두 마리 호랑이를 싸우게 할 수 있었다. 순욱의 말에 조조는 크게 기뻐했다. 헌제의 쓰임새는 정말이지 다양하다고 생각하며 즉시 계획을 실행에 옮겼다.

다시 조서를 받은 유비는 이것 역시 조조의 계략임을 알아차렸다. 하지만 황제의 명령을 어길 수는 없는 노릇이었다. 별수 없이 군대를 정비한 후 장비에게 서주를 맡긴 뒤 관우와 함께 원술 정벌에 나섰다. 다만 술을 좋아하는 장비가 술에 취해 일을 그르칠까 걱정한 유비는 성을 지킬 동안에는 절대 술을 입에 대지 않겠다는 약속을 받아냈다. 그런데 유비가 떠나자마자 장비는 큰 연회를 열고 모든 관리를 불러 실컷 마시게 했다.

유비에게 술을 안 마시겠다고 맹세까지 한 장비가 유비를 배반한 것일까? 장비의 이 같은 행동은 많은 사람이 범하는 흔한 잘못이다. 어떤 권리가 특정 제한받게 되면 그 기한이 시작되기 전에 최후의 일탈을 하려는 욕구에 휩싸인다. 일부 나라에서는 결혼을 앞둔 신랑에게 총각 파티를 열어주는 풍습이 있다. 이것 또한 같은 맥락이다. 일종의 '마감 효과deadline effect'라고도 할 수 있다. 장비 역시 이 심리가 작용했다.

"우리 형님께서 내가 일을 그르칠까 봐 술을 마시지 말라고 분부하고 가셨소. 여기 모인 모두는 앞으로 나를 도와 열심히 성을 지켜야 하오. 이제 술자리도 끝이니 오늘 밤에는 마음껏 마시고 취해봅시다. 내일부터는 술을 엄히 금하고 절대 마시지 않겠소."

그러나 최후의 일탈은 종종 수습할 수 없는 결과를 가져온다. 마지막 기회라는 핑계로 마음 놓고 누리다 보면 금지된 행위에 대한 미련이 커진다. 앞으로 누릴 수 없게 되니 아쉬운 마음이 비이성적인 행동으로 표출된다. 장비도 예외는 아니었다.

"오늘은 한 사람도 예외 없이 실컷 마시는 거요!"

술잔이 돌고 돌아 조표曹豹라는 관원 앞에 가자 그가 손을 내저었다.

"저는 원래 술을 마시지 않습니다."

거짓말이 아니었지만 이미 이성을 잃은 장비는 고집을 부렸다.

"날마다 전쟁터에서 살다시피 하는 사람이 술을 못 마신다니? 잔을 가득 채워서 쭉 마셔라!"

장비의 위세에 겁먹은 조표는 억지로 한 잔 마셨다. 그렇게 술잔이 한잔 두잔 돌더니 또 조표에게 차례가 돌아갔다.

"저는 정말로 술을 못 합니다!"

그러자 장비는 화를 냈다.

"조금 전에 마시지 않았느냐? 이제 와서 무슨 소리야?"

조표는 끝까지 버티지 못한 것을 후회하며 이번에는 완강히 거절했다. 장비는 자신의 명령을 어겼다며 곤장 백 대를 때리라고 명령했다. 진등 등이 말렸으나 장비가 들을 리 없었다. 곤경에 빠진 조표는 급한 대로 입을 열었다.

"장군, 제 사위의 낯을 보아서라도 한 번만 봐주십시오."

그 말을 들은 장비는 그 잘난 사위가 누구냐고 되물었다. 그런데 뜻밖에도 조표의 사위는 여포였다. 여포가 서주에 왔을 때 그가 대단한 영웅임을 알아보고 자신의 딸을 바친 것이다. 물론 여포는 거절하지 않았다. 그러나 여포라면 이를 가는 장비였다. 차라리 말을 하지 않았더라면 오히려 나을법한 상황이었다. 아니나 다를까 그 말을 들은 장비는 박장대소하며 말했다.

"네가 여포를 들어 나를 위협하려 하는구나. 봐줄 수 있었지만 이렇게 된 이상 여포를 혼내주는 셈 치고 너를 쳐야겠다!"

결국, 호되게 매를 맞은 조표는 여포에게 편지를 썼다. 지금 서주에는 유비가 없고 장비는 술에 취해 있으니 이 틈에 서주를 빼앗으라는 내용이었다.

◈ 심리학으로 들여다보기

단번에 끊지 못하면 문제는 더욱 커진다. 미적거리지 마라. 결론은 달라지지 않는다. 단호함은 냉정해보이지만 미련을 두지 않도록 만드는 열쇠이다. 우유부단은 해결책이 될 수 없다.

운명이 칼을 뽑거든
몸을 숙이고 때를 기다려라

편지를 받은 여포는 서둘러 진궁을 불렀다. 자초지종을 들은 진궁이 말했다.

"서주를 빼앗으십시오. 소패에만 머무른다면 어찌 큰 뜻을 품겠습니까?"

그 말을 들은 여포는 즉시 갑옷을 입고 군사를 몰아 서주를 공격했다. 때는 밤이었고 술이 덜 깬 장비는 여포의 상대가 될 수 없었다. 결국 장비는 수십 기의 마군을 데리고 유비가 있는 곳으로 도망쳤다. 다만 유비가 여포에게 큰 은혜를 베푼 것이 헛되지만은 않았다. 여포는 서주를 점령한 후 병사 백 명을 보내 유비의 집과 그 가족들을 안전하게 지키도록 했다.

유비를 본 장비는 부끄러움을 이기지 못하면서도 조표가 성문을 열어주는 바람에 여포에게 서주를 빼앗겼다고 씩씩댔다. 누구든 자신이 저지른 잘못에 대해서는 이처럼 핑계부터 찾는다. 하지만 유비가 자초지종을 물었고 장비는 그제야 술을 마신 일을 이야기했다. 그 말을 들은 유비는 한숨을 내쉬며 말했다.

"얻는다고 기뻐할 것 없고 잃는다고 근심할 것도 없다!"

여기서 유비의 남다른 그릇이 드러난다. 사실 유비도 조조와 마찬가지로 강력한 '심리면역력'을 가지고 있다. 다만 유비의 경우는 온갖 풍파를 끊임없이 겪으면서 후천적으로 좌절에 단련된 것에 가깝고, 조조는 원래부터 좌절 자체에 별 신경을 쓰지 않는 것이 차이점이다. 유비는 내면의 심적 동요를 억누르려 애쓰며 실망과 좌절을 인내심 있게 견디는 편이었다. 성은 이미 잃어버렸고 동생을 탓한다고 해서 성을 되찾을 수 있는 것이 아니었다. 기왕 이렇게 되었으니 그냥 흘러가도록 놔두는 수밖에 없었다. 유비는 이렇게 마음을 정리했지만 관우는 그렇지 않았다. 보통 타인의 잘못을 추궁할 때는 봐주는 법이 없다. 관우는 장비를 매섭게 몰아세우며 물었다.

"형수님은 어디에 계시느냐?"

장비가 고개를 떨군 채 대답했다.

"모두 성안에 두고 나왔습니다."

이번에도 유비는 아무 말도 하지 않았다. 관우는 더욱 목소리를 높였다.

"처음부터 네게 성을 맡기면서 뭐라고 했느냐? 형님께서 네게 뭐라고 분부하시더냐? 이제 성도 잃고 형수님까지 위험에 빠뜨려 놓고서 네가 무슨 낯으로 형님을 뵙는단 말이냐!"

세상사 돌고 돈다는 말이 있다. 관우가 지금은 이렇게 장비를 다그치지만 나중에 고성古城에서는 조조에게 투항한 일로 장비에게 한바탕 혼이 난다. 관우와 장비는 형제 사이로 관계가 나쁘지 않은데도 심각한 갈등을 여러 차례 겪는다. 바로 귀인오류 때문이다. 내가 저지른 잘못은 언제나 외부 환경에 원인이 있기에 용서가 되지만 남의 잘못은 타고난 본성에서 비롯된 것이므로 용서할 수 없다는 심리다.

자신이 한 짓이 너무나 부끄러웠던 장비는 검을 뽑아 자결하려고 했다. 그러자 유비는 그 검을 빼앗고 역사에 길이 남을 명언을 한다.

"형제는 수족 같고 아내는 의복 같은 것이다. 의복이 망가지면 기워 입을 수 있지만 손발이 끊어지면 어떻게 잇겠느냐? 우리 세 사람이 도원에서 맹세할 때 태어난 날은 달라도 죽는 날은 같이 하자고 했다. 비록 오늘 성과 가솔을 잃었지만 그렇다고 형제가 죽는 꼴을 어떻게 보겠느냐?"

가장 힘든 시기에 나오는 사랑이 진정한 사랑이다. 이런 사랑은 현실의 풍파에도 변하지 않고 오래도록 빛난다. 유비의 말에 깊이 감동한 관우와 장비는 눈물을 흘렸다. 눈물은 깊은 곳에 숨겨진 가장 강력한 힘을 끌어냈다. 한마음으로 함께한다면 무슨 일이든 해낼 수 있다는 결속이었다. 그것이 천하를 얻는 일일지라도!

한편 원술은 여포가 서주를 차지했다는 소식에 매우 기뻐했다. 여포에게 사람을 보내 곡식 5만 석, 금은 1만 냥, 말 500필, 비단 1천 필을 줄 테니 합심해서 유비를 공격하자고 제안했다. 원술이 제시한 대가에 혹한 여포는 서둘러 군사를 보내 유비의 뒤를 치게 했다. 원술과 여포는 삼국을 통틀어 가장 변화무쌍한 인물들로 비열한 짓에서는 우열을 가리기 어려운 맞수였다.

유비는 마음이 복잡한 와중에 원술의 공격을 받아 더욱 정신이 없었다. 한편 여포가 원술에게 제안한 재물을 달라고 하자 원술은 유비를 잡은 뒤에 주겠다고 했다. 여기에 화가 난 여포가 원술에게 등을 돌리고 유비에게 사람을 보내 서주로 돌아오도록 했다. 달리 갈 곳이 없었던 유비에게는 선택의 여지가 없었다. 다시 만난 두 사람 사이에 어색하고 불편한 공기가 감돌았다. 여포가 먼저 말했다.

"자네의 동생 장비가 술에 취해 사람을 때리기에 내가 대신 성을 지키고 있었네."

그러자 유비가 말했다.

"저도 진작부터 형께 서주를 드리려 했습니다."

여포가 짐짓 서주를 돌려주는 체하자 유비는 강력히 사양했다. 이런 거짓 연극이 끝나자 유비는 소패로 돌아가 군사들을 쉬게 했다. 운명은 끊임없이 유비를 시험했다. 차지할 뜻이 없었을 때는 연거푸 억지로 그에게 서주를 안겨주더니, 이제 조금씩 서주의 주인으로 자리를 잡아가자 빼앗아버렸다. 기름진 서주에서 변두리 소패로 자리를 옮기고 여포를 받아주던 입장에서 그에게 몸을 의탁하는 신세가 되어버렸으니, 하늘과 땅이 뒤바뀐대도 이 정도는 아닐 것이다. 이렇게 극단적인 부침浮沈에 견딜 수 있는 사람이 몇이나 될까. 높은 자리에서 낮은 자리로 밀려나 옛 부하에게 머리를 숙이는 것은 치욕적이다. 유비의 경우 자신은 수하들까지 '인지부조화'를 겪게 마련이다. 이에 관우와 장비는 씩씩댔다. 하지만 유비는 차분하게 말했다.

"몸을 숙이고 때를 기다려야 한다. 운명과 맞설 수는 없는 법이다!"

유비는 왜 이렇게 말했을까?

그가 운명을 담담하게 받아들이는 것은 기나긴 세월 동안 유랑하면서 부지불식간에 얻은 '학습된 무기력learned helplessness' 때문이다. 일을 꾸미는 것은 사람이지만 이루는 것은 하늘이라고 했다. 아무리 최선을 다해도 결과는 바꿀 수 없고 통제도 불가능하다. 끊임없이 좌절을 겪으며 우리는 이 '학습된 무기력'을 얻게 된다.

그러나 심리적 작용이야 어찌 됐든 높은 자리에서 낮은 자리로 밀려나 옛 부하에게 머리를 숙이는 것은 누구에게나 수치감으로 다가온다. 유비의 경우 본인은 물론 그를 따르던 수하들까지 '인지부조화'를 겪게 마련이다.

유비는 '학습된 무기력' 덕분에 울컥하는 심정을 잘 다스릴 수 있었다. 하지만 관우나 장비는 달랐다. 유비는 운명이라는 신비한 존재를 끌어들여 관우와 장비를 설득하고 그들이 마음속의 인지부조화를 극복할 수 있도록 도운 것이다. 누구나 운명은 거스를 수 없다고 생각한다. 이것을 이유로 삼으면 수치심을 좀 덜 느끼는 데다 유비의 체면도 유지할 수 있었다.

그러나 유비는 '몸을 숙이고 때를 기다려야 한다'라는 말도 덧붙였다. 여기서 유비의 미묘한 심리를 읽어낼 수 있을까?

손쓸 수 없는 운명에 맞선 뒤 무기력함을 느낀 유비는 현실을 담담하게 받아들였다. 하지만 결코 온전히 복종하지도, 또 이로 인해 자포자기하지도 않았다. 그는 마음속에 언제나 다시 타오를 수 있는 불씨를 간직하고 있었다. 몸을 숙이는 것은 결코 최종 목표가 아니며 일종의 단계적인 전략일 뿐이었다. 때를 기다리는 것이 진짜 목적인 것이다. 자신의 때가 오면 언제든 뛰어나가 천하를 품에 안을 야심을 실현해야 했다.

또한 유비는 '몸을 숙이고 때를 기다려야 한다'라는 말을 '운명과 맞설 수는 없는 법'보다 앞서 말함으로써 관우와 장비가 미래에 대한 희망을 버리지 않도록 했다. 두 사람 모두 큰 뜻을 품은 영웅들이었다. 만약 운명이 이미 정해져 있는 거라면 평생 지지부진할 유비를 따를 이유가 없었다. 유비는 동생들과 다른 수하들에게 자신이 비록 지금은 잠시 웅크리고 있지만 반드시 다시 일어나 힘을 떨칠 기회가 있을 것이라는 희망을 주고자 했다.

이렇듯 주어진 환경에 만족하고 적응하는 안분지족安分知足의 정신이야말로 유비를 진정으로 위대하게 만든 품성이다. 언뜻 들으면 부정적인 의미 같지만 유비는 안분지족에 광채를 더했다. 우리는 보통 불굴의 정신으로 운명과 싸우는 용사들을 칭송하며 우러른다. 하지만 운명에 순응하고 몸을 맡기는 사람들을 가벼이 생각해선 안 된다. 운명과의 싸움에서 승리한 사람은 아무도 없기 때문이다. 안분지족해야 마음의 평화를 얻을 수 있고 나아가서는 더 큰 이상을 노릴 수도 있다. 그러나 유비처럼 안분지족하기 위해서는 먼저 강인한 정신력을 길러야 한다는 사실을 기억해야 한다.

한편 유비를 포기하지 못한 원술은 여포에게 재물을 보낼 테니 유비를 돕지 말 것을 부탁했다. 원하던 것을 얻을 기회를 여포가 거절할 까닭이 없었다. 병사 수가 적은 것을 걱정하던 유비는 여포와 원술이 물밑거래를 마친 사실을 모른 채 여포에게 도움을 청했다. 여포는 입장이 난처해졌다. 그는 원래 시야가 좁고 전략적인 머리도 없는 데다 모질지도 못한 성격이었다. 게다가 유비와 원술이 서로 도움을 청해오자 여포의 자존감과 공명심은 하늘까지 높아졌다. 그런데도 이 상황을 이용해 자신의 세력을 넓힐 생각은 전혀 하지 못했다.

궁리 끝에 여포는 멀리서 화살을 쏘아 화극을 맞히고 하늘의 뜻이라며 두 사람을 화해시켰다. 원술의 대장 기령은 얼떨떨해하며 군사를 데리고 돌아갔다. 원술은 분을 삭이지 못했지만 화를 누르고 다시 사자를 보내 여포의 딸을 며느리로 삼게 해달라고 청했다.

여포가 생각하니 원술은 회남淮南을 다스리는 천하의 강호로 나중에 황제가 될 것 같았다. 이야기를 들은 진궁이 한술 더 떠 하늘이 내린 기회라며 하루라도 빨리 서둘러야 한다고 부추겼다. 한편 유비를 따르던 소패현령 진규陣珪와 진등 부자는 여포에게 서주를 빼앗기자 줄곧 못마땅하던 차였다. 이들은 여포와 원술이 혼인을 맺는다면 유비에게 불리해진다고 생각했다. 여포에게 달려가 훼방을 놓았다. 그런데 생각지 못한 사고가 터졌다. 장비가 여포의 말을 훔치려다 들킨 것이다.

이 일로 갈등을 겪자 여포를 감당할 수 없게 된 유비는 허도의 조조에게 의탁하기로 했다.

◈ 심리학으로 들여다보기

운명에 순응하는 것도 운명에 맞서는 또 한 가지 방법이다. 무작정 고개 숙이고 주어진 대로 받아들이라는 말이 아니다. 순응은 불만을 품지 않고 받아들이는 것이다. 거기에서 대안이 생성된다. 불평하고 맞서면 싸우는 길밖에 없다. 오기와 집착만 남는다.

욕구의 충동질에 넘어가지 마라

지금 죽여야 하나? 아니면 살려둬야 하나?

유비의 투항에 조조는 속으로 저울질했다. 이를 안 순욱이 말했다.

"유비는 영웅의 기질을 지닌 인물입니다. 살려두면 두고두고 근심거리가 될 것입니다."

조조는 모사 가운데 순욱을 가장 신임했다. 그러나 이번만큼은 달랐다. 순욱이 물러가고 곽가가 찾아오자 조조가 다시 물었다.

"방금 순욱이 내게 유비를 죽이라고 하던데, 그대의 생각은 어떻소?"

"안 됩니다. 주공께서는 의병을 일으켜 백성을 위해 포악한 무리를 없애고 있습니다. 지금은 뛰어난 인물을 모아야 할 때입니다. 유비는 영웅으로 불리나 형편이 좋지 않아 주공께 의탁하러 온 자인데, 만약 그를 죽이면 그의 덕과 재주를 시샘했다는 오명을 쓰게 될 것입니다. 모사와 장수들이 의심하기 시작하면 누가 주공과 함께 천하를 도모하려 하겠습니까? 유비가 위험한 인물이기는 하지만 한 사람 때문에 천하의 신임을 잃는 것은 옳지 않습니다."

그 말에 조조는 크게 기뻐했다.

"그대의 생각이 내 뜻과 같다."

조조는 원래 좋고 싫음을 잘 표현했다. 마음이 맞는 사람 앞에서는 절대 속내를 숨기지 않았다. 그가 순욱의 말을 듣고 아무 말도 하지 않은 것은 순욱의 생각이 마음에 들지 않았기 때문이다. 하지만 지금껏 많은 공을 세운 순욱의 마음이 상할까 우려해 침묵한 것이다. 이 사건은 모사들 사이의 위계서열에 미묘한 변화를 가져왔다. 그동안 조조가 가장 가까이 한 순욱이 밀려나고 곽가가 서서히 그 자리를 차지했다.

조조는 왜 유비를 받아주었을까? 조조는 예전과 달리 자신감에 차 있었다. 태사령 왕립이 천명으로 읽어 하늘이 자신을 택했다는 정보에 천하를 거머쥘 수 있을 거라 믿었다. 그래서 유비 같은 영웅까지 자신의 밑에 두려 했다. 심지어 하늘이 도와 유비 같은 영웅을 보내준 것으로 해석했을 수도 있다.

조조는 유비를 후하게 대접했다.

"여포는 원래 의리가 없는 자요. 아우님과 내가 힘을 합쳐 치도록 합시다!"

유비는 자신을 받아준 조조에게 깊이 감사했다. 얼마 후, 조조는 헌제에게 유비를 예주목豫州牧으로 삼도록 청을 올렸다. 이때부터 유비는 '유예주'라고 불린다. 그러나 여전히 유비를 경계하던 조조는 헌제를 직접 만나지 못하게 했고, 헌제에게도 유비가 황실 종친이라는 사실을 말하지 않았다. 그래서 유비는 황제의 숙부, 즉 '유황숙'이라는 별칭을 나중에야 얻는다.

모사 정욱이 이 소식을 듣고 조조를 찾아왔다.

"유비는 재주가 보통이 아니고 민심까지 얻고 있으니 누구의 밑에 오래 머무를 자가 아닙니다. 되도록 빨리 처리하시는 게 좋습니다."

정욱은 순욱과 생각이 같았다. 어쩌면 조조의 미묘한 변화를 눈치챈 순욱이 정욱을 보낸 건지도 모른다. 이에 조조가 말했다.

"그렇게 생각하지 말게. 지금처럼 사람이 필요한 시기에 한 사람 때문에 천하의 인심을 잃는다면 득보다 실이 많은 것 아니겠나. 봉효奉孝(곽가의 자)도 나와 같은 생각을 하더군."

다른 조직이었다면 위험한 발언이었다. 수하들 간에 질투와 갈등을 일으켜 순욱과 정욱은 곽가를 고운 눈으로 보지 않았을 것이다. 그러나 조조의 조직에서는 주공의 총애를 얻기 위해 모사들끼리 서로 헐뜯고 싸우는 사건이 한 번도 없었다. 그래서 조조는 무슨 생각이든 거리낌 없이 말할 수 있었다.

적지 않은 리더들이 부하들 앞에서 교묘하게 말을 바꾸거나 심지어 고의로 싸움을 붙이는 경우가 있다. 조직에 대한 자신의 지배권을 강화하기 위한 목적이지만 이런 조직은 내부 갈등이 끊이지 않아 진정으로 협력할 수 없다. 그러나 솔직한 성격을 타고난 조조는 무슨 말이든 숨기는 법이 없었고, 덕분에 수하들은 주공의 생각을 잘 이해할 수 있었다. 이렇게 투명한 조직에서는 악의적인 분쟁이 생겨날 틈이 없다. 조조의 말을 들은 정욱은 멀리 내다보는 그의 식견에 감탄하며 말했다.

"거기까지는 미처 생각지 못했습니다. 주공께서는 참으로 패왕霸王이 될 재목이십니다."

한편 장제張濟가 죽고 그의 조카 장수張繡가 완성宛城에서 모사 가후와 함께 유표와 손잡고 허도를 공격하려 한다는 소식이 전해졌다. 크게 화가 난 조조는 15만 정예병을 이끌고 정벌에 나섰다. 조조의 엄청난 세력을 보고 가망이 없다고 생각한 가후는 장수를 설득해 조조에게 투항하도록 했다. 조조는 기뻐하며 일부 군사들은 함께 성안으로 들어가고 나머지는 성 밖에 남아 있도록 했다. 장수는 매일 같이 연회를 열어 조조를 대접했다. 분위기는 사뭇 화기애애했다.

전투에서 손쉽게 승리한 조조는 마음을 완전히 풀어놓았다. 어느덧 자신이 군대를 이끌고 전쟁터에 와 있다는 사실을 까맣게 잊어버렸다. 어느 날, 조조가 조카 조안민曹安民에게 넌지시 물었다.

"이 성에는 기녀가 없느냐?"

조조는 어째서 이런 질문을 했을까? 이는 생리적, 심리적 두 가지 관점에서 분석할 수 있다.

먼저 성욕은 인간의 가장 기본적인 욕구 가운데 하나로, 인간과 동물의 가장 큰 차이도 바로 여기에 있다. 성호르몬이 동물의 행위에 매우 중요한 역할을 하는 데 반해 인간은 그렇지 않기 때문이다. 또한 대부분의 동물들은 발정기에만 성행위를 하지만 인간의 경우는 시기의 제약을 받지 않는다. 다만 성호르몬은 조금 다르다. 여성호르몬은 주로 배란과 월경주기를 관장하고 성욕과는 큰 관계가 없는 반면 남성호르몬은 실제로 성 충동 및 성적 능력에 매우 중요하게 작용한다.

조조는 남성호르몬이 많이 분비되는 사람이다. 조조와 유비를 비교해보면 그 차이는 더욱 뚜렷이 드러난다. 얼마 전 장비가 술에 취해 서주를 잃고 유비의 부인들을 위험에 빠뜨렸을 때, 유비는 크게 개의치 않으며 '형제는 수족이고 여자는 의복'이라는 명언을 남겼다. 조조와 유비는 자녀 수에서도 큰 차이를 보인다. 조조가 십수 명의 아들을 둔 것과 대조적으로 유비는 간신히 아들 하나를 얻었다. 당시 효과적인 피임 도구가 없었던 것을 고려하면 자녀의 수로 남성 성욕의 강도와 빈도를 어느 정도 가늠할 수 있을 것이다.

성의학자 윌리엄 마스터스William H. Masters와 버지니아Virginia E. Johnson Masters 부부는 연구를 통해 영양 불균형, 피로, 스트레스 또는 과도한 알코올 및 약물의 사용이 성 충동과 성 기능을 떨어뜨릴 수 있다고 밝혔다. 조조는 천성이 낙관적인 사람으로 아무리 큰 좌절을 겪어도 빠르게 딛고 일어섰다. 매우 짧은 기간에 높은 벼슬에 오르고 황제를 조종하기까지 했다. 이렇듯 일이 순조롭게 풀리니 당연히 심리적으로 편안한 상태를 유지했고 자연스럽게 성욕도 왕성했던 것이다.

이와 달리 유비는 신중하고 꼼꼼한 성격이었고 뜻을 세우는 것도 순조롭지 않았다. 이곳저곳 떠돌며 남에게 몸을 의탁하고 살면서 생존에 대한 스트레스가 엄청났을 것이다. 이렇게 불안정한 심리 상태는 성생활에 의욕적이지 않았던 가장 큰 이유(나중에 사천을 얻고 안정을 찾자 단숨에 오씨와의 사이에서 두 아들을 얻었다)였다.

다시 말해 조조는 장수의 일이 잘 풀리니 자연스럽게 성호르몬이 활발하게 작용한 것이다. 조안민이 조조에게 속삭였다.

"제가 어젯밤에 관사 옆에서 대단한 미인을 하나 보았습니다. 주위에 물어보니 죽은 장제의 부인이라더군요."

그 말을 들은 조조는 더 이상 욕정을 억제하지 못했다. 그는 곧 조안민에게 병사 5십 명을 주어 장제의 미망인 추씨를 데려오게 했다. 스스로 명을 재촉하고 있다는 사실을 까맣게 모르는 조안민은 즉시 달려나갔다.

조조는 추씨가 장제의 부인이라는 사실을 알면서도 왜 스스로를 억제하지 못했을까?

어려서부터 다른 사람을 신경 쓰지 않고 제멋대로 행동했던 조조는 이제 만인이 우러르는 지위에 앉아 있었다. 게다가 천명을 받은 사람이라는 심리적 암시까지 있으니 조조는 눈에 보이는 것도 거칠 것도 전혀 없었다.

일반적으로 남성은 성 충동이 일게 되면 더 이상 이성적인 사고를 할 수 없게 된다. 제아무리 안목이 날카롭고 판단력이 빠른 영웅 조조라 할지라도 남자이므로 어쩔 수 없다. 이러니 '남자는 하반신으로 사고하는 동물'이라는 말이 나온 것도 무리는 아니다.

조안민이 데려온 추씨는 아니나 다를까 매우 아름다웠다. 조조는 크게 만족했다. 이제부터 조조가 하는 말이 참 재미있다. 목적은 뻔했지만 체면 불고하고 '성폭행범'처럼 굴 수는 없는 노릇이었다. 그래서 조조는 먼저 추씨에게 물었다.

"나를 아시오?"

추씨가 대답했다.

"승상의 위대한 이름은 들은 지 오래지만 오늘에서야 뵙게 되었습니다."

조조가 말했다.

"내가 장수의 항복을 받아들인 것은 사실 부인 때문이었소. 그게 아니었다면 나는 장씨 일가를 모조리 죽였을 것이오."

내가 너에게 은덕을 베풀었으니 너도 보답해야 하지 않겠느냐는 전형적인 '생색내기'와 '유혹하기' 수법이었다. 조조의 말이 사실이 아니라는 것쯤은 알고 있었지만 달리 선택의 여지가 없었던 추씨는 다소곳이 대답했다.

"목숨을 살려주신 은혜에 깊이 감사할 따름입니다."

그러자 조조는 껄껄 웃으며 말했다.

"오늘 부인을 만나게 되어 참으로 다행이오. 오늘 밤에는 함께 잠자리에 듭시다. 도성으로 돌아가면 반드시 부인을 정실로 삼으리다."

그는 달콤한 약속을 제시하여 행위를 쌍방 합의로 이끌어내고자 했다. 여인은 아름다움을 대가로 부귀영화를 누릴 수 있으며, 남자는 여인을 얻기 위해 수단을 가리지 않는 법이다. 추씨는 미모를 타고났지만 난세를 살아가고 있으니 비극이 아닐 수 없었다. 강권과 무력 앞에서 추씨와 같이 연약한 여자에게 또 무슨 방법이 있을까.

유비가 부인을 가리켜 의복과 같다고 했으니 전혀 일리가 없는 말도 아니었다. 당시 여자의 사회적 지위는 남자의 부속 정도에 불과했다. 여자 팔자는 뒤웅박과 같아서, 기댈 수 있는 든든한 남자를 만나는 것이 여자에게 기대되는 가장 큰 가치였다. 추씨가 택한 장제는 이 세상 사람이 아니니 더 이상 그녀에게 안락한 삶을 보장해줄 수 없었다. 그렇다면 지금 눈앞에 있는 조씨 남자에게 다시 기대해볼 수는 없을까.

비록 시작은 강압적이었지만 추씨는 곧 조조처럼 강한 남자를 다시 만날 수 없으리라는 사실을 인식했다. 게다가 당시에는 부인의 정절에 대한 관념도 그렇게 보수적이지 않았다. 과부가 재가하는 것도 부끄러운 일이 아니었다. 나중에는 유비와 조조의 아들 조비曹丕도 과부를 아내로 삼았다. 결국 추씨는 고개를 끄덕였다.

◈ 심리학으로 들여다보기

편한 길을 걷다 보면 일탈이라는 오솔길과 마주치게 된다. 순조롭고 평탄한 길이 가끔 지루하고 지겨울 때가 있다. 새로운 자극을 꿈꾸게 된다. 그러나 그 자극이 당신의 인생을 뒤흔들 수 있음을 알아야 한다. 일상을 감사하게 받아들여라.

위기를 무시하면 위기에 갇힌다

지금 죽여야 하나? 아니면 살려둘까?

조조와 추씨의 일을 알게 된 장수는 수치스러움에 몸을 부르르 떨었다. 조조에게 항복하고 극진히 대접까지 했지만 이렇게 된 이상 그를 가만히 둘 수는 없었다.

사실 조조와 추씨는 두 사람의 결합이 적잖은 파장을 몰고 올 것을 예상했었다. 추씨가 말했다.

"제가 성안에 오래 있으면 장수가 틀림없이 의심을 할 것입니다. 또 사람들의 입방아에 오르내릴 것이고요."

그러자 조조는 날이 밝자마자 거처를 성 밖에 있는 자신의 진영으로 옮기고는 전위에게 날랜 병사 200명을 주어 호위를 맡겼다. 자신의 허락 없이는 아무도 출입할 수 없도록 단단히 일러두는 것도 잊지 않았다. 이때부터 조조는 추씨를 데리고 자신의 막사에 틀어박혀 시간 가는 줄 몰랐다. 그러나 낮말은 새가 듣고 밤말은 쥐가 듣는 법이다. 이 소식은 금세 장수의 귀에 들어가게 되었다. 수치심에 씩씩대던 장수는 모사 가후를 불렀다.

"조조 그 자가 의리는 있는 줄 알았는데 이렇게 우리 가문을 욕보이다니 도저히 용납할 수 없소! 어찌하면 좋겠소?"

"이 일은 절대 새어나가서는 안 됩니다. 까딱하면 장군과 저 둘 다 목숨을 부지하지 힘들게 될 것이니 은밀히 일을 진행하십시오."

그러자 장수는 고개를 끄덕이며 애써 화를 눌렀다. 다음날, 장수가 조조에게 천연덕스러운 얼굴로 말했다.

"항복한 직후라 탈영하는 병사들이 있습니다. 저희 군사를 이동시켜 경비를 강화하고자 합니다."

조조는 전혀 의심하지 않고 그렇게 하라고 지시했다. 장수는 군사를 이끌고 성 밖으로 나와 네 갈래로 나누어 조조의 진영을 포위했다. 그런데 또 다른 문제가 있었다. 바로 조조의 곁에서 잠시도 떨어지지 않는 장수 전위였다. 전위는 무게가 80근에 달하는 쌍철극을 가지고 싸우는 무시무시한 무장이었다. 그를 처리할 궁리를 하던 장수는 500근을 지고 70리를 걷는 장사 호거아胡車兒를 불렀다. 그리고 전위를 불러 연회를 베풀고 술을 잔뜩 마시게 한 다음 호거아를 전위의 시종으로 변장시켜 함께 돌려보냈다. 크게 취한 전위가 잠들자 호거아가 몰래 다가가 쌍철극을 훔쳐 달아났다.

이때 조조는 아무것도 모른 채 대책 없이 풀어져 있었다. 이러한 그의 상태가 다른 사람들에게 전달되면서 조조와 가장 가까이 있는 전위까지 슬쩍 경계심을 늦추었다. 평소의 전위였다면 가후가 연회를 핑계로 불러도 절대 가지 않았을 것이다. 만약 딱 잘라 거절하기 미안해서 얼굴을 비춘다 해도 함부로 술을 마시고 만취할 리 없었다.

그날 밤, 아무것도 모르는 조조는 추씨와 술을 마시고 있었다. 밖에서 사람들이 웅성거리고 말의 움직임이 심상치 않음을 알아챈 조조가 무슨 일인지 물었다. 보초병은 장수의 군사가 순찰을 돌고 있다고 말했다. 탈영병을 막기 위해 그러겠거니 생각한 조조는 아무런 의심도 하지 않았다. 그러다 2경쯤 함성이 들렸다. 건초 더미를 실은 수레에 불이 붙었다는 말을 듣고 조조는 귀찮다는 듯 말했다.

"누군가 실수를 한 모양이구나. 그런 것까지 일일이 보고할 필요 없다."

이것은 전형적인 '선택적 지각selective perception'이다. 조조는 밖에서 무슨 일이 벌어지고 있는지 자세히 알아보지 않은 채 자신이 추측대로 판단한 것이다.

사방에서 불길이 치솟고 병사들이 싸우는 소리가 정신없이 들릴 때 조조는 심상치 않음을 느꼈다. 조조는 큰 소리로 전위를 불렀다. 만취해 막사에서 자고 있던 전위는 쇳소리와 비명을 듣고 반사적으로 일어났다. 전쟁터에서 세월을 보낸 전위가 싸움 소리를 듣자 '조건반사'를 보인 것이다.

러시아 생리학자 파블로브Ivan Pavlov는 개를 이용한 실험으로 유명하다. 그는 먼저 일정기간 개에게 먹이를 주며 친해진 다음 실험을 했다. 그러자 개는 먹이를 담는 그릇 또는 주인을 보거나 주인이 다가오는 발소리를 듣기만 해도 침을 흘렸다. '먹이'를 연상시키는 신호에 반응했기 때문이다.

미국 심리학자 도미안Michael Domjan도 메추라기를 이용해 비슷한 실험을 했다. 연구진은 수컷 메추라기가 암컷 메추라기와 접촉할 때 붉은색 전등을 켰다. 그렇게 며칠이 지나면서 붉은색 전등이 켜지고 암컷이 오는 것에 익숙해진 수컷 메추라기는 전등만 켜져도 흥분하기 시작했다. 그리고 여러 마리의 수컷 메추라기를 넣은 새장 사방에 붉은색 전등을 켜놓자 평소보다 많은 정액을 분비했다. 붉은색 전등과 암컷 메추라기 사이에 연관이 발생하면서 조건반사를 유도했기 때문이다.

외부자극에 의한 조건반사는 동물 대부분이 지닌 학습능력이다. 동물들은 이런 식으로 외부 환경에 적응함으로써 생존에 더욱 유리해질 수 있다. 전위는 금속성의 부딪히는 소리와 비명 소리를 신호로 받아들였다. 따라서 술에 취한 와중에도 일어나 곧장 전투태세에 돌입할 수 있었다.

그런데 무기가 보이지 않았다. 호거아의 작품이었다. 만약 장수가 이 부분을 계산하지 않았다면 전위의 위세에 눌려 조조의 막사 근처에도 가지 못했을 것이다. 적군이 조조의 막사로 다가오자 다급해진 전위는 옆에 있던 병사의 허리에서 검을 뽑아 휘둘렀다. 스무 명 가량의 병사가 순식간에 쓰러졌고 놀란 장수의 기마병들은 슬금슬금 물러서기 시작했다. 그러나 곧 보병이 몰려왔고 갑옷 한 조각 걸치지 않은 전위는 온몸에 상처를 입었다. 설상가상으로 휘두르던 검마저 망가져버리자 전위는 적군 병사 둘을 양손에 쥐고 무기 삼아 휘두르기 시작했다. 실로 무서운 기세였다. 결국 장수는 멀리서 활을 쏘라고 명령했다.

화살이 비 오듯 쏟아지자 온몸에 화살이 박힌 전위는 고슴도치 같은 꼴이 되어 숨을 거두었다. 죽고 나서도 쓰러지지 않고 똑바로 서 있던 탓에 한동안 아무도 가까이 다가갈 엄두를 내지 못했다. 조조는 전위가 목숨을 던지며 싸워준 덕분에 도망갈 시간을 벌 수 있었다.

그는 아름다운 추씨도 내동댕이친 채 막사 밖으로 빠져나가 말 위에 올랐다. 용케 살아남은 조안민이 그 뒤를 따랐다. 장수의 병사들이 바짝 추격했을 때 조조는 오른쪽 팔에 화살을 맞았고 타고 있는 말도 여러 군데 화살을 맞았다. 뒤처진 조안민은 적군에게 붙잡혀 죽임을 당했다. 만약 이런 일이 일어날 줄 알았더라면 조안민은 조조에게 추씨의 미모를 절대로 언급하지 않았을 것이다. 처음부터 조조는 기녀나 한 사람 찾아보라고 했을 뿐인데 조안민은 엉뚱하게도 여염집 부인을 데려왔다. 어떤 상황이든 사람을 잘못 쓴 데 대한 대가는 반드시 치르게 되어 있는 것이다.

조조는 계속 말을 달렸지만 어디선가 화살 한 대가 날아와 말의 눈에 명중했다. 그때 마침 조조의 맏아들 조앙曹昻이 달려와 자신의 말을 조조에게 주었다. 얼른 아들의 말에 오른 조조는 목숨을 건졌지만 조앙은 전쟁터에서 목숨을 잃었다. 흩어져 빠져나온 장수들을 만난 조조는 그제야 한숨 돌릴 수 있었다.

그때 하후돈이 지휘하는 청주군이 조조에게 달려와 우금이 장수와 손잡고 청주군 군사들을 죽였다고 보고했다. 그 말을 듣고 크게 화가 난 조조는 빨리 진영을 갖추고 우금을 막을 준비를 하도록 했다. 그런데 곧 조조의 군대 근처에 도착한 우금은 서둘러 조조를 만날 생각은 하지 않고 군사들을 시켜 진영을 갖추도록 하는 것이었다. 우금의 휘하에 있던 자들 중 눈치 빠른 이가 발을 동동 굴렀다.

"어서 승상께 해명하지 않으면 청주군들이 먼저 장군에 대해 나쁜 말을 올릴 것입니다. 승상께서 장군이 배반했다 생각하시면 어쩌려고 이러십니까?"

그러자 우금은 차분히 대꾸했다.

"지금 장수의 군사들이 몰려오고 있다. 진영부터 갖추지 않는다면 어찌 적군을 맞아 싸우겠느냐? 나를 위해 변명하는 것은 작은 일이지만 적을 죽이는 일은 큰일이다!"

우금의 지휘에 따라 대열을 정돈한 조조군은 뒤따라온 장수를 크게 물리쳤다. 우금은 한 걸음 더 나가 장수와 남은 병사들을 100리 밖으로 쫓아버렸다. 그제야 조조도 마음을 놓을 수 있게 되었다.

평범한 사람이 이목을 집중시키려면 특별한 시기에 튀는 행동을 해야 한다. 조조의 휘하에는 용맹하고 뛰어난 장수들이 많았고, 이들에 비해 별다른 특징이 없는 우금은 조조의 인정을 받기가 어려웠다. 기회는 위험 속에 있는 법이다. 우금은 하후돈의 부대가 기강이 흐트러진 틈을 타 자신의 군사를 '헌병대'로 삼았다. 이 경우 하후돈의 격한 반응을 감수해야 하는 위험이 있었지만 조조의 눈에 들 수 있는 기회이기도 했다. 우금은 조조가 평소 군사를 엄하게 다스리고 규율을 매우 중시한다는 사실에 배팅한 것이다.

우금이 배반했다는 소식이 조조의 귀에 들어갔으니 조조를 찾아가 자초지종을 설명하는 것이 순서였다. 그러나 우금은 이왕 시작한 모험을 끝까지 밀고 가기로 마음먹었다. 조조에게 보고하지 않고 임의로 진영을 갖추면서 전투태세에 돌입한 것은 자칫 더 큰 의심을 살 수도 있었다. 하지만 장수라는 최대의 적을 물리치면 즉시 최고의 영웅이 될 수 있었고, 과거의 의혹은 자연히 풀리게 되었다.

우금이 이런 절묘한 작전을 생각해낼 수 있었던 것은 정신없는 와중에도 냉정함을 잃지 않았기 때문이다. 그의 뛰어난 전략적 안목을 잘 보여주는 장면이다. 조조는 도망가는 장수를 뒤쫓지 않고 우선 제 군사들부터 추스르고 있었다. 지금이 바로 진상을 밝힐 시기라고 생각한 우금이 조조의 막사로 들어갔다. 우금을 본 조조는 고개를 돌리고 아무런 말도 하지 않았다. 우금은 속으로 회심의 미소를 짓고 아무렇지도 않은 척 사무적인 말투로 보고를 올렸다.

"청주군이 혼란을 틈타 약탈을 일삼으며 백성들을 괴롭히기에 제가 죽였습니다."

직선적인 성격의 조조는 이번에도 가장 궁금한 것부터 물었다.

"자네는 내가 온 것을 보았으면서 어째서 나를 만나지 않고 임의로 진영을 갖추었는가?"

살기마저 느껴지는 차가운 말투였다. 그러나 조조가 화를 낼수록 우금은 즐거웠다. 그는 조금도 당황하지 않고 대답했다.

"장수의 군대가 급하게 추격해오고 있어 적군을 물리치는 것이 급했습니다. 만약 대열을 갖추지 못한 채 적을 맞았다면 제대로 싸우지 못했을 것입니다. 상황이 급해 승상께 보고할 겨를이 없었습니다."

예상치 못한 대답에 조조는 그를 가만히 바라보았다. 우금이 장수를 물리친 것은 이미 알려진 사실이었지만 그 속사정을 깔끔하게 설명하는 것이야말로 화룡점정이었다. 벽화 속 용이 날아간 것처럼 우금의 진실도 날개를 달고 훨훨 나는 순간이었다. 그러자 조조는 기쁨을 감추지 않고 말했다.

"나는 오늘 힘든 고비를 겨우 넘겼네. 어지러운 와중에 지혜를 발휘해 군열을 정비하고 적을 물리치기란 어려운 일이지. 옛날의 명장들이라도 해내지 못했을 것이네."

그리고는 그 자리에서 우금에게 금으로 된 그릇 한 벌을 상으로 내리고 익수정후益壽亭侯에 봉했다. 또한 군사를 제대로 다스리지 못한 하후돈에게는 엄중히 죄를 물었다. 이렇게 해서 위험을 무릅쓴 우금의 행동 덕분에 수확량이 늘어났다.

우금의 활약 덕분에 즐거워진 조조는 죽을 위기에서 겨우 빠져나온 기억은 어느새 잊어버렸다. 조조 특유의 강력한 심리면역력이 제대로 발휘되었다면 그는 큰 소리로 웃음을 터트렸어야 했다. 그러나 자신을 지키려다 목숨을 잃은 전위와 조앙, 조안민 세 사람이 떠오르자 마음은 다시 커다란 추를 매단 듯 한없이 무거워졌다.

◈ 심리학으로 들여다보기

적은 늘 당신의 주위에 있다. 언제나 말조심, 행동조심이 기본이다. 지금은 모두 이해해주고 받아주는 상대가 언제 돌아서서 당신의 목에 칼을 겨눌지 모른다. 늘 조심하라. 예의와 존중은 삶의 미덕이다.

기대는
열정을 타오르게 한다

조조는 상황이 잘 풀릴 때면 우쭐대다 치명적인 실수를 범했다. 하지만 벼랑 끝에 몰리고도 매번 살아 돌아왔다. 우연으로 보기 힘든 상황들이 하나둘 쌓이자 조조는 '천명을 받은 자'라는 심리적 암시가 더욱 굳어졌다.

물론 이 모든 것은 여러 사람의 불행을 밑거름으로 삼아 이룬 것이다. 이번 일로 전위와 조앙, 조안민 세 사람이 희생되었다. 자신의 경솔함으로 충성스런 부하 세 명을 죽음으로 몰아넣었다고 생각한 조조는 소리 내어 울었다.

"나는 사랑하는 맏아들과 조카를 잃었소. 그러나 지금 이 눈물은 오직 전위를 위한 것이오."

혈육보다 부하를 아끼는 마음에 그 자리에 있던 신하들이 감격했다.

후대의 사람들은 이것을 두고 수하들의 마음을 사기 위한 조조의 작전이라고 해석한다. 도대체 누가 자식보다 남을 더 사랑할 수 있단 말인가? 오직 전위를 위해서 눈물을 흘린다니, 수하들의 환심을 사려는 의도가 뻔하다. 그러나 조조가 이 풀이를 듣는다면 무척 억울해할 것이다. 당시 조조는 '생존자의 죄책감'에 깊이 빠져있었다. 이는 재난에서 살아남은 사람들이 겪는 특수한 심리 현상이다. 조조는 자신의 잘못으로 벌어진 전쟁에서 살아남았지만 아무런 잘못도 없는 전위와 조앙, 조안민은 영원히 돌아오지 못할 곳으로 떠나버렸다. 이들에 대해 조조가 느끼는 죄책감은 상당했을 것이다. 이렇게 극단적인 상황에서 거짓말을 만들어낼 심리적 여유를 찾기란 거의 불가능하다. 때문에 조조의 말은 그의 진심을 그대로 나타내고 있다고 봐야 한다.

그렇다면 조조는 어째서 아들과 조카의 불행보다 전위의 죽음을 더 애통해했을까?

그것은 혈연계수 때문이다. 인간이 자신의 유전자를 안전하게 계승하려는 욕구에서 가족을 보호하려는 심리적 기제가 생겨났다. 자신과 혈연관계에 있는 사람(일부 유전자를 공유한 사람)을 우선적으로 보호하려는 심리로, 호혜관계를 이루는 중요한 부분이기도 하다. 조조와 조앙, 조안민의 혈연계수는 각각 0.5와 0.25이기 때문에 이들은 조조로부터 남들보다 더 많은 사랑을 받았다. 바꿔 말하면 이 둘은 조조가 베푼 사랑에 응답하는 의미로 그를 보호하는데 더 많은 책임을 져야 하는 것이다. 또한 가족의 일원으로서 윗사람을 위해 봉사하고 희생하는 것은 어떤 측면에서 보면 마땅히 해야 하는 의무이기도

하다.

그러나 전위는 달랐다. 전위와 조조의 혈연계수는 0으로 그야말로 피 한 방울 섞이지 않은 이들은 단순한 직업적 상하관계에 불과했다. 조조를 모시는 부하 입장에서 그를 보호하는 것은 전위의 당연한 임무이지만 어디까지나 직업적 차원에 국한된 것이다. 더군다나 조조는 여염집 여자를 희롱하며 많은 사람을 위험으로 내몰아 상관으로서의 임무를 다하지 않았다. 이런 상황에서 지도자의 임무를 저버린 조조를 구하기 위해 자신의 목숨까지 내던질 필요는 없었던 것이다. '생존자의 죄책감'에 시달리던 조조는 자신에게 과분한 전위의 충성심을 느꼈기 때문에 오직 그를 위해 눈물을 흘렸다. 군대를 이끌고 허도로 돌아온 뒤에도 그는 전위를 위해 제사를 지내고 그의 아들 전만典滿을 중랑으로 삼아 자신의 휘하에 두었다.

이번 일은 조조에게 커다란 상처를 남겼다. 실제로 재난을 겪고 살아남은 생존자들 중 대다수는 자책감에 빠져 제대로 살아갈 용기를 내지 못하는 경우가 많다. 그러나 조조는 특유의 강인한 심리면역력 덕분에 비탄에 잠긴 와중에도 천하를 도모하는데 정신을 집중할 수 있었다.

이번에는 회남의 원술이 황제를 자청하고 나섰다. 원술은 여포를 끌어들이기 위해 그의 딸을 며느리로 맞아 장래의 세자빈으로 삼겠다며 한윤韓胤을 보냈다. 그러나 조조가 미리 손을 써둔 줄은 꿈에도 몰랐다. 당시 헌제를 손에 쥐고 있던 조조는 천하의 모든 제후와 관료를 마음대로 임명할 수 있었다. 조조는 여포에게 평동장군平東將軍의 벼슬을 주고 인장을 보냈다.

그런데 한 가지 걸리는 것이 있었다. 헌제의 이름으로 관직이 내려지는 만큼 여포가 황제의 은덕에만 감사하면 어쩌나 염려한 조조는 머리를 썼다. 그는 황제의 조서와 함께 직접 쓴 편지 한 통을 보냈다. '자네에게 벼슬을 준 것은 내 덕이네'라는 메시지를 은근히 전달하기 위해서였다.

> 지금 나라에 금이 부족해 사재를 털어 금 인장을 마련했소. 또 좋은 자줏빛 끈이 없어 집에 있는 것을 가져다 달았소. 장군은 부디 유비와 힘을 합쳐 원술을 치시오.

나라가 아무리 가난해도 여포에게 줄 금 한 덩이, 끈 한 타래가 없을 리 없었다. 그런데도 조조가 제집에서 금과 끈을 가져다 인장을 만들었다는 말은 무슨 뜻일까? 한껏 생색을 내는 조조의 편지를 읽은 여포는 크게 감동했다. 원래 생각이 짧고 단순한 여포는 한윤을 제외한 원술의 사신단을 모조리 죽여버렸다. 과거 동탁이 적토마를 선물한 데에 감격해 자신을 길러준 정원을 죽인 것과 마찬가지였다.

여포가 한윤을 살려둔 것은 물론 살길을 주기 위해서가 아니었다. 그는 조조의 은혜에 감사하는 뜻으로 한윤을 허도로 압송했다. 만약 여포를 은혜도 모르는 무리라고 손가락질한다면 큰 잘못이다. 호혜의 원리는 여포에게도 예외 없이 적용되었기 때문이다. 그는 자신에게 잘해준 사람에게는 반드시 보답했다. 다만 더 잘해주는 사람이 나타나면 보답의 대상이 순식간에 바뀌는 것이 문제였다.

조조는 여포의 충성어린 선물을 받고 무척 기뻐하며 그 자리에서 한윤을 공개 처형하도록 했다.

한편 한윤을 끌고 조조에게 간 진등은 예사 인물이 아니었다. 여포가 유비로부터 서주를 빼앗은 후 어쩔 수 없이 그 밑으로 들어가게 되었지만 속으로 화를 삭이며 여포를 칠 기회를 엿보고 있었다. 진등이 은밀히 조조를 만나 이야기했다.

"여포는 늑대 같은 자입니다. 용맹하나 지략이 없으니 하루빨리 없애버리는 것이 좋습니다."

조조는 여포가 보낸 사신이 왜 그를 배신하는지 생각하지 않았다. 진등이 자신의 속마음을 떠보는 것은 아닌지 의심하지도 않았다. 그저 솔직하게 말했다.

"그것은 진작부터 알고 있었네. 여포는 늑대 같은 자이니 오래 기를 수 없지. 자네 부자가 그쪽에서 호응하며 나를 도와주게."

경계심이라고는 한 올도 섞이지 않은 말이었다. 만약 진등이 돌아가서 여포에게 이 일을 고자질한다면 앞서 보냈던 밀서는 모두 허사로 돌아가고 말 것이다. 하지만 조조의 운이 좋았던 모양인지 진등은 진심으로 여포에게 불만을 품고 있었다. 그가 즉시 고개를 끄덕이며 첩자 노릇을 하겠다고 대답하자 조조는 보답으로 진등의 아버지 진규에게 2천 석의 녹을 내리고 진등은 광릉태수廣陵太守로 삼았다.

한편 진등이 돌아오자 여포는 크게 화를 냈다. 기껏 한윤을 잡아 수도로 보냈더니 진등 부자만 좋은 일 시킨 꼴이 되었기 때문이다. 평동장군에 봉해진 지 얼마 되지 않았으면서도 여포는 더 높은 벼슬 욕심을 부리고 있었다. 잔뜩 흥분한 여포가 검을 뽑아 들고 말했다.

"네 놈은 어째서 나에게 서주목 벼슬을 주라고 청하지 않았느냐? 네

놈 부자가 조조의 편에 서라고 해서 원술과 손을 끊었는데, 이제 보니 나는 빈손이고 네놈들 배만 불렸구나! 네놈들이 나를 팔아 벼슬을 얻은 게 아니냔 말이다!"

당장이라도 한칼에 진등을 베어버릴 것 같은 기세였다. 그러자 진등이 큰 소리로 웃으며 말했다.

"장군께서는 참 딱도 하시오!"

비록 삼국시대 최고의 모사로 손꼽히지 않지만 진등에게 여포 같은 사람 하나 구워삶기란 식은 죽 먹기였다. 여포는 진등이 전혀 두려워하지 않고 태연하게 웃어대자 주춤하며 물었다.

"내가 어째서 딱하단 말이냐?"

진등이 말했다.

"제가 조조를 만나 이렇게 이야기하였습니다. 장군께서는 배고픈 호랑이이니 배불리 먹이지 않으면 사람을 잡아먹을 수 있다고 말입니다. 그런데 조조가 장군은 호랑이가 아니라 매라고 하더이다. 아직 여우와 토끼를 잡지 못했는데 배불리 먹여버리면 매는 멀리 날아가 버린다더군요. 그래서 제가 묻자 강동의 손책, 기주의 원소, 형주의 유표, 익주의 유장劉璋, 한중의 장로張魯 같은 자들이 모두 여우나 토끼 같은 자라고 했습니다."

모두 진등이 만들어낸 말이었지만 여포는 검을 거두고 크게 웃으며 말했다.

"조공이 나를 알아보는구나."

진등의 말이 여포를 만족시킨 이유는 무엇일까? 그것은 말 속에 무한한 기대가 담겨 있기 때문이다. 조조는 아직 물리쳐야 할 적들이 많기 때문에 계속해서 여포를 필요로 할 것이고, 그러면 여포의 앞날은 기회로 가득할 것이었다. 게다가 조조는 여포의 배가 부르면 멀리 날아갈 것이라며 그의 가치를 높이 평가했다.

우리는 현실이 아닌 기대 속에서 살아간다. 오늘의 삶이 비참하더라도 내일은 좋아진다는 믿음이 있다면 시련을 헤쳐나갈 수 있다. 반대로 오늘은 행복하지만 내일이 비참해진다면 살아갈 용기를 잃게 될 것이다. 여포뿐만이 아니라 우리 모두가 그렇다. 유비가 암담한 나날을 보내면서도 투지를 잃지 않은 것은 미래에 대한 기대가 있었기 때문이다. 헌제가 고통스러운 와중에도 죽지 않고 살아가는 것도 내일은 나아지리라는 희망 때문이었다.

모두가 이렇게 내일을 기다리고 있을 때 더 이상 기다리지 못한 사람이 있었으니 바로 원술이었다. 손책으로부터 옥새를 빼앗아온 원술은 황제가 될 기대에 부풀어 있었다. 당시 널리 퍼져 있던 왕립의 예언을 들은 그는 천명이 가리키는 것이 바로 옥새를 쥐고 있는 자신이라고 믿었다. 원술은 갖가지 이유를 들어 자신이 한나라를 계승할 유일한 인물이라는 것을 증명하려 들었다. 그러고는 주변의 만류도 듣지 않고 스스로 황제가 되어 옥좌에 앉았다.

원술은 자신의 청혼을 거절하고 사신까지 붙잡아 조조에게 바친 여포에게 이를 갈며 즉시 대군을 보내 공격했다. 일곱 갈래로 나뉜 군대 가운데 다섯은 원술의 직속부대였고 나머지 둘은 한때 조정을 장악했다가 조조에게 쫓겨나온 한섬과 양봉의 군사였다. 직속부대와 용병부대를 구분하는 것은 우리 머릿속에 깊게 자리한 범주화 현상 때문이다. 그러나 범주화에서 비롯된 편견이 언제나 그른 것은 아니다. 원술의 대군이 바로 이 두 용병 장수 때문에 무너지게 되니 말이다.

◈ **심리학으로 들여다보기**

행복과 불행은 모두 기대에서 비롯된다. 기대에서 파생되는 기쁨과 불만이 행복을 좌우하기 때문이다. 결국은 기대는 자기의 기대치이다. 그 척도를 조금 낮추어보자. 지금보다 훨씬 즐거워할 수 있다.

3부

조조 리더십의 원칙

사람을 이끄는 지혜는 남달라야 한다.
아무리 무소불위의 권위와 명예, 권력을 내세운다고
사람이 따르지 않는다. 마음을 사로잡고 신뢰를 얻어야 가능하다.
의리와 관계의 중요성을 인정하고 나선
조조의 리더십을 따라가 보자.

맹목적인 모방은
덫에 걸리는 꼴이다

여포는 은밀히 진등을 보내 양봉, 한섬과 손을 잡았다. 자신도 모르는 사이 폭탄 두 개를 끌어안게 된 원술은 결국 대패했고 간신히 목숨만 건져 본거지 회남으로 돌아갔다. 싸움에서 이긴 여포는 크게 기뻐하며 한섬을 기도목沂都牧으로, 양봉은 낭야목瑯琊牧으로 삼았다.

한편 조조는 내친김에 원술의 세력을 뿌리 뽑으려 군사를 일으켰다. 그는 조인에게 허도를 지키게 한 다음 직접 30만 대군을 이끌고 출정했다. 출정에 앞서 조조는 손책과 유비, 여포에게 사람을 보내 함께 원술을 치자고 제안했다. 조조가 예주 경계에 도착하자 군사를 이끌고 나와 맞은 유비는 예를 끝내기 무섭게 사람의 목 둘을 바쳤다. 오랫동안 전장을 누비며 사람 죽이는 것쯤은 밥 먹듯 보아온 조조도 유비의 선물을 보고는 깜짝 놀랐다. 덕이 높기로 유명한 유비조차 살인을 즐기게 되었단 말인가? 조조가 물었다.

"이것이 무엇인가?"

"한섬과 양봉의 목입니다!"

한섬, 양봉은 한때 조정을 장악하고 권력을 휘둘렀으나 조조가 수도에 입성한 뒤 쫓겨나 원술에게 의탁했다. 이들이 비밀리에 여포와 손을 잡고 원술의 뒤통수를 친 공로로 기도와 낭야, 두 현을 얻었다는 것은 조조도 알고 있는 사실이었다. 그런데 이들의 목이 어떻게 유비의 손에 들어왔다는 말인가? 조조가 자초지종을 묻자 유비가 입을 열었다. 조금 우쭐한 눈치였다.

"이들이 기도와 낭야에서 함부로 군사를 풀어 백성들을 약탈하여 원성이 높았습니다. 그래서 제가 연회를 베풀고 긴히 상의할 것이 있다고 불러들였지요. 두 사람은 문턱을 넘자마자 제 두 아우 관우와 장비가 단칼에 목을 베었고, 끌고 온 군사들은 제가 거두었습니다. 승상께 말씀드리지 않고 마음대로 일을 벌였으니 부디 벌을 내려 주십시오."

입으로는 죄를 빌었지만 속을 들여다보면 칭찬을 받고 싶다는 소리였다.

매사에 진실되고 인내심이 많아 유약하다고까지 평가받던 유비가 왜 갑자기 살인자로 돌변한 것일까? 몸을 사리며 쓸데없는 일은 벌이지 않기로 유명한 유비가 아니던가?

이 같은 유비의 행동은 우금을 모방한 것으로 볼 수 있다. 얼마 전 조조는 완성에서 장수에게 패하고 목숨까지 잃을 뻔했다. 우금은 혼란한 와중을 틈타 백성을 괴롭힌 하후돈의 청주군을 벌해 조조로부터 크게 칭찬받았다. 군대를 엄격히 관리하기로 이름난 조조는 우금에게 익수정후의 벼슬까지 내렸다.

이 이야기가 모범사례로 알려지면서 유비를 포함한 많은 사람들은 제2의 우금이 되고 싶어 했다. 여포에게 쫓겨 조조를 찾아간 유비에게는 다른 대안이 없었다. 우금을 본받아 조조에게 인정받으면 본인의 발전에 유익하다는 사실을 학습한 것이다. 그런 와중에 한섬과 양봉이 걸려들었다. 유비의 입장에서는 여포의 이빨을 뽑고 조조의 환심까지 살 수 있는 그야말로 일거양득이었다. 그러나 유비가 미처 생각지 못한 부분이 있었다. 바로 조조의 반응이었다.

우리는 타인을 판단할 때 '초두효과Primacy Effect(첫인상효과)'의 영향을 강하게 받는다. 유비는 지금껏 착하고 예의 바르게 바른길을 고집해왔다. 그러나 그 같은 군자형 인물은 난세에서 살아남기 어렵다. 그래서 모두 유비를 영웅으로 꼽으면서도 사실은 크게 신경 쓰지 않고 있었다. 상대에 대한 인식을 단번에 뒤집을 만큼 엄청난 사건이 일어나지 않는 이상 초두효과는 지속된다. 즉 초두효과의 강도를 넘어서는 '최신효과recency effect'가 발생해야 우리 머릿속에 각인된 첫인상이 바뀌는 것이다.

한섬과 양봉을 머리를 바친 유비의 행동은 그의 내면 깊숙한 곳에 숨어 있던 무언가를 드러내 보인 사건이다. 조조는 이 점을 감지했다. 그때까지 유비를 잠재적 맞수라고 생각지 않던 조조는 순간 유비의 무서움을 느꼈다. 지금껏 얌전하게 미소 지으며 늘 겸손하던 유비가 이처럼 결단력 있고 강인한 내면을 가진 사람이었다니! 서주를 넘겨주려는 도겸을 세 번이나 거절하고 여포에게 고개를 숙이더니 이제는 웃는 얼굴로 득달같이 달려들어 한섬과 양봉의 목을 쳤다. 이런 인물이야말로 원소나 원술, 손책, 유표, 여포보다 더 무서운 사람이 아니겠는가. 이제야 조조는 유비가 진정한 영웅이며 아울러 향후 최대의 적수가 될 것이라 인정하지 않을 수 없었다. 그러나 조조는 이토록 거세게 동요하는 마음을 누르며 미소를 지었다(솔직한 성격의 조조에게 결코 쉬운 일이 아니었다).

"나라를 위해 해로운 것을 없앴으니 큰 공을 세운 것인데 어찌 벌을 내리라 하시오?"

그렇게 말한 다음 유비에게 큰 상을 내렸다. 유비는 그저 좋아할 뿐이었다. 큰맘 먹고 계획한 자신의 '거사'가 제2의 우금은 고사하고 오히려 조조의 경계심을 사 본인의 발전에 큰 걸림돌이 되었다는 사실은 꿈에도 모른 채.

그렇게 조조와 유비가 화기애애한 분위기 속에서 군사를 합쳐 서주 경계로 향하자 이번에는 여포가 나와 맞이했다. 조조가 나선 덕분에 여포와 유비는 한섬과 양봉의 일을 매끄럽게 넘길 수 있었다. 적이 친구가 되고 친구가 적이 되는 난세에서는 이상할 것도 없는 일이었다.

조조는 여포를 잘 알고 있었다. 이번에는 좌장군의 벼슬을 주겠다며 원술을 무찌르고 허도로 돌아가면 정식으로 인장을 내리겠다고 약속했다. 능청스러운 수법이었지만 나중에 받게 될 상을 미리 말해줌으로써 여포를 더욱 열심히 싸우게 만드는 효과가 있었다. 덥석 벼슬부터 미리 준다면 욕심 많은 여포가 나중에 또 무슨 요구를 해올지 모르기 때문이다.

적당한 수준의 상을 적당한 시기에 내리는 것은 매우 중요하다. 과도한 대우가 초래하는 부작용은 크게 두 가지로 나눌 수 있다.

첫째는 유비가 서주를 거절했던 것과 같은 상황이다. 세상에 공짜는 없다. 공을 세우지 않고 상만 받은 사람은 대부분 안절부절못하고 마음이 무겁다. 심지어는 상을 준 사람에게 다른 꿍꿍이가 있는 것이 아닌지 의심하게 된다.

둘째는 여포와 같은 경우다. 원술을 배반하고 조조와 손을 잡았을 때, 조조는 그에게 평동장군의 벼슬을 내리고 자기 호주머니를 털어 황금인장까지 만들어주었다. 보통 사람이라면 감격의 눈물을 흘려야 마땅한 상황이건만 여포는 잠깐 감동했을 뿐이다. 조조가 사실상 모든 관리의 임명권을 쥐고 있다는 사실을 안 여포는 금세 딴생각을 품기 시작했다. 원술이 청혼하면서 보낸 한윤을 붙잡아 보낸 것은 서주목 벼슬을 놓고 조조와 거래를 하기 위한 것이었다. 그런데 조조가 별다른 반응을 보이지 않고 진등 부자에게만 상을 내리자 머리끝까지 화가 난 여포는 진등을 죽이려고 했다.

여포는 칭찬을 해주면 하늘 끝까지 날아오르는 유형이었다. 주인을 여러 차례에 걸쳐 바꾸면서도 승승장구하니 자신감이 넘치게 된 것이다. 자신이 둘도 없는 인재라고 믿은 여포는 아무리 높은 벼슬을 주어도 당연하게 받아들였다. 늘 부족하다고 투덜대는 위인이니 노력한 만큼 받아야 마음이 편한 과잉정당화 효과를 알 리 없었다. 하늘은 공평한 법이다. 알맞은 몫보다 더 많이 가진 사람은 언젠가는 그 대가를 반드시 치르게 되어 있다.

어쨌든 조조의 행동은 여포의 사람됨을 꿰뚫어본 것으로 매우 훌륭한 처사였다. 아니나 다를까 잔뜩 신이 난 여포는 열심히 실력을 발휘해보겠노라고 장담했다. 조조는 군대를 셋으로 나누어 유비와 여포에게 좌우를 맡기고 자신은 중군을 맡았다. 마침 원술과 옥새를 놓고 다투던 손책이 수로를 통해 원술을 공격하고 나섰다.

사방으로 적을 맞게 된 원술은 상황이 위급해지자 신하들을 모아 상의했다. 양대장楊大將이 회수를 건너 방어에 힘쓰면서 지구전을 펼치자는 의견을 냈다. 당시 수춘壽春 지역에 기근이 들어 식량이 매우 부족했다. 멀리서 온 조조군은 군량미가 넉넉지 않을 뿐 아니라 운송하는 데도 어려움이 많은 테니 전쟁을 오래 끌수록 불리해진다. 성문을 굳게 잠그고 방어에만 집중한다면 조조는 얼마 버티지 못하고 물러갈 것이라는 게 그 이유였다.

양대장의 생각대로 조조의 30만 대군은 하루에도 엄청난 식량을 소비했다. 가져온 군량미는 한정되어 있었다. 부근의 지역은 흉년이라 집집마다 먹을 것이 떨어져 훔쳐 올 것도 없었다. 조조 입장에서는 하루라도 빨리 전쟁을 마무리 지어야 했지만 원술은 성문을 닫고 나올 생각을 하지 않았다. 그렇게 한 달 여쯤 지나 군량미가 바닥을 보이자 조급해진 조조는 머리를 싸매고 방법을 궁리했다. 군량미를 관리하는 왕후王垕가 조조를 찾아왔다.

"양식이 얼마 남지 않았습니다. 어떻게 하면 좋겠습니까?"

별로 뾰족한 수가 없던 조조는 왕후를 보는 순간 무릎을 '탁' 쳤다.

"군사들에게 작은되를 써서 양식을 나누어주게. 급한 불부터 꺼야지 않겠나."

그 말을 들은 왕후는 깜짝 놀랐다. 이는 큰 분란을 초래할 수 있어 병가에서 금기시되는 일이기 때문이다. 전장에서 살다시피 하는 조조가 이것을 모를 리 없었지만 왕후는 그래도 조심스럽게 되물었다.

"병사들이 불만을 품으면 어찌하시렵니까?"

조조는 태연한 얼굴로 아무렇지 않게 대답했다.

"내게 다 방법이 있네."

조조는 양면성을 지닌 전형적인 인물이었다. 의기양양할 때는 금세 어깨에 힘이 들어가 하고 싶은 일을 다 하려는 어린아이 같은 모습을 보이지만, 위험한 상황에서는 완전히 다른 사람이 되어 깊이 생각하고 치밀하게 계산하는 모습을 보인다. 일단 경계심을 품으면 복잡한 상황을 조심스럽게 풀어나가는 데다 예민한 직관과 뛰어난 두뇌가 작동하여 절대 실수를 저지르는 법이 없었다. 이번에도 그는 왕후의 등장에서 영감을 얻어 상황을 모면한 방법을 생각해냈다. 왕후는 고개를 갸우뚱하면서도 최고지도자의 명령인 만큼 작은되에 담아주라는 '훌륭한 정책'을 곧장 실행에 옮겼다.

◈ 심리학으로 들여다보기

생각지 못한 성과를 거두면 친구는 기뻐하고 적은 경계한다. 함께 좋아해 줄 친구를 만나라. 생각보다 쉽지 않은 일이지만 많지 않더라도 한두 명의 친구가 당신 인생을 풍요롭게 한다.

잘못을 덮으려고
속죄양을 찾지 마라

지금 죽여야 하나? 아니면 살려둘까?

군사들의 불만이 터지자 조조는 골똘히 생각하며 불쌍한 왕후의 목숨을 저울질하고 있었다. 왕후가 조조의 명령에 따라 작은되로 군량미를 나누어준 것이 결국 군사들의 분노를 샀기 때문이다. 최전방에서 목숨을 걸고 싸우는 병사들에게 가장 참을 수 없는 것이 바로 양식이나 봉급을 깎는 일이다. 조조는 은밀히 사람을 보내 상황을 알아보게 한 후 조용히 왕후를 불러들였다. 왕후가 들어오자 조조는 진지한 얼굴로 말했다.

"군사들을 달래려면 자네에게 물건을 하나 빌려야 하네. 자네 처와 자식들은 내가 잘 보살펴줄 테니 걱정하지 말게."

왕후는 깜짝 놀라 어찌할 줄을 모르며 물었다.

"승상께서 제게 무엇을 빌리신단 말씀입니까?"

조조가 대답했다.

"바로 자네의 목일세."

그러자 가슴이 철렁 내려앉은 왕후가 바닥에 엎드려 말했다.

"승상, 저는 아무런 죄가 없습니다!"

왕후는 속으로 '작은되로 군량을 나누어주게 한 것은 네가 시킨 것이 아니냐. 나는 명령을 따랐을 뿐이다. 게다가 나는 병사들이 불만을 품을 거라고 경고까지 해주었는데 왜 내 목을 친단 말이냐?'라고 외치고 있었다. 그러자 조조가 조금 가라앉은 목소리로 말했다.

"자네에게 죄가 없다는 것은 나도 아네. 그러나 자네를 죽이지 않으면 30만 군사들의 마음이 어지러워질 걸세."

왕후는 다시 입을 떼려 했으나 이미 마음을 정한 조조는 더 말할 기회를 주지 않았다. 왕후는 문밖으로 끌려갔고 얼마 지나지 않아 그의 목이 장대에 높이 걸렸다. 그 아래에는 '작은되로 배급해 군량미를 훔쳤으므로 군령에 의해 참수한다'라는 죄목이 쓰여 있었다. 조조의 생각대로 왕후의 목은 효력을 발휘했고 군사들의 원성은 순식간에 가라앉았다. 문제의 원인을 잡아 법대로 처리했으니 더 이상 원망할 까닭이 없었기 때문이다. 여기서 왕후는 그야말로 완벽한 속죄양이다.

속죄양이라는 말은 고대 히브리인의 풍습에서 유래되었다. 욤 키푸르(속죄일)에 성직자는 산양의 머리에 손을 얹고 사람들의 죄를 고백했다. 이는 온갖 죄와 악이 산양의 몸으로 옮겨지는 것을 상징적으로 나타내는 예식이었다. 그 다음 산양을 들판에 풀어 지역 전체의 죄까지 모두 씻어내게 했다. 그로부터 '속죄양'이라는 단어는 아무런 잘못도

하지 않은 힘없는 사람이 자신과는 상관없는 일 때문에 피해를 입는 것을 의미하게 되었다. 잘못에 대한 대가는 잘못은 저지른 사람이 치러야 하는데도 말이다. '속죄양'은 죄를 지은 주체보다 연약한 존재일 것을 전제로 한다. 만약 '양'이 충분한 능력을 갖추고 부당함에 대항한다면 '속죄'를 위해 희생시키기 어렵기 때문이다.

30만 군사의 생사여탈권을 쥐고 있는 조조에 비해 군량을 나누어주는 일개 관리에 불과한 왕후는 확실히 연약한 존재다. 그래서 조조가 그를 '속죄양'으로 선택했을 때 왕후는 그저 받아들일 수밖에 없었다. '속죄양'은 특별한 상황 속에서 탄생한다. 사람들은 바람직하지 않은 상황을 바꿔야 할 때, 혹은 격앙된 감정을 받아낼 대상이 필요할 때 주로 속죄양을 찾는다.

미국 사회심리학자 칼 호블랜드Carl Hovland와 로버트 시어스Robert Sears는 1882년부터 1930년 사이의 특정 연도에 목화가격의 변동을 근거로 미국 남부에서 린치를 당한 사람의 수를 측정한 연구결과를 발표했다. 연관성을 전혀 찾아볼 수 없는 이 두 가지 수치는 '속죄양' 현상을 고리로 삼아 연결되어 있었다.

사람들은 경기가 침체되면 더 많은 좌절감을 느끼고 폭력적인 행동으로 이어진다. 타인에게 분노를 표출함으로써 자신의 감정을 풀려는 욕구 때문에 린치 사건이 크게 증가하는 것이다. 불경기는 곧 목화가격의 하락을 의미하기 때문에 목화가격의 하락폭과 린치횟수 증가는 정비례를 이루게 된다.

당시 조조는 군량미 부족 문제를 해결할 방법을 찾지 못하고 있었다. 당장 급한 불부터 끄지 않으면 군사들의 사기가 떨어져 더 큰 악영향을 초래할 것이었다. 그래서 그는 군량미가 부족해진 원인을 따로 만들고 모든 책임을 그에게 뒤집어씌워 군사들의 분노를 잠재우려 했다. 군량미를 가장 가까이서 관리하고 있던 왕후는 이에 가장 적합한 인물이었다. 이번 결정을 통해 우리는 냉정하고 잔인한 조조의 일면을 볼 수 있다. 여백사 가족을 몰살한 일과 서주를 침공해 죄 없는 백성을 죽인 것 또한 마찬가지였다.

기원전 328년, 아리스토텔레스는 인간은 사회적 동물이라고 말했다. 만약 그의 말대로 우리가 사회적 동물이라면 동물의 특성도 지니고 있어야 마땅할 것이다.

오늘날 다수의 과학자들은 인류가 원숭이에서 기원했다고 믿고 있다. 영장류를 연구하는 학계의 어느 권위자는 인간이 원숭이과라고 단언하기도 했다. 이 인물은 네덜란드 태생의 미국 동물행동학자 프란스 드 발Frans de Waal로, 저서 《내 안의 유인원Our Inner Ape》에서 인간과 가장 가까운 두 영장류 동물(보노보와 침팬지)과 인류 사이의 놀라운 공통점을 소개했다. 보노보와 침팬지의 DNA 구조는 인류와 완전히 같다. 인간의 침략적 성향과 권력에 대한 욕구, 가부장제도 등은 모두 침팬지의 특성에서 온 것이며, 평화를 사랑하고 평등을 추구하며 모계 사회를 형성하는 특성은 보노보와 같다. 다시 말해 인간은 인간성과 동물의 특성을 동시에 지니고 있다는 것이다. 동물적 특징이 특정 상황에서 인간성을 압도할 때, 잔혹하고 폭력적인 성향이 드러난다. 이것이 바로 조조가 왕후를 희생시켜 군대 전체의 기강을 안정시키려 한 심리적 동인이었다.

많은 사람들은 조조의 간악함을 보여주는 예로 이 사건을 꼽는다.

그러나 전체 정황을 살펴보면 조조는 잔혹했지만 결코 간악하지는 않았다. 정말로 간악한 자라면 왕후에게 몰래 명령을 내려 작은되로 군량을 배급하게 한 뒤 군사들이 원성을 터트리면 모르는 척 왕후를 죽였을 것이다. 이렇게 해야 자신이 배후에서 꾸민 일이 영원히 드러나지 않기 때문이다. 하지만 조조는 그러지 않았다. 왕후를 죽이기로 결심하기 전, 조조는 그를 불러 자신의 의도를 명확하게 설명하고 그의 가족들을 잘 돌보아주겠노라고 약속까지 했다. 다소 직선적이긴 하나 적어도 인간적인 배려가 남아 있는 방식이었다.

왕후가 죽고 군사들이 안정되자 조조는 이 기회를 놓치지 않고 3일 안에 수춘성을 함락할 것을 명령했다. 물러서는 자는 목을 치겠다는 엄명이었다. 그는 직접 진영을 감독하고 군대 전체를 지휘하며 결국 수춘성을 무너뜨렸다.

조조는 기세를 몰아 회수를 건너 원술을 추격하려 했지만 순욱이 나서서 말렸다. 인근의 현 여러 곳이 흉년이라 군사를 더 움직이면 손실이 클 것이라는 이유였다. 승리를 장담할 수 없는 데다 나중에 후퇴하려면 더 힘들어질 테니 우선 허도로 돌아가 내년 봄 보리가 익을 때까지 기다리자고 했다. 조조는 머뭇거리며 좀처럼 결정을 내리지 못했다. 그에 대한 순욱의 영향력은 자신도 모르는 사이 조금씩 약해지고 있었다. 그런데 이때 장수와 유표가 손을 잡고 허도로 진격하고 있다는 소식이 날아왔다. 허도를 잃을 수 없었던 조조는 어쩔 수 없이 회군령을 내렸다.

허도로 돌아가기 전, 조조는 여포와 유비를 불렀다. 서로 형제를 맺게 하고 유비는 예전처럼 소패에 머물며 서로 도울 것을 당부했다. 제

2의 우금을 꿈꾸었건만 또다시 여포의 그늘 아래 살게 된 유비는 실망이 이만저만 아니었다. 그러나 이는 유비에 대한 조조의 예방조치였다. 여포로 하여금 유비를 견제하도록 하는 것이다. 동시에 유비를 이용해 여포를 견제할 수도 있었다. 출발하기 직전, 조조는 은밀히 유비를 찾아가 말했다.

"내가 공을 소패에 머물게 한 것은 함정을 파놓고 호랑이를 기다리는 계책이오. 일이 생기면 진규 부자와 상의하도록 하시오. 때가 오면 군사를 보내 공을 도우리다."

따지고 보면 유비와 여포 모두 자원분배의 대가인 조조에게 말려든 셈이었다. 말은 서로 도우라고 했지만 실제로는 서로 견제하고 제약하려는 의도였다. 조조는 허도로 돌아가 휴식을 취한 후 다시 장수를 정벌하기 위해 출정했다. 헌제에게는 장수가 백성을 약탈하고 괴롭히기 때문에 군사를 일으켜야 한다고 말했지만 사실 말도 안 되는 소리였다. 강도도 자기 구역에서는 도둑질을 하지 않는 법이다. 하물며 자신이 다스리는 군현에서 약탈이라니. 그러나 모든 일에는 명분이 필요한 법이었다.

불쌍한 헌제의 유일한 역할은 언제나 '동의'하는 것뿐이다. 천자의 빛나는 조서는 언제 어디서나 조조에게 도의적 정당성을 부여해주었다. 천자가 조조의 편에 선 이상 조조에게 맞서는 모든 무리들은 한나라의 역적이기 때문이다.

'천자를 등에 업고 제후들을 움직이는' 작전의 매력이 바로 여기에 있었다. 조조는 이제 이 점을 십분 활용하는 단계에 있었고, 조조의 적들은 씩씩대기만 할 뿐 뾰족한 수가 없었다. 그런데 이상한 점은 조조가 이번 출정에 순욱을 데려가지 않고 허도에 남겨두었다는 것이다. 이를 통해 조조가 후방을 맡길 정도로 여전히 그를 신임하고 있지만 예전처럼 그의 말에 전적으로 따르지는 않는 미묘한 변화를 엿볼 수 있다. 최고모사의 자리는 이제 곽가가 대신하고 있었다.

대군이 출정한 때는 누렇게 잘 익은 보리밭이 한창 수확기를 맞이한 시기였다. 그러나 백성들은 군대가 온다는 소식을 듣고 뿔뿔이 흩어져 산으로 숨어버렸다. 조조는 사람을 풀어 숨어 있는 농부들과 관청을 지키는 관리들을 데려와 말했다.

"나는 천자의 밝은 조서를 받들고 역적을 물리치기 위해 왔으니, 이는 백성을 위한 것이다. 보리가 무르익은 계절에 어쩔 수 없이 군대를 일으켰으나 장졸들이 보리밭을 밟는다면 지위에 상관없이 목을 벨 것이다. 백성들을 약탈하는 자 또한 엄벌에 처할 것이다. 군령이 이토록 엄하니 모두들 겁먹지 마라."

조조는 어째서 이 같은 명령을 내렸을까?

먼저 그는 늘 군대를 엄격하게 다스렸다. 더군다나 황제의 조서를 가지고 역적을 토벌하러 가는 일에는 더욱 신경을 써야 했을 것이다. 정의로운 황제의 이미지가 실추되면 약탈을 일삼는 도적의 무리와 다를 것이 없을 테니 말이다. '황제'라는 자원을 최대한 이용하기 위해서는 그에 걸맞은 포장기술이 필요했다.

두 번째는 오랫동안 전쟁이 끊이지 않아 인구가 크게 줄었다는 점이다. 자신이 다스리는 지역의 백성들이 이탈하기 시작하면 사회 전체의 안정에도 크게 불리했다. 후방이 튼튼하게 뒷받침 해주지 못하면 전방의 군사들도 승리를 장담할 수 없었기 때문이다.

마지막으로 가장 중요한 이유는 다 익은 보리가 곧 미래의 군량미이기 때문이다. 백성들이 떠나 수확할 사람이 없으면 군대의 전투력에도 큰 타격을 주게 된다.

이런 이유들 때문에 조조는 엄한 명령을 내렸다. 이 명령이 자신의 목숨을 위협할 줄은 꿈에도 모른 채!

◈ **심리학으로 들여다보기**

상사의 말에 무조건 따르다가는 속죄양이 되기 쉽다. 자신의 주관이나 관점을 표현하라. 때로는 거침없이 때로는 조심스럽게 행동하라. 위계질서에 의한 맹목적인 순종은 결국 화를 부른다.

말에 책임지는 사람이 상대의 마음을 얻는다

지금 죽여야 하나? 아니면 살려둘까?

조조의 이번 고민은 다른 사람이 아닌, 바로 자신의 목숨을 두고 시작되었다. 그는 출정과 동시에 보리밭을 상하게 하는 자를 엄히 다스릴 것이라는 엄명을 내렸다. 조조의 퍼런 서슬에 바짝 긴장한 장졸들이 보리밭을 지날 때마다 말에서 내려 걸었고 일일이 손으로 보리 이삭을 헤치며 조심스레 지나가자 백성들의 칭송이 자자했다.

자신의 명령이 그대로 실행되자 기분이 좋아진 조조는 흥에 겨워 시 몇 구절을 읊었다. 그때였다. 갑자기 산비둘기 한 마리가 날아올라 조조가 탄 말 옆으로 휙 지나갔고, 깜짝 놀란 말이 보리밭으로 뛰어들고 말았다. 당황한 조조가 말고삐를 제때 잡아당기지 못하면서 말은 보리밭 한 귀퉁이를 엉망으로 밟아놓았다. 하늘이 조조에게 건넨 그야말로 기막힌 농담이었다.

조조는 앞서 보리밭을 망가뜨리지 말라는 엄명을 내렸다. 명령을 받은 사람들은 조심스럽게 규칙을 지켰는데 하필이면 명령을 내린 조조가 규칙을 어긴 것이다. 물론 고의는 아니었지만 법규를 제정한 자의 위법은 심각한 결과를 낳을 수 있었다. 만약 조조가 아무렇지도 않게 넘어간다면 지엄한 군령은 순식간에 어린아이 장난으로 둔갑할 것이다. 그러면 병사들도 더 이상 긴장하며 따르지 않게 된다. 조조의 명령에 의하면 말이 보리밭을 짓밟은 것은 죽을죄에 해당했다. 아무리 사람 죽이는 데 이골이 난 조조라지만 제 목을 벨 수는 없는 노릇이었다. 이러지도 저러지도 못하는 상황에 처한 조조는 하늘을 원망할 수밖에 없었다.

'당신은 내게 황제가 되라는 천명을 내리지 않았습니까? 그런데 이게 뭡니까? 나더러 대체 어쩌라고요?'

하늘을 원망할 수밖에 없는 조조는 이 일을 오래 끌 수 없었다. 빨리 마무리 짓지 않으면 자신에게 더 불리해질 뿐이다. 그는 군법을 담당하는 행군주부를 불러 자신의 죄를 어떻게 처리해야 좋을지 물었다.

이것은 조조가 시간을 벌기 위해 꾀를 낸 것이다. 군법을 제정하는 총책임자가 위법을 어떻게 처리해야 할지 모를 리 없었다. 조조는 제 목을 스스로 벨 수 없는 데다 수하들도 그에 동의할 리 없음을 잘 알고 있었다. 그러나 문제는 군령의 권위를 지키면서 자신의 목숨도 부지할 방법이었다. 그러려면 모두가 인정할 수 있는 명분이 있어야 하는데, 그것을 생각해내는 게 쉽지 않았다. 사람은 위급해지면 정신을 똑바로 차리기보다 당황하게 마련이다. 그래서 조조는 행군주부를 불러 시간을 벌면서 부하들에게 생각할 시간을 주려고 한 것이다. 하지만 행군주부가 어떻게 감히 조조를 벌할 수 있겠는가. 우물쭈물하던 행군주부가 겨우 입을 열었다.

"승상의 말씀이 곧 법입니다. 어느 누가 감히 거역하겠습니까?"

조조가 스스로를 용서한다면 아무도 이의를 제기할 리 없다는 뜻이었다. 그러자 조조는 속으로 이렇게 외쳤다.

'이런 바보 같은 놈! 정말 멍청하기 짝이 없군! 내 말을 거역할 사람은 당연히 없겠지만 어떻게 내가 내 자신에게 면죄부를 준단 말이냐?'

행군주부의 말은 조조에게 적당한 명분을 만들어주지 못했을 뿐만 아니라 상황을 더욱 악화시킬 수도 있는 제안이었다. 군령은 한번 깨지면 다시 권위를 세우기가 않기 때문이다. 한참이 지나도록 아무도 적당한 의견을 내지 않자 조조는 어쩔 수 없이 다시 나서야 했다.

"내가 내린 명령을 내가 지키지 않는다면 어찌 군사들을 다스릴 수 있겠는가!"

그러고는 검을 뽑아 자결하려 했다. 물론 연극이었지만 조조는 정말로 자신의 목을 벨 것처럼 진지했다. 살다 보면 연극을 해야 할 때가 있다. 하지만 허술한 연극은 사람들의 반감만 증폭시키기 때문에 진심으로 보이도록 확실하게 해야 원하는 결과를 얻을 수 있다.

조조는 수하들이 깜짝 놀라며 검을 빼앗으리라고 예상했지만 여전히 명분이 필요했다. 조조에게서 검을 빼앗은 수하들이 우왕좌왕하고 있을 때 곽가가 나섰다.

"《춘추》에 '법도 존귀한 데에는 미치지 못한다法不加於尊'라고 했습니다. 승상께서는 대군을 이끄시는 존귀한 몸이신데 어찌 자신을 죽이려 하십니까?"

곽가의 말을 들은 조조는 속으로 매우 기뻐했다. 《춘추》에 대해서는 잘 몰랐지만, 지금 이 순간 그 책은 엄청난 권위와 신성으로 찬란하게 빛나는 것 같았다. 조조는 뛸 듯이 기쁜 마음을 애써 억누르며 심각한 척 대꾸했다.

"《춘추》에 그런 구절이 있다니 목숨은 건질 수 있겠구먼."

그러나 여전히 자신을 바라보는 주위 사람들의 눈빛에서 한줄기 냉랭함을 포착하고 얼른 말을 이었다.

"대신 머리카락을 잘라 죗값을 치르리라!"

이것은 조조가 순간적으로 생각해낸 묘안이었다. 《춘추》는 확실히 조조에게 좋은 명분을 제공해주었지만 그것만으로는 부족했다. 만약 조조가 고서의 구절에 의지해 상황을 모면했다면 군사들의 사기에 좋지 않은 영향을 미쳤을 것이다. 그런데 조조는 번뜩이는 아이디어로 자신의 머리카락을 베었다.

《효경孝經》 '개종명의開宗明義'에서 공자는 '몸은 부모에게서 받은 것이니 이를 지키는 것이 효의 시작이다身體髮膚受之父母, 不敢毁損孝之始也'라고 했다. 고대 경전의 하나인 《효경》의 구절은 조조도 잘 알고 있었다. 당시에는 부모에게 불효하는 것이라 하여 머리카락이나 수염도 자르지 않았다. 그러니 머리카락을 자른 행동은 목을 자르는 것만큼은 아닐지라도 모골이 송연할 만큼 엄한 처벌이었다. 보리밭 사건이 한바탕 해프닝으로 끝날 줄 알았던 군사들은 깜짝 놀라 두 번 다시 군령을 거역할 마음을 먹지 못했다. 이렇게 돌발 상황을 잘 넘긴 조조의 위기관리 덕분에 대군의 기강은 바로 설 수 있었다.

이 사건에서 주목할 것은 이번에도 여지없이 빛난 곽가의 활약상이다. 조조는 이번 원정에 곽가를 대동한 걸 탁월한 선택이었다고 생각했을 것이다. 비록 머리 대신 머리카락을 잘라 사건이 마무리되었지만 곽가가 《춘추》의 구절을 인용하여 곤경에서 구해주지 않았다면 조조의 재치는 발휘될 수 없었을 것이다. 또 곽가의 도움 없이 혼자서만 애를 썼다면 죽음은 면할 수 있었을망정 군대 전체를 통제하는 효과는 거두지 못했을 것이다.

곽가가 먼저 고전을 인용해 길을 열어주고 조조가 머리카락을 잘라 호응했다. 덕분에 군대의 사기를 떨어뜨릴 수 있었던 상황이 군령의 지엄함을 알리는 생생한 예가 되어 군사들을 교육하는 작용까지 하게 되었다. 어떠한 상황이든 최대한 이용해 자원으로 바꾸어놓는 조조의 능력은 그야말로 궁극의 경지에 달해 있었다. 아무도 거들떠보지 않는 허수아비 황제를 십분 활용한 것과 이번의 보리밭 사건을 전화위복으로 만든 것 모두가 그랬다. 군대의 사기는 하늘을 찔렀고 조조는 위세를 몰아 장수의 근거지로 향했다. 조조의 대군을 맞은 장수가 나와 말했다.

"거짓 인의를 앞세운 염치없는 놈아, 네가 짐승과 다를 것이 무엇이란 말이냐!"

조조가 추씨와 사통한 일을 두고 하는 말이었다. 황제의 명을 받들어 '역적의 잔당'을 토벌하러 온 조조는 생각지도 못한 욕을 듣자 크게 화를 내며 허저를 내보냈다. 장수는 허저를 상대로 얼마 버티지 못하고 남양성으로 쫓겨가 성문을 굳게 걸어 잠갔다. 기다려도 장수가 나오지 않자 조조는 성을 포위하고 공격하기 시작했다. 그러나 꾀 많은 모사 가후가 장수군을 지휘하고 있어 이렇다 할 성과를 내지 못했다.

조조는 직접 말을 몰고 성 주위를 돌아보더니 서북쪽을 공격할 것처럼 장작을 쌓기 시작했다. 서북쪽으로 장수군의 관심을 모은 후 동남쪽으로 군대를 몰아 공격하려는 속임수였다. 그러나 이런 속셈을 꿰뚫어본 가후가 조조의 작전을 역으로 이용하면서 조조군은 크게 패했다.

조조가 달아나는 것을 본 가후는 황급히 유표에게 편지를 보내 조조의 퇴로를 막도록 했다. 하지만 조조의 작전대로 손책이 군사를 몰고 호구湖口로 오자 유표는 머뭇거렸다. 모사 괴량蒯良이 이를 알아차린 덕택에 유표는 안중현에서 장수와 만나 함께 조조를 공격할 수 있었다.

한편 지난날 장수에게 패해 쫓겨 왔던 육수淯水에 도착한 조조는 목숨을 바쳐 자신을 지켜준 전위를 떠올리고 큰 소리로 목 놓아 울기 시작했다. 또다시 장수에게 패해 쫓기는 신세가 되고 보니 예전 일이 생각난 모양이었다. 조조는 잠시 행군을 멈추고 제사를 지내도록 했다. 가장 먼저 전위를 위해 향을 피운 다음 조카 조안민과 맏아들 조앙, 그리고 자신을 구하고 화살에 맞아 죽은 대완마의 영까지 차례로 위로했다. 진심으로 슬퍼하며 우는 조조의 모습을 본 군사들도 크게 감동해 하나둘 눈물을 흘리기 시작했다. 그렇게 다 같이 울다 보니 조조군은 자연스럽게 하나로 뭉쳐 두 번이나 패배를 안긴 장수군에게 이를 갈았다. 성난 군대는 반드시 승리하는 법이다. 비통에 잠긴 조조군의 힘은 장수와 유표의 연합군에 대한 보복으로 전환되었고, 조조는 전화위복의 놀라운 능력을 다시 한 번 발휘하며 장수와 유표를 격퇴했다.

그런데 이때 허도를 지키고 있는 순욱에게서 급보가 날아왔다. 허도가 비어 있는 틈을 노려 원소가 쳐들어오고 있다는 소식이었다. 조조가 헌제라는 절대적인 무기를 자유자재로 휘두르는 것을 본 원소가 허도를 차지하고 천자를 '보필'하며 천하를 호령하려는 마음을 품은 것이다. 이 소식을 들은 조조가 가만히 있을 리 없었다.

한편 조조가 군사를 돌려 허도로 돌아가기로 결정했다는 정보를 입수한 장수는 그의 뒤를 추격하려 했다. 가후가 반드시 질 것이라며 말렸지만 장수는 고집을 부려 직접 군대를 이끌고 조조군을 쫓았다. 가후의 예측대로 역시 패하고 말았다. 그는 뒤따라온 가후에게 머쓱한 얼굴로 말했다.

"공의 말을 듣지 않았더니 정말로 패하고 말았소이다."

그러나 가후는 장수에게 잘못했다는 말을 듣기 위해 따라온 것이 아니었다.

"이제 다시 군열을 가다듬어 추격하십시오."

그러자 장수가 놀라며 물었다.

"방금 지고 돌아왔는데 어째서 다시 쫓으라고 하시오?"

가후가 조용히 미소 지으며 대답했다.

"상황이 바뀌었으니 어서 뒤쫓으십시오. 만약 이기지 못한다면 돌아와 내 목을 베어도 좋습니다."

장수는 반신반의하며 다시 군사를 몰아갔다. 과연 가후의 말대로 이번에는 승리를 거두었다. 다행히 여남汝南 지역을 지키고 있던 진위중랑장振威中郎將 이통李通이 달려와 장수군을 막아준 덕분에 조조는 무사히 후퇴할 수 있었다. 장수는 가후의 식견에 감탄하며 어떻게 승리를 예측할 수 있었는지 물었다.

삼국을 통틀어 조조의 심리를 가장 잘 읽었던 인물이 바로 가후였다. 조조는 애초에 후퇴하면서 장수의 추격을 막기 위한 준비를 하고 직접 감독까지 했다. 덕분에 군기가 바짝 오른 조조군이 최선을 다해 싸운 탓에 장수군은 상대가 될 수 없었던 것이다. 그러나 한 번 승리하자 조조는 마음을 놓았고, 이때 흐트러진 조조군을 장수가 다시 공격하면서 승리를 거둘 수 있었다.

◈ 심리학으로 들여다보기

스스로 정한 한계 때문에 더 많은 기회를 잃는다. 자기만의 원칙이 있는 것은 매우 바람직하다. 그러나 그 한계에 갇힌다면 오히려 없는 것만 못 하다. 자기 한계 너머를 수용하고 한계 너머로 도전하는 모습은 매력적이다.

자기가 한 일이
더 대단하게 느껴지는 법이다

허도로 돌아온 조조는 유표를 막아준 손책을 토역장군討逆將軍 오후吳侯에 봉했다. 벼슬을 받은 손책은 매우 기뻤다. 그리고 본격적으로 천하를 노리는 본색을 드러낸다.

한편 조조가 군사를 돌려 허도로 돌아온 것을 알게 된 원소는 생각을 바꿔 공손찬을 치기로 하고 조조에게 군사와 군량미를 빌려달라고 요청했다. 평소 오만하고 건방진 원소가 마음에 들지 않았던 조조는 군사를 일으켜 그를 제거하려 했다. 하지만 강력한 힘을 가진 원소는 쉬운 상대가 아니었다. 어떻게 해야 좋을지 결정을 내리지 못한 조조는 곽가를 찾았다. 곽가는 먼저 조조가 원소를 이길 수 있는 열 가지 이유를 들며 격려한 다음 아직은 때가 아니라고 했다. 원소가 공손찬을 공격할 때 여포를 먼저 치는 게 순서라고 했다.

조조는 곽가의 의견에 고개를 끄덕였다. 하지만 워낙에 중차대한 일인 만큼 다시 순욱을 불렀다. 순욱 역시 조조가 이길 수밖에 없는 이유 네 가지를 들며 곽가와 마찬가지로 먼저 여포를 없애야 한다고 말했다. 뛰어난 사람들은 모두 같은 그림을 보고 있는 셈이었다.

순욱은 원소를 진정시킬 좋은 방법 한 가지를 더 내놓았다. 바로 상을 듬뿍 내리는 것이었다. 임명장을 작성하고 헌제의 결재만 받으면 되니 전혀 어렵지 않은 일이었다. 조조는 즉시 원소를 대장군에 태위太尉로 임명하고 기주, 유주, 청주, 병주의 네 개 지역을 다스리도록 했다. 되려 조조보다도 높은 벼슬이었다. 매우 만족한 원소는 조조를 견제한 것이 기우였다고 생각했다. 매우 만족한 원소는 조조를 향한 견제를 풀고 공손찬을 정벌하기 위해 출정했다. 조조가 보낸 선물에 곧바로 보답하고 나선 것이다.

원소 문제를 해결한 조조는 유비에게 밀서를 보내 여포를 치도록 했다. 그런데 유비의 답장을 가지고 가던 사자가 진궁에게 붙잡히면서 일이 꼬이고 말았다.

진궁이 건넨 유비의 편지를 읽은 여포는 조조와 유비가 몰래 자신을 치려 한다는 사실을 알고는 분노에 못 이겨 부들부들 떨었다. 그리고는 고순高順과 장료張遼에게 군사를 주어 당장 소패를 쓸어버리라고 명령했다. 이 소식을 들은 유비는 황급히 수하들을 불러 모았다. 손건이 먼저 의견을 내놓았다.

“먼저 조조에게 사람을 보내 상황을 알리고 지원을 받는 것이 좋겠습니다.”

유비는 즉시 간옹簡雍을 조조에게 보내고 관우, 장비 등과 함께 성을 지켰다. 고순의 군대가 소패를 둘러싸자 유비가 남문의 누각에 올라 소리쳤다.

"나와 여포는 형제 사이로 서로 원한이 없는데 어째서 군사를 이끌고 왔는가?"

상황이 이 지경까지 치달았는데도 어째서 유비는 끝까지 거짓말을 한 것일까?

거짓말은 죄책감, 수치감과 관련이 있다. 사람들은 자신의 일관된 모습에 부합하지 않는 떳떳하지 못한 일을 했을 때 일종의 죄책감을 느낀다. 그리고 이 죄책감이 가져오는 인지부조화를 제거하기 위해 진실을 감춘다. 그런데 만약 다른 사람들이 이 일을 알게 되면 엄청난 수치심을 느끼고, 이 수치심을 피하기 위해 거짓말로 상황을 모면하려 한다. 그리고 그 거짓말은 또다시 죄책감을 가져온다.

언제나 인의를 앞세워온 유비는 여포와 형제 관계를 맺고서도 몰래 그를 배반할 궁리를 했다. '인의'와는 거리가 있는 행동이었다. 그래서 유비는 거짓말을 하며 진상을 감추려 한 것이다. 조조에게 보낸 밀서가 진궁의 손에 들어갔다는 사실을 몰랐으므로 더욱 당당할 수 있었다. 그러나 이미 모든 사실을 알아버린 고순은 호통을 쳤다.

"끝까지 잡아떼려느냐! 네가 조조와 짜고 우리 주공을 해치려 한 사실이 모두 드러났다. 순순히 내려와 포박을 받으라!"

말문이 막힌 유비는 얼굴만 붉히며 조용히 내려와 성안으로 들어가 버렸다. 그러고는 고순이 밖에서 아무리 욕설을 퍼부어도 못 들은 척 응하지 않았다. 심한 치욕을 당하면서도 유비는 거북이처럼 머리를 집어넣고 숨어 있을 수밖에 없었다. 고순의 말처럼 몰래 뒤통수를 치는 짓은 군자가 할 행동이 아니었다. 한편 서문을 지키던 관우는 장료의 군대가 다가오자 큰소리로 '의로운 인물인 것 같은데 어쩌다가 역적의 수하가 되었소?'라고 말했다.

관우의 말을 듣자 장료는 부끄러운 마음이 들어 고개를 숙이고 아무 말도 하지 않은 채 물러났다. 물론 이 같은 행동이 나중에 큰 보답으로 돌아오리라고는 전혀 알지 못했다.

자신의 한마디에 장료가 물러나자 관우는 무척 기뻤다. 작은 행동으로 큰 효과를 거두려면 재빨리 상대를 파악하고 서둘러 행동하면 된다. 한때 술이 채 식기도 전에 화웅의 목을 베고 여러 제후 앞에서 무예를 뽐낸 관우지만 형님인 유비가 부진해지자 좀처럼 두각을 나타낼 기회를 잡지 못하고 있었다. 특유의 강한 자존심도 냉정한 현실에 부딪혀 잔뜩 억눌려 있었다. 그런데 별생각 없이 내뱉은 말에 뜻밖에도 장료를 물리치는 결과를 낳았다. 이 같은 장료의 행동은 관우에게 큰 기쁨을 주었다. 그의 의기를 높이 평가한 관우는 나중에 장료의 목숨을 구해주게 된다.

과거 조조가 아버지의 원수를 갚겠다며 서주를 포위했을 때 도겸은 공융에게 도움을 요청했다. 공융은 태사자를 보내 안면이 없던 유비를 청했다. 당시 유비의 첫마디는 '공북해孔北海께서도 이 유비를 안단 말인가?'였다. 천하에 명성이 자자한 공융 같은 인물이 자신을 알고 있다는 사실은 무명에 불과한 유비에게 무척 고무적인 일이었다. 지금 관우가 장료에게 느낀 감정은 당시 누군가(특히 유명한 사람)에게 인정을 받은 유비의 기분과 같았다.

서문에서 물러난 장료는 다음날 동문으로 갔다. 동문을 지키던 장비가 옳다구나 하고 곧장 성 밖으로 나가 장료를 죽이려 하자 소식을 들은 관우가 서둘러 동문으로 갔다.

동문으로 나오는 관우를 본 장료는 자신의 상대가 아니라는 것을 한눈에 알아보고 허겁지겁 도망갔다. 그것을 본 장비가 얼른 말에 올라 뒤쫓으려 했지만 관우가 만류했다.

"저놈은 내가 무서워 도망가는데 형님께서는 어째서 날 막으시오?"

장비가 투덜거리자 관우는 조용히 미소 지으며 말했다.

"장료의 무예는 너보다 못하지 않다. 너는 장료가 네가 두려워서 도망갔다고 하지만 실은 그게 아니다. 내가 어제 여포의 졸개로 사는 것이 부끄럽지 않느냐라고 했더니 가만히 듣고만 있더구나. 그러니 나를 보고 도망간 것이다."

장료가 도망간 것이 서로 자기의 덕이라 하니 참 재미있는 형제다. 장비는 장료가 자신을 이길 수 없어 도망갔다고 하고 관우는 장료에게 의로움과 수치심이 남아 있어 부끄러운 마음에 물러났다고 했다.

같은 사건을 두고 관우와 장비의 의견이 갈라진 이유는 인지심리에 보편적으로 존재하는 '자기위주편향' 때문이다. 우리는 정확히 어떻게 성공을 거두었는지 객관적으로 평가하지 못하고 자신의 공을 실제보다 높이 평가하는 경향이 있다. 남편과 아내는 서로 자신이 집안일을 더 많이 한다고 생각하고, 기업의 간부는 자신의 비즈니스에 대한 자신의 안목과 노력 덕분에 회사가 이익을 남겼다고 여긴다. 심지어 과학자들도 예외는 아니다. 1923년, 프레더릭 밴팅Frederick G. Banting과 존 매클라우드John Macleod는 인슐린에 대한 연구로 노벨 생리학상을 공동 수상했다. 그런데 밴팅은 실험을 주도한 매클라우드가 연구에 공을 세우기보다 방해할 때가 더 많았다고 말했고, 매클라우드는 인슐린 발견에 대한 연설에서 밴팅의 이름조차 언급하지 않았다.

어쨌든 이렇게 자기 나름대로 결론을 내린 관우는 장료에 대한 호감이 더 커졌다. 자신의 역할과 영향력에 대한 만족감 때문이었다. 과거 진궁이 관직을 버리고 조조를 따랐을 때 조조가 느꼈던 것도 같은 감정이었다.

한편 여포는 고순과 장료가 뜻대로 움직이지 않자 직접 군대를 이끌고 공격에 나섰다. 여포가 유비를 배신자라고 비난하자 도저히 듣고만 있을 수 없었던 유비는 마지못해 모습을 드러냈다.

"조조가 천자의 깃발을 들고 편지를 보냈는데 어찌 내가 답하지 않을 수 있었겠습니까. 부디 형께서 제 입장을 헤아려주시기 바랍니다."

또다시 거짓말을 한 것이다. 이처럼 한 번의 거짓말로 모든 문제를 해결할 수 있는 것은 아니다. 일단 거짓말을 하기 시작하면 그 거짓말을 덮기 위해 계속해서 다른 거짓말을 해야 하고, 결국 여러 개의 구멍을 한꺼번에 막아야 하는 꼴이 되고 만다.

거짓말로 남을 속이기는 쉽지 않다. 순간적으로 단어와 어조, 표정, 손짓, 호흡, 눈빛, 진땀까지 한꺼번에 조절하기란 보통 일이 아니기 때문이다. 이 가운데 가장 감추기 힘든 것은 표정이다. 얼굴의 표정은 감정을 관장하는 대뇌의 여러 부위들과 직접적으로 연결되어 있어 단순한 거짓말보다 훨씬 꾸며내기 어렵다. 감정이 발생하면 얼굴 부위의 근육이 자신도 모르는 사이에 움직이게 된다. 입으로 거짓말을 하면서 이들 근육이 만들어내는 미묘한 변화까지 제어할 수 없기 때문이다.

이뿐만이 아니다. 거짓말은 죄책감을 동반하고 여기에서 비롯된 인지 부조화가 부자연스러운 표정을 만들어낸다. 일반적으로 거짓말이 들통 나는 결정적 요인이 바로 여기에 있다.

그러나 거짓말의 달인 유비의 애절한 변명은 여포의 마음을 움직였고, 유비의 말을 믿은 여포는 소패를 포위한 채 공격하지 않았다. 여포는 어째서 유비의 거짓말에 속아 넘어간 것일까?

유비가 이 방면에 타고난 소질(가진 것이라고는 몸뚱이뿐인 유비에게 이런 재능이 없었다면 난세에서 살아남을 수 없었을 것이다)이 있기도 했지만, 또 다른 중요한 이유는 유비가 여포에게 거짓말을 할 때 죄책감이 들지 않았기 때문이다. 그가 느낀 것은 오히려 복수에 대한 쾌감이었다.

여포에게 서주를 빼앗기고 소패로 쫓겨났을 때, 유비는 겉으로 아무렇지 않은 척했지만 속으로는 심한 상처를 받았다. 이후에도 여포의 힘에 밀려 복수를 하지 못했던 그는 거짓말로 그를 속이면서 복수심을 어느 정도 충족시킬 수 있었다. 거짓말로 인한 죄책감이 없다면 표정도 한층 자연스러울 것이고, 진실은 더욱 깊숙이 숨겨버릴 수 있다. 여포가 유비의 얼굴에서 거짓을 읽어내지 못한 까닭도 여기에 있었다.

◈ 심리학으로 들여다보기

남의 성과를 가로채려는 것은 일종의 본능이다. 다만 이성을 가지고 조절하고 조정해 자신을 더 발전시키려 할 뿐이다. 탐욕은 누구에게나 있다. 이를 과하게 드러내고 키우면 야욕이 된다. 그 결과는 참담할 것이다.

오늘의 모습은
과거 삶의 결과이다

유비의 위급한 소식을 들은 조조는 즉시 하후돈에게 병사 5만을 주어 보냈다. 그리고 자신도 모사들과 함께 뒤를 따랐다. 하후돈을 맞은 여포는 고순을 내보내 싸우게 했다. 고순이 당해내지 못하고 몸을 돌려 도망가자 하후돈이 그 뒤를 쫓았다. 그때 갑자기 화살 한 대가 날아와 하후돈의 왼쪽 눈에 명중했다. 고순의 부장 조성曹性이 쏜 화살이었다. 눈에 박힌 화살을 뽑자 눈알이 함께 빠져버렸다. 그것을 본 하후돈이 소리쳤다.

"부모님께서 주신 몸을 어찌 함부로 버릴 수 있겠는가!"

우렁차게 외친 하후돈은 화살촉에서 눈알을 빼어 그대로 삼켰다. 그리고 무서운 기세로 조성을 따라가 단칼에 죽였다. 하후돈의 행동은 당시 신체와 효에 대한 사람들의 생각을 잘 보여주고 있다. 앞서 조조가 자신의 머리칼을 베어버린 행동과 같은 맥락이다.

상황이 불리해지자 여포가 직접 말에 올라 군사를 지휘하여 하후돈을 격퇴하고 유비와 관우, 장비까지 물리쳐버렸다. 소패성이 함락되자 삼형제는 뿔뿔이 흩어졌다. 유비는 가솔들을 소패에 내버려둔 채 조조를 찾아 허도로 몸을 피했고, 관우는 해주海州에, 장비는 망탕산芒碭山으로 들어가 몸을 숨겼다. 소패에 입성한 여포가 유비의 집에 찾아가자 유비의 가솔들을 보호하던 미축이 나와 무릎을 꿇고 사정했다.

"제 주인 유비와 장군은 형제 사이입니다. 대장부는 원한이 있을지언정 그 처자식은 괴롭히지 않는다고 했습니다. 지금 장군과 천하를 놓고 다투는 것은 조승상이 아닙니까. 유비는 장군께서 화살로 화극을 맞춰 곤경에서 구해준 은혜를 늘 기억하고 계셨습니다. 부디 선처를 베풀어주십시오."

여동생을 유비에게 시집보낸 미축은 유비가 도망간 뒤 그의 가족을 지켜야 하는 의무를 떠안게 되었다. 그런데 미축의 말을 잘 들여다보면 논리적으로 허점투성이였다. 다른 사람이었다면 미축의 말을 듣고 오히려 화를 내며 유비의 처자식을 가만두지 않았을 것이다. 하지만 다행히도 상대는 여포였다. 미축이 여포를 보자마자 무릎을 꿇은 것도 호재로 작용했다.

남자는 누구나 영웅 심리가 있다. 자신이 다른 사람들의 눈에 영웅으로 비치길 바라는 것이다. 무예로 천하에 적수가 없는 여포의 경우는 특히 더했다. 과거 왕윤이 여포를 움직여 동탁을 암살한 것도 바로 이 점을 교묘히 이용한 덕분이었다.

사실 처음부터 동탁을 두려워하며 따르던 여포는 그를 배반할 엄두를 내지 못했다. 암살은 더더구나 꿈도 꾸지 못했다. 게다가 자기를 받아준 의부義父를 두 번째로 죽이는 일이니 천벌이 무섭기도 했다. 망설이는 여포에게 왕윤이 말했다.

"장군이 한나라에 충성한다면 역사에 충신으로 이름을 남길 것입니다. 그러나 동탁을 계속 돕는다면 역적의 무리로 추한 이름을 지울 수 없을 것입니다."

역사에 길이 남는 충신이자 영웅이 되고 싶었던 여포는 용기를 내어 왕윤과 함께 동탁을 죽일 수 있었다. 같은 이치로 설령 미축의 말이 어불성설이더라도 그의 행동과 모습은 여포를 감동시켰다. '영웅'이라는 두 글자가 족쇄처럼 손발을 묶어놓는 바람에 여포는 유비의 가족들에게 아무런 짓도 할 수 없었다. 오히려 '영웅'의 모습을 한층 강조하기 위해 후하게 대접하기까지 했다. 여포가 말했다.

"나와 유비는 형제 사이인데 어찌 그의 가솔들을 다치게 하겠는가? 자네는 가솔들을 서주성으로 데려가게. 내가 보검을 한 자루 줄 테니 길을 막는 자가 있으면 즉시 처결하게."

이렇게 미축이 몸을 한번 굽힌 덕으로 유비의 가족들은 목숨을 부지할 수 있었다. 한편 달아나던 유비는 조조를 만나자마자 울기 시작했다. 그런 다음 소패를 빼앗기고 두 아우도 행방을 모르며 가족들은 여포의 수중에 있다는 이야기를 전했다. 감정적으로 쉽게 동요하는 조조는 유비를 따라 눈물을 흘리며 조인을 소패로 먼저 보낸 뒤 대군을 이끌고 뒤따랐다. 여포군의 선봉에 있던 진궁과 장패臧霸는 오래 버티지 못하고 소관蕭關으로 후퇴했다.

상황이 급박해지자 여포는 진등과 함께 지원에 나서기로 하고 진규는 서주에 남겨 성을 지키도록 했다. 앞서 이야기했듯 진규와 진등 부자는 조조가 심어둔 이중 첩자로 유비를 진짜 주인으로 여기고 있었다. 출발하기 직전 진규가 아들에게 일렀다.

"지난날 조공께서 서주의 일을 우리에게 맡기겠다고 하신 것을 잊지 말거라."

"잊지 않고 있습니다. 바깥의 일은 제가 기회를 봐서 해결하겠습니다. 여포가 후퇴해 오면 아버님께서는 미축과 힘을 합쳐 성문을 닫아걸고 들어오지 못하게 하십시오."

그러자 진규가 망설이며 말했다.

"여포의 처자식이 모두 서주성 안에 있지 않느냐. 틀림없이 믿을 만한 사람들을 많이 두고 갈 텐데 그게 마음에 걸리는구나."

진규는 늙은 자기와 약골인 미축의 힘으로 여포의 장수들을 당해낼 수 있을지 염려했다. 그러자 이내 좋은 생각이 떠오른 진등이 여포를 찾아가 말했다.

"서주는 사방으로 공격당할 수 있는 지형이라 조조군의 공세가 몹시 거셀 것입니다. 하비下邳에 물러설 곳을 미리 마련해두고 곡식과 돈을 옮겨두십시오. 그렇게 하면 서주가 포위되어도 버틸 수 있습니다."

서주성은 주州의 중심이자 가파른 성벽으로 둘러싸인 곳이었다. 그런 서주를 두고 하비 같은 변두리 작은 성에 들어앉아 조조의 공격을 막아내자는 그야말로 어리석기 짝이 없는 작전이었다. 그러나 용맹하기만 할 뿐 지략이 없는 여포는 진등의 계략에 속아 자신의 가족들까지 모두 하비성으로 옮기게 한 뒤 송헌宋憲과 위속魏續을 시켜 지키게 했다. 마침내 여포가 출정하자 서주성은 텅 비어 늙은이와 약골의 힘만으로도 충분히 장악할 수 있게 되었다. 소관으로 가는 길을 절반쯤 지나자 진등이 말했다.

"장군께서는 천천히 오십시오. 저는 먼저 가서 조조의 상황을 엿보고 오겠습니다."

그 말을 들은 여포는 감동하여 말했다.

"자네는 정말 훌륭한 수하일세."

여포는 진등이 제 목숨을 노리고 있다는 것은 꿈에도 모르고 있었다. 소관에 도착한 진등은 진궁을 만나 엉뚱한 소리를 했다.

"여포 장군께서는 지금 매우 불만족하고 계시오. 도착하는 대로 책임을 물을 것이니 조심하라고 일러주기 위해 먼저 달려왔소."

그리고는 다시 되돌아가 여포에게 말했다.

"지금 조조에게 투항하려는 자들이 있습니다. 다행히 제가 진궁에게 이야기를 해두었으니 장군께서 밤을 틈타 공격하시면 진궁이 안에서 호응을 해올 것입니다."

그 말을 들은 여포는 무릎을 쳤다.

"자네가 먼저 가보지 않았더라면 꼼짝없이 함정에 빠질 뻔했군."

진등은 또다시 소관으로 돌아가 밤이 되면 서둘러 군사를 끌고 나와 서주를 도와야 한다고 진궁을 속였다. 이렇게 진등이 몇 차례 오가며 잘못된 정보를 흘려주자 밤중에 마주친 여포와 진궁은 서로를 적군으로 오해하여 싸우기 시작했다. 진등의 작전을 미리 알고 있던 조조는 그 틈을 타 소관을 손에 넣었다.

다음 날 아침이 밝자 여포와 진궁은 속았다는 것을 깨닫고 서둘러 서주로 돌아갔다. 그러자 이번에는 미축이 성문을 굳게 닫아걸고 있었다. 여포가 다가오자 미축이 크게 소리쳤다.

"네가 내 주인에게서 서주를 빼앗지 않았느냐! 다시 원래 주인에게 돌려주겠다!"

그러자 여포가 악을 썼다.

"진규는 어디에 있느냐?"

미축은 웃으며 말했다.

"그 늙은이는 내가 이미 죽였다!"

가슴이 철렁 내려앉은 여포는 다시 고개를 돌려 진등을 찾았다.

"진등은 어디 있느냐?"

그러나 진등은 이미 자취를 감춘 뒤였다. 진궁이 씩씩대며 말했다.

"장군께서는 아직도 그 두 도둑놈의 진상을 모르신단 말입니까?"

그제야 상황을 이해한 여포는 어쩔 수 없이 소패로 군사를 돌렸다. 그런데 소패로 가는 길목에서 뜻밖에도 고순과 장료의 부대와 마주쳤다. 깜짝 놀란 여포가 이유를 묻자 역시 어안이 벙벙한 고순이 대답했다.

"진등이 주공께서 위험에 빠졌다며 어서 서주로 달려가 구해야 한다고 했습니다."

그 말을 들은 여포는 머리끝까지 화가 나 펄펄 뛰었지만 이미 소패는 조조군의 차지가 되어 있었다. 이제 남은 곳은 하비뿐이었다. 한편 단숨에 서주성에 입성한 조조는 감흥이 남달랐다. 지난날 가족 전체가 죽임을 당한 이 성이 결국 자신의 수중에 들어온 것이다. 조조는 진규에게 10개 현을 녹으로 내리고 진등은 복파장군伏波將軍으로 임명한 다음 군사를 몰고 하비성에 숨어 있는 여포에게 갔다.

"내가 군사를 일으켜 온 것은 봉선(여포의 자)이 원술과 혼인하려 했기 때문이오. 원술은 스스로 제위에 올랐으니 이는 역모가 아니오. 나는 원술을 치려고 한 것일 뿐 봉선과는 아무런 원한이 없소. 지금 투항하여 나와 함께 한나라를 받든다면 제후의 자리를 잃지 않을 것이나 어리석게 맞선다면 나중에 후회해도 늦을 것이오!"

말이 되지 않는 엉뚱한 소리였다. 여포와 원술의 혼인은 벌써 오래전에 깨진 데다 원소는 원술의 사자 한윤까지 잡아다 바쳤다. 게다가 조조는 직접 한윤을 죽인 뒤 그 대가로 여포에게 평동장군의 벼슬까지 내렸다. 케케묵은 이야기를 꺼내 이치가 전혀 맞지 않는 설득을 하고 있는 것이다. 꼼꼼히 따져보면 금방 알 수 있는 허점이었다.

그러나 머리가 돌아가지 않는 여포는 투항해야 하는지 고민했다. 그것을 본 진궁은 기가 막힐 지경이었다. 조조를 누구보다 잘 알고 있는 진궁은 여포가 입을 떼기도 전에 소리를 질렀다.

"이 간사한 도둑놈아, 또 무슨 수작을 부리려 하느냐!"

그러고는 활을 쏘아 조조의 투구에 명중시켰다. 진궁을 본 조조는 그간 쌓인 감정을 한꺼번에 터뜨리며 소리쳤다.

"내 반드시 너를 죽일 것이다!"

조조군이 즉시 공격태세에 돌입하자 양측 사이에는 다시 팽팽한 긴장이 흘렀다. 혼자 힘으로 조조를 당해낼 수 없게 된 여포는 예전에 배반한 원술을 떠올렸다. 일단 체면 불구하고 원술에게 사람을 보내 혼인을 계속 진행하자는 뜻을 비쳤다. 하지만 이미 배신의 쓴맛을 본 원술은 여포의 딸을 먼저 맞은 후에 군사를 내어주겠다고 했다. 달리 방법이 없던 여포는 딸을 등에 업고 조조군의 포위망을 뚫으려 했다. 그러나 여포를 본 조조군이 화살을 비처럼 쏘아대자 여포는 딸이 다칠 것이 두려워 되돌아왔다.

그러자 진궁이 다른 작전을 생각해냈다. 여포가 성 밖으로 나가 진을 펼치고 자신이 성안에서 호응하면 조조군을 물리칠 수 있을 거 같았다. 그러나 이번에는 여포의 아내 엄씨가 훼방을 놓았다.

"진궁은 예전에 조조를 배반한 사람입니다. 또다시 장군을 배반하지 말란 법이 어디 있답니까?"

역시 사람은 남들에게 비난받을 과거는 만들지 말아야 한다. 그러나 진궁은 조조를 배신하고 난 뒤로 물과 불같은 사이가 되었다. 그런 그가 여포를 배신하고 다시 조조에게 간다는 건 말도 안 되었다.

하지만 안타깝게도 멍청한 여포는 아내의 말만 듣고 성을 나서지 않았다. 진궁은 조조에 이어 또다시 사람을 잘못 본 것을 한탄할 수밖에 없었다. 다 버리고 떠나고 싶었지만 억지로 참았다. 시종일관 체면을 중시해온 그는 또다시 잘못된 선택으로 인한 인지부조화를 견뎌낼 자신이 없었다.

곤경에 빠진 여포가 상황을 돌파할 계획도 없이 성질만 부리며 부하들을 괴롭히자 보다 못한 부장 송헌, 위속 등이 여포가 졸고 있는 틈을 타 꽁꽁 묶은 뒤 조조에게 항복했다.

◈ 심리학으로 들여다보기

과거가 쌓여 나를 만든다. 하루아침에 자라는 나무가 없고 삽시간에 지어지는 건축물이 없다. 하루하루가 모여 역사가 완성되어간다. 지나가는 시간에 담긴 자신의 의미를 확인하면 내일의 당신 모습이 그려진다.

시대의 흐름에서
시대의 가치를 읽어라

지금 죽여야 하나? 아니면 살려둘까?

지난날 자신의 목숨을 살려준 은인이고, 의를 좇아 관직을 버리고 자신을 따른 첫 번째 수하였으며, 남다른 정을 주었기에 더욱 미워할 수밖에 없었던 진궁. 그런 그가 지금 온몸이 묶인 채 눈앞에 서 있었다. 그는 조조의 영웅심에 불을 붙인 최초의 사람이자, 조조의 마음에 깊은 상처를 남긴 장본인이다. 그래서 조조는 언젠가 진궁에게 호되게 복수하리라 다짐해왔다. 그런데 막상 진궁이 포박되어 끌려오자 조조의 마음속에는 미묘한 변화가 일었다. 승리자에게 자주 나타나는 일종의 우월심리였다.

솔직히 조조는 진궁을 죽이고 싶지 않았다. 진궁이 엎드려 눈물을 흘리며 지난날 그를 버리고 떠난 것이 어리석은 행동이었다고 인정하기를 바랐다. 진심으로 조조의 넓은 아량에 호소하며 과거를 용서받고 목숨을 바쳐 충성으로 보답하겠노라 사정하는 모습을 보고 싶었다.

조조는 진궁에 의해 상처받은 자존심을 더 확실히 회복하여 더 큰 쾌감을 얻고 싶었다. 물론 진궁이 그렇게 한다면 조조는 그를 용서하고 받아들여 중책을 맡길 생각이었다. 그렇게 된다면 천하를 도모하는 데 필요한 인재를 얻는 것은 물론 도량 있는 지도자로서 후광까지 더할 수 있었다. 그래서 조조는 진궁을 몰아세우지 않고 간단한 안부 인사로 말문을 열었다.

"공대는 그간 안녕하셨소?"

'나를 떠나더니 잘 살았느냐? 보아하니 사정이 좋지는 않은 듯한데.'라고 빈정대듯 속이 빤히 보이는 말이다. 만약 조조가 정말로 넓은 도량을 보이려 했다면, 아니 시늉이라도 했다면 진궁을 보자마자 직접 포박을 풀어주고 상석에 앉혀 예를 다해 그를 맞이해야 했다. 고집스럽고 자존심 강한 진궁이 조조의 조롱 섞인 말을 그냥 들어 넘길 리 없었다. 잡혀 올 때부터 죽을 각오를 한 만큼 모욕은 절대 참을 수 없었던 것이다. 진궁은 망설임 없이 입을 열었다.

"네 마음이 바르지 못해 너를 버리고 떠난 것이다."

그러자 조조가 웃으며 말했다.

"내 마음이 바르지 못하다면 그대는 왜 여포의 밑에 있었소?"

세상 사람의 눈에 비친 조조는 적어도 동탁 암살을 시도하고 한나라를 살린 영웅이었다. 동탁을 죽인 진짜 영웅 여포는 오히려 의붓아버지를 죽인 비열한이었다. 그래서 조조는 '여포의 사람됨이 나보다 낫더냐'라고 되물은 것이다. 진궁이 반박했다.

"여포가 비록 지략이 없기는 하나 너처럼 간사하지는 않다."

여포는 소인배이지만 최소한 솔직하다는 뜻이다. 하지만 조조는 간악하여 겉으로는 정의로운 척해도 정작 그 속은 불의하다는 의미이기도 했다. 여기까지 들은 조조는 화제를 계속 이어나갈 수 없었다. 진궁을 계속 몰아세웠다가는 여백사 가족의 과거사가 공개될 것 같았기 때문이다. 그러나 진궁은 때려죽인다 해도 결코 그 이야기를 입 밖에 낼 사람이 아니었다. 고상한 성격과 높은 자존심을 타고난 진궁이었다. 자신이 조조에게 넘어가 여백사 가족을 몰살한 일은 실로 되돌릴 수 없는 엄청난 죄였다. 그는 결코 이 일을 정면으로 마주할 수 없었다. 똑똑하고 사리 밝은 자신이 왜 그런 황당한 잘못을 저질렀다는 사실을 인정하기 싫었다. 조조는 얼른 화제를 돌렸다.

"그대는 스스로 지모가 깊은 사람이라고 하더니 오늘은 어째서 이렇게 잡히셨소?"

대놓고 약을 올렸지만 진궁은 물러서지 않고 대꾸했다.

"여포가 내 말을 듣지 않았기 때문이다. 그가 내 말만 들었다면 오늘 이 자리에는 다른 사람이 있었을 것이다."

진궁이 자신의 신세를 조금도 낙담하지 않자 조조는 '죽음'으로 겁주려 했다.

"그럼 오늘의 일은 어떻게 처리하면 좋겠소?"

이미 죽을 각오를 한 진궁은 한숨을 쉬며 말했다.

"신하로서 불충하고 자식으로서 불효했으니 죽어도 할 말이 없다."

죽음도 두렵지 않은 수준에 오른 사람을 더 어떻게 할 수 있을까? 하지만 제가 죽는 것에 담담하다고 해서 다른 사람의 죽음에도 그럴 수 있는 것은 아니었다. 특히 사랑하는 사람이라면 더욱 그렇다. 이 점을 잘 아는 조조가 차갑게 물었다.

"그대가 죽는 것은 그렇다 치더라고 그대의 노모는 어떻게 하면 좋겠소?"

그 말을 들은 진궁은 얼굴이 하얗게 질렸다. 자신이 죽는 것은 별일 아니었지만 자기 때문에 늙은 어머니가 죽임을 당하는 것은 큰 불효였기 때문이다. 당시 전쟁에서 투항한 사람의 가족을 함께 죽이는 것은 흔한 일이었다. 만약 진궁이 조조의 이 말에 적당한 대답을 찾아내지 못하면 어머니의 목숨이 위험했다. 몹시 긴장한 진궁은 조용히 입을 열었다.

"자고로 효로 천하를 다스리는 자는 다른 사람의 부모를 해치지 않는다고 하였소. 내 어머니의 생사는 명공께 달렸소이다."

그러자 조조는 여전히 무표정한 얼굴로 물었다.

"그럼 그대의 처자식은 어떻게 하면 좋겠소?"

진궁은 여전히 차분하게 대꾸했다.

"인으로 천하를 다스리는 자는 남의 대를 끊어 놓지 않는다고 했소. 내 아내와 자식의 생사 또한 명공께 달렸소이다."

매우 훌륭한 대응이었다. 진궁은 가족을 들먹이며 겁을 주려는 조조에게 욕하며 대들지도, 또 구차하게 빌며 가족의 목숨을 구걸하지도 않았다. 더욱 중요한 것은 조조가 가족의 안위를 빌미로 그를 위협해도 진궁은 굴복하지 않고 더욱 차분하게 말을 했다는 점이다.

여기서 진궁이 사용한 작전은 '꼬리표 효과'다. 사회에 속한 개인은 사회 주류가치관의 영향과 구속을 필연적으로 받게 된다. 당시는 비록 난세였지만 '충, 효, 인, 의, 예, 지, 신'의 주류가치관이 여전히 뿌리 깊게 자리하고 있었다. 많은 사람들이 이러한 가치관에 의문을 갖거나 심지어 이를 위반함으로써 막대한 물질적 이득을 얻을 수도 있지만 공개적으로 어기지는 않았다. 특히 조조처럼 천하를 도모하고 민심을 얻으려는 사람은 표면적으로라도 이들 가치관을 따라야 인격적인 매력을 얻을 수 있었다. 이 일곱 가지는 일곱 개의 꼬리표가 되어 사람들의 공개적인 행위를 구속하는 힘을 가졌던 것이다.

진궁은 권력과 힘을 가진 조조가 반드시 천하를 도모할 야심을 품을 것이라 생각했다. 그래서 '효로 천하를 다스리는 자는 다른 사람의 부모를 해치지 않는다'라고 말했다. 만약 조조가 진궁의 어머니를 죽인다면 '효'라는 가치를 위배하게 된다. 그러면 사람들은 조조가 말로는 효로 천하를 다스린다고 하면서 실제로는 전혀 다른 행동을 한다고 여길 것이다. 조조가 괜히 진궁의 어머니를 죽여 자신의 후광에 흠집을 낼 리 없었다.

그래서 진궁은 '내 어머니의 생사가 명공께 달렸다'라고 했다. 겉으로는 조조에게 모든 권한을 넘긴 것 같지만 사실 '효'가 가지는 구속력 때문에 조조에게는 달리 선택의 여지가 없었다. '인'에 대해서도 마찬가지였다. 처자식의 생사를 두고 '인'을 언급한 진궁은 역시 조조에게 또 다른 꼬리표를 붙여준 것이다. '인'이 작용하는 한 조조는 진궁의 아내와 자식에게 나쁜 짓을 할 수 없었다. 사람 죽이는 것을 밥 먹듯 해온 조조였지만 진궁은 '효'와 '인'으로 그의 손발을 효과적으로 옭아맸다.

과연 조조는 이들 '꼬리표'가 시키는 대로 진궁의 어머니와 아내, 자식을 모두 허도로 보내 돌보도록 했다. 진궁은 자신의 설득 작전이 제대로 효과를 거두었음을 알고 미소를 지으며 담담하게 죽음을 맞았다. 죽기 직전에 조조를 꺾은 것이 기뻤을지도 모른다.

이 싸움은 조조로서도 잃은 것이 없었다. 비록 진궁을 굴복시키지는 못했으나 적의 가족들을 우대함으로써 자신의 명성에 한층 빛을 더했기 때문이다. 이 또한 조조의 일관된 자원분배 및 운용의 원칙이었다. 진궁을 처리하고 나자 이번에는 여포가 처분을 기다리고 있었다.

조조는 백문루白門樓 위에 유비와 나란히 앉았다. 관우와 장비가 유비의 뒤에 시립해 섰다. 여포는 밧줄에 꽁꽁 묶인 채 조조 앞으로 끌려왔다. 송헌과 위속은 여포가 도망갈세라 밧줄을 꽉 옥죄어 묶어놓았다. 여포가 울상을 지으며 말했다.

"밧줄이 너무 죄어 있으니 조금만 헐겁게 해주시오."

그러자 조조가 웃으며 말했다.

"호랑이를 묶는데 느슨하게 묶어서야 되겠느냐?"

여포가 말했다.

"밧줄이 너무 꽉 묶여 있어 말하기가 힘이 드오."

한때 영웅 소리를 듣던 여포가 불쌍하게 애원하자 기분이 좋아진 조조는 옆에 있던 주부에게 말했다.

"밧줄을 조금 느슨하게 해주어라."

그러자 주부가 펄쩍 뛰며 손을 내저었다. 언제 뒤통수를 칠지 모른다고 알려진 여포의 이미지 때문이었다. 조조는 다시 웃었다.

"밧줄을 조금 풀어주라고 했는데 주부가 안 된다는군."

조조의 속마음을 모를 리 없는 여포는 속으로 불평했다.

'주부 핑계 대기는. 네가 주부 말을 들어야 하냐, 아니면 주부가 네 말을 들어야 하냐?'

주위를 둘러보던 여포는 저만치 앉아 있는 유비를 발견하고 눈을 빛냈다. 목숨을 건질 동아줄을 찾은 것만 같았다.

◈ 심리학으로 들여다보기

원하는 사람을 움직이려면 꼬리표를 달아라. 친구나 가족처럼 관계의 꼬리표도 좋지만 상대의 의미를 부여하는 꼬리표는 더 좋다. '의리 있는 친구'라는 꼬리표를 달면 절대 배신하지 못한다. 그렇다면 당신에게 달린 꼬리표는 무엇인가?

설득하고 싶거든
직접적으로 말하지 마라

지금 죽여야 하나? 아니면 살려둘까?

꽁꽁 묶여 있는 여포를 눈앞에 둔 조조는 고민에 빠졌다. 여포는 조조 옆에 앉아 있는 유비에게 얼른 말을 걸었다.

“공께서는 상객이 되었는데 나는 죄수가 되어 묶여 있소. 유공께서 조공께 청을 좀 넣어주시구려.”

여포가 유비에게 부탁한 데는 이유가 있다. 지난날 호로관에서 여포가 유비 삼형제를 맞아 싸운 일은 삽시간에 미화되어 전해지고 있었다. 치열하게 싸우고도 서로 감정의 앙금이 없는 것은 당시 각자 다른 주인을 모시고 있었기 때문이다. 그 후 동탁을 암살하고 한나라 황실에 큰 공을 세우면서 둘의 입장도 기본적으로 같아졌다.

그러나 시간이 흐르면서 사정이 달라졌다. 유비는 서주를 넘겨받은 후 의탁해온 여포를 받아주었다. 그런데 여포는 유비가 출정한 틈을 타 서주를 빼앗아버렸다. 이에 미안한 감정을 품고 있던 여포는 유비가 원술의 공격을 받았을 때 화살을 쏘아 화극을 맞히는 신기를 발휘하며 구해주었다. 이것으로 유비에게 은혜를 베풀었다고 생각했다.

한편 유비는 조조와 짜고 여포를 해치려 한 것을 미안하게 생각했다. 여포는 유비의 가족들을 두 번이나 사로잡고도 무사히 보호해주었다. 종합해보면 두 사람 사이에서 여포가 더 많은 은혜를 베푼 셈이니 유비에게 구해달라는 말을 꺼낼 수 있었다. 과거에 진 신세를 갚아달라는 뜻이다. 말솜씨가 뛰어난 유비가 어떤 말을 하느냐에 따라 여포는 죽을 수도 살 수도 있는 상황이었다.

유비는 깊은 고심에 빠졌다. 여포는 자신에게 은혜를 베풀기는 했지만 믿을 수 없는 위인이었다. 도와주면 어떻게 돌아올지 몰랐다. 조조는 이제야 조금씩 유비를 잠재적 맞수로 인식하기 시작했지만 사실 유비는 예전부터 조만간 조조와 천하를 두고 겨루게 될 것을 예감하고 있었다. 때문에 유비는 여포와의 관계가 아닌 조조와의 대결을 염두에 두고 저울질하고 있었던 것이다. 관우와 장비가 함께 맞서도 이길 수 없었던 여포가 조조의 사람이 된다면 이미 막강한 세력을 확보한 조조에게 날개를 달아주는 꼴이 된다. 여기까지 생각한 유비는 속으로 결정을 내렸다.

그러나 유비에게는 또 한 가지 해결해야 할 난제가 있었다. 조조가 자신의 진짜 의도를 모르고 여포를 죽이도록 종용하는 것이었다. 조조의 눈을 절묘하게 가리면서 설득력 있는 방법을 찾아야만 했다. 유비가 입을 꾹 다물고 있자 보다 못한 여포가 조조에게 말했다.

"명공께 걱정거리는 오직 이 여포뿐입니다. 그런데 이미 항복하여 명공의 사람이 되었으니 제게 기병대를 맡겨주십시오. 명공께서 보병을 맡고 제가 기병을 맡으면 천하를 쉽게 평정할 수 있지 않겠습니까?"

여포는 전쟁에서 패하고 붙잡혀온 주제에 아직도 자신이 최고의 기병대장이라고 생각했다. 비록 전투에서 지고 붙잡힌 몸이었지만 여포는 목숨을 잃을 생각은 하지 않았다. 어쨌거나 천하제일의 명장, 난세에 필요한 인재가 아닌가. 천하를 도모하려는 사람치고 자신처럼 뛰어난 장수를 욕심내지 않을 사람이 있을까? 여포의 과도한 자신감이었다. 그는 조조의 가장 큰 적수로 자신을 꼽았지만 사실 조조가 상대할 인물들은 한둘이 아니었다. 실제로 당시 조조가 가장 우려하는 인물은 여포가 아니라 원소였다.

조조는 여포의 자신만만한 발언이 웃기는 소리라고 생각하면서도 한편으로는 수긍했다. 여포를 받아들여 원소를 상대하게 하는 것도 괜찮은 선택이었기 때문이다. 여포를 죽이지 않는 쪽으로 마음이 기운 조조는 유비의 의견을 구했다. 그러자 유비는 담담하게 말했다.

"공께서는 여포가 섬기던 정원과 동탁이 어떻게 죽었는지 잊으셨습니까?"

이 말 한마디에 다른 설명은 필요 없었다. 바로 이것이 유비가 침묵을 지키며 생각해낸 필살기였다.

설득에는 직접적인 방식과 간접적인 방식이 있다. 직접적인 방식은 특정 관점을 명확히 제시한 다음 관련된 사실이나 수치를 곁들이는 방법이다. 문제에 대한 체계적 사고를 기반으로 설득한다. 간접적인 방식은 객관적이지는 않으나 상대의 감정을 자극하기 쉬운 방향으로 설득하는 방법이다. 전자는 이성적, 후자는 감정적이라고 할 수 있다. 일반적으로 직접적 방식의 효력이 더 오래 지속되는 반면 간접적 방식은 빠른 설득을 이끌어낸다.

1988년, 당시 부통령이던 조지 부시George Herbert Walker Bush와 매사추세츠 주지사 마이클 듀카키스Michael Stanley Dukakis가 대통령 선거에서 맞붙었다. 초반에 듀카키스가 큰 폭으로 부시를 앞서가며 무리 없이 당선될 것으로 예상되었다. 그러나 불과 몇 달을 앞두고 지지율이 급락하더니 대선은 부시의 승리로 끝났다. 당시 부시는 어떻게 높은 인기를 누리던 듀카키스를 누르고 대통령에 당선되었을까?

이에 대해 분석가들은 부시의 당선에 가장 큰 공을 세운 사람으로 윌리 호턴Willie Horton을 꼽았다. 심지어 〈타임〉지는 호턴을 '조지 부시 캠프에서 가장 가치 있는 인재'라고 보도하기까지 했다.

그러나 호턴은 부시와 일면식도 없을 뿐 아니라 아무런 관계도 없는 사람이었다. 강간범으로 매사추세츠 감옥에서 장기복역 중이던 호턴은 듀카키스의 '죄인가석방 프로그램'에 따라 주말 휴가를 나왔다가 메릴랜드주로 도망쳐 또다시 강간살해를 저질렀다. 피해자는 약혼자 앞에서 성폭행을 당했는데, 그동안 약혼자는 호턴에게 폭행당하고 의자에 묶여 있었다고 한다. 부시 캠프는 이 끔찍한 사건에서 영감을 얻어 호턴의 얼굴을 반복적으로 광고에 내보냈다. 감옥의 회전문으로 죄수들이 들락거리는 장면을 통해 듀카키스의 범죄 관련 정책이 형편없다는 점을 강조한 것이다.

백 마디 말보다는 사진 한 장이, 핏대 세운 웅변보다는 검증된 사실이 더 강한 힘을 발휘하는 법이다. 부시 캠프는 바로 이 점을 이용해 간접적으로 유권자들의 마음을 움직였다. 이에 듀카키스는 직접적인 설득 방법으로 위기를 돌파하려 했다.

그는 대량의 데이터를 동원해 매사추세츠주는 죄인가석방 프로그램을 도입한 여러 주 가운데 하나일 뿐이며 연방정부도 죄수들에게 휴가를 주어 내보내고 있다고 역설했다(당시 연방정부의 부통령인 부시를 겨냥한 것이다). 듀카키스는 또 정확한 수치를 근거로 1987년에 5만 3천 명의 범죄자가 20만 차례 이상의 휴가를 나갔고 그중 말썽을 일으킨 경우는 아주 적다는 사실도 설명하려 애썼다. 그러나 듀카키스의 직접적 설득은 부시의 간접적 설득에 무너지고 말았다.

대통령 선거라는 대형사건뿐만 아니라 지역사회의 소소한 문제에서도 간접적 설득방식은 큰 효과를 발휘한다. 심리학자 앨리엇 아론슨Elliot Aronson은 저서 《사회심리학 : 사회적 동물The Social Animal》에서 자신의 경험을 예로 들었다. 그가 속한 지역구는 수돗물에 소량의 불소를 섞어 충치를 예방하는 방안을 투표에 부치기로 했다. 찬성하는 사람들은 논리적이고 합리적인 내용으로 유세를 펼쳤다.

먼저 저명한 치과의사가 수돗물에 소량의 불소를 섞음으로써 얻게 될 좋은 점을 소개했다. 충치 감소 효과를 객관적으로 분석한 수치 자료도 인용했다. 게다가 건강전문가들을 동원해 수돗물에 포함된 소량의 불소가 건강에 아무런 해를 끼치지 않는다는 연구결과도 내놓았다. 반대파는 이에 한 장의 포스터로 응수했다. 징그러운 생쥐 한 마리가 그려진 포스터에는 이렇게 쓰여 있었다.

"그들이 당신의 수돗물에 쥐약을 넣게 하지 마세요."

반대파는 가장 큰 무기이자 대변인인 생쥐를 내세워 찬성파의 치과 의사와 건강전문가들을 모조리 물리친 것이다. 이처럼 간접적인 설득은 눈 깜짝할 사이에 엄청난 설득 효과를 불러오지만 그렇다고 직접적 설득이 쓸모없다는 것은 아니다. 다만 빠른 자극과 판단을 선호하는 우리 인지체계의 특성상 간접적 설득을 보다 쉽게 받아들일 뿐이다. 충분한 시간과 노력을 기울여 분석하고 사고할 수 있는 사람들에게는 직접적 설득이 잘 통하며 그 효과도 더욱 오래 지속된다. 물론 진정한 설득의 고수들은 상황에 따라 이 두 가지 방법을 선택적으로 혹은 종합적으로 운용할 줄 안다.

남다른 언변과 설득의 귀재인 유비는 자신의 이러한 재능을 이용해 여러 차례 위기를 넘길 수 있었고, 종종 다른 사람의 목숨까지 좌지우지했다. 이 순간 정원과 동탁은 유비의 가장 훌륭한 대변인이었다. 유비는 구구절절 입이 마르도록 증거를 늘어놓는(직접적 설득) 대신 정원과 동탁의 이름을 입에 올리는 것(간접적 설득)만으로 충분한 효과를 거두었다. 이 시점에서 정원과 동탁은 이미 죽고 없었지만 유비가 마련한 무대에 올라 여포를 죽이고 조조의 세력 강화를 막는 중요한 역할을 하게 되었다.

그러니까 조조를 설득한 것은 유비가 아니라 정원과 동탁이라는 두 마리 '생쥐'였던 것이다. 조조는 그제야 난세에서 가장 희귀한 자원은 뛰어난 무장이 아니라 변치 않는 충심이라는 것을 깨달았다. 충심이 없다면 현란한 무예는 오히려 위험을 불러일으키는 원흉이 될 수 있기 때문이다. 여포는 무예가 뛰어났지만 충심이 없었다. 정원과 동탁에 이어 세 번째 희생양이 될지 모른다는 생각에 조조는 여포를 밑에 둘

마음을 깨끗이 접었다. 거기까지 생각한 조조는 탄복하는 마음으로 유비를 바라보며 고개를 끄덕였다. 그러자 유비 때문에 죽게 된 여포가 유비를 사납게 노려보며 소리를 질렀다.

"이 귀 큰 놈아, 내가 활로 화극을 쏘아 맞혀 너를 살려준 일을 잊었단 말이냐?"

사실 여포의 입장에서는 억울한 일이었다. 정원과 동탁은 둘 다 그의 의부였지만 정원을 죽인 것과 동탁을 죽인 것인 근본적으로 달랐다. 정원을 죽인 것이 배은망덕의 오점이었다면 동탁을 죽인 것은 대의멸친의 의로운 거사였기 때문이다. 그러나 안타깝게도 여포가 앞서 저지른 배은망덕은 그의 이마에 비열한 인물이라는 주홍글씨를 깊이 새겨놓고 말았다. 그가 대의멸친의 의거를 이루었다고 하더라도 이미 새겨진 오명은 씻을 수 없었다. 더군다나 여자에 빠져 정신을 못 차리고 동탁을 죽인 것이니 더더욱 칭찬을 받을 수 없었다.

결국 조조는 여포의 목을 베어 만인이 볼 수 있도록 효시하라는 명을 내렸다. 그렇게 해서 동탁을 죽인 영웅은 최후를 맞았고, 동탁을 죽이려다 실패한 영웅은 천하에 더욱 바짝 다가갔다.

◈ 심리학으로 들여다보기

이성은 감정에 무릎을 꿇는 경우가 많다. 객관적이고 냉철한 판단은 이성적이다. 사랑이나 행복, 불안과 불행은 감정이다. 이성의 작용은 감성이 앞서는 순간 무기력해진다. 감정이 당신 몸의 세포 하나까지 지배하기 때문이다.

기회의 시점에서 망설이지 마라

지금 죽여야 하나? 아니면 살려둘까?

진궁과 여포를 죽이고 나자 이번에는 여포의 장수 가운데 하나인 장료가 끌려왔다. 당시 무명에다 여포의 수하 중에서도 지위가 낮은 편이었던 장료는 고순의 부장이었다. 조조는 원래 보잘것없는 장졸들의 처리는 아랫사람에게 맡겼다. 그런데 여포가 살려달라고 애걸하고 있을 때 장료가 호통을 쳤다.

"여포 이 못난 놈아, 죽는 것이 그렇게 두려우냐!"

전쟁에서 패하고 포로가 된 상황에서 자신의 주공을 꾸짖은 장료의 모습은 단박에 조조의 눈에 띄었다. 그런데 어딘가 낯이 익다고 생각한 조조가 장료를 가리키며 물었다.

"어디서 본 것 같구나."

이미 죽음을 각오한 장료는 큰 소리로 웃으며 거리낌 없이 말했다.

"우리는 복양성에서 만나지 않았느냐. 벌써 잊은 것이냐?"

그 말을 들은 조조도 크게 웃었다.

"그렇군."

그때 장료가 한숨을 쉬며 말했다.

"아깝다, 아까워!"

"무엇이 아깝단 말이냐?"

장료가 씩씩대며 대답했다.

"그때 불길이 더 크게 타오르지 않아 너 같은 역적이 타죽지 않았으니 아까운 일이 아니냐!"

복양성 전투에서 조조는 여포의 계략에 빠져 혼자서 성안으로 들어갔다가 하마터면 죽을 뻔했다. 당시 그곳에 있었던 장료가 조조의 아픈 곳을 건드리자 조조는 불같이 화를 냈다.

"싸움에 패하고 끌려온 주제에 감히 나를 모욕하다니!"

조조는 검을 뽑아 직접 장료를 죽이려 했다. 죽음을 예감한 장료는 오히려 목을 길게 뺐다. 이때 유비와 관우가 나섰다. 유비는 조조의 팔을 잡았고 관우는 조조의 앞에 무릎을 꿇었다. 유비가 먼저 말했다.

"의리가 있는 자이니 거두시지요."

관우도 거들었다.

"문원文遠(장료의 자)이 충의지사라는 것을 제가 가장 잘 알고 있습니다. 제 목숨을 걸어도 좋습니다."

사실 유비는 장료와 오늘 처음 본 사이였으며 관우도 고작 말 몇 마디 나눈 사이에 불과했다. 그런데 어째서 이 두 사람이 화가 난 조조를 말리며 장료를 살리려 한 것일까?

모든 것은 지난날 장료가 관우의 말 몇 마디에 보인 반응 때문이었다. 당시 관우는 소패성으로 쳐들어온 장료를 보고 말했다.

"보아하니 의로운 인물인 것 같은데 어쩌다가 여포 같은 역적의 수하가 되었소?"

그러자 장료는 부끄러움에 고개를 숙이고 물러갔다. 자신의 말을 듣고 크게 동요한 모습에 뿌듯함을 느낀 관우는 이때부터 장료를 충의지사라고 여기게 되었다. 즉 장료는 관우의 말을 인정함으로써 그에게 은혜를 베푼 셈이 되었다. 한 방울의 은혜가 샘물로 돌아오듯 관우가 장료를 위해 무릎을 꿇으면서 유비까지 나서게 되었다.

관우가 다른 사람을 위해 무릎을 꿇은 것은 평생에 걸쳐 이번뿐이었다. 관우가 이렇게까지 한 이유는 누구나 자신의 지위가 보잘것없을 때 환대나 인정을 받으면 쉽게 감동하기 때문이다. 나중에 관우가 이름을 널리 알리고 대륙을 호령하게 된 이후에는 크나큰 은혜와 후한 대접에도 눈물은커녕 감동조차 하지 않았다. 죽음의 문턱에서 유비와 관우가 한꺼번에 나서주었으니 장료는 굉장히 운이 좋은 사람이었다. 조조 또한 처음부터 그를 죽일 마음을 먹은 것은 아니었기 때문에 유비와 관우의 뜻에 따라주었다. 조조는 장검을 던져버리고 허허 웃었다.

"문원이 충의지사인 것은 나도 알고 있었소. 다만 한번 시험해본 것뿐이오."

충의가 없다는 이유로 여포를 죽였으니 반대로 장료를 살려준다면 군사들에게도 좋은 모범이 될 수 있었다. 조조는 직접 장료에게 다가

가 밧줄을 풀어주며 말했다.

"지난날 나를 불태워 죽이려 한 것은 잊었다. 그대가 내 처자식을 죽였다 해도 원한을 품지 않았을 것이다."

이처럼 관대한 대장부의 모습을 보이며 '충의지사'를 거듭 언급했다. 조조가 '충의'라는 꼬리표로 묶어놓자 장료도 더 이상 뻗대지 못하고 고집을 꺾었다. 그는 조조에게 절하고 진심으로 투항했고 이때부터 '충의'의 꼬리표를 달고 조조를 충성으로 섬기게 된다.

이처럼 꼬리표의 구속 효과를 잘 이용하면 원하는 방향으로 손쉽게 상대를 움직일 수 있다. 조조는 장료를 중랑장中郎將에 앉히고 관내후關內侯 벼슬을 내렸다. 하루아침에 신분이 급상승한 장료는 조조의 은혜에 감동하여 장패臧霸 등 여포의 옛 장수들을 설득해 투항하도록 했다. 이렇게 해서 서주의 일이 일단락되자 유비는 매우 기뻤다. 이제 조조의 신임을 얻었으니 서주를 돌려받고 이곳을 근거지로 천하를 꾀할 수 있을 것 같았다. 그러나 유비가 꿈에도 모르는 사실이 있었다. 일전에 우금을 모방한답시고 양봉과 한섬의 목을 바쳐 조조의 경계를 산 것이었다. 조조는 그 일로 적잖이 놀란지라 절대로 유비를 홀로 서주에 남겨둘 생각이 없었다.

가끔씩 우쭐대며 이성을 잃기는 하지만 조조의 전략적 두뇌는 여전히 날카로웠다. 그는 거기장군車騎將軍 차주車冑에게 서주를 맡기고 유비와 함께 허도로 돌아가기로 했다. 이 결정이 마음에 들지 않았던 유비는 몰래 사람을 보내 백성들을 움직여 조조에게 청을 넣도록 했다. 원래 유비의 은덕을 칭송하던 백성들은 곧 우르르 몰려갔다. 그리고는 대군을 이끌고 떠나려는 조조의 앞에 모여 향을 사르며 유비를 서주목으로 삼아 남겨둘 것을 간청했다. 백성들이 유비를 저토록 따르는 것을 보자 조조는 더더욱 그를 남겨둘 수 없어 그럴듯한 핑계를 늘어놓았다.

"유사군께서는 이번에 큰 공을 세웠으니 마땅히 나와 함께 허도로 가 천자를 뵈어야 하지 않겠느냐. 곧 다시 돌려보내주겠다."

천자를 만나는 것은 매우 영광스러운 일이었다. 그것이 유비에게 내리는 가장 큰 상이라고 생각한 백성들은 연신 절을 하며 조조에게 감사했다. 말 위에 앉은 조조는 고개를 돌려 유비를 향해 말했다.

"천자를 뵌 후에 다시 와도 늦지 않소."

서주에 머무를 수 없다 해도 황제를 만날 수 있다면 그것도 괜찮은 기회라고 생각한 유비는 얼른 조조에게 감사를 표했다.

허도로 돌아간 이튿날, 조조는 유비를 데리고 헌제를 만나러 갔다. 유비는 조복 차림으로 바닥에 엎드렸고 조조는 헌제에게 유비의 공적을 하나하나 이야기했다. 헌제는 유비의 성을 듣고는 조상이 누구인지를 물었다. 그 말에 유비가 갑자기 눈물을 흘리기 시작했다. 헌제는 깜짝 놀랐다. 울지 않아야 할 상황에서 우는 사람은 언제나 호기심과 관심을 한 몸에 받는다. 아니나 다를까 헌제가 까닭을 물었다.

"경은 어찌하여 우는가?"

유비는 여전히 눈물을 머금은 채 대답했다.

"신은 중산정왕中山靖王의 후예로 경제景帝의 현손이신 유웅劉雄의 손자이며 유홍劉弘의 아들입니다. 선조이신 유정劉貞은 육성정후陸城亭侯셨습니다. 신이 못나서 조상들을 욕보였기에 눈물을 흘리는 것입니다."

그랬다. 황실의 피를 이어받고도 짚신장수가 되어 입에 풀칠하는 신세로 전락했으니 조상들의 명예를 생각하면 마음이 아플 것이다. 그러나 헌제 또한 바보는 아니어서, 유비의 말만 듣고 그를 종친이라 믿지는 않았다. 헌제는 시종을 시켜 황실의 세보世譜를 살펴보도록 명령했는데 역시나 유비의 이름이 있었다. 항렬을 따져보니 유비는 헌제의 아재비뻘이 되었다.

줄곧 황실 종친을 자청했으나 공식적으로 인정받지 못하던 유비는 헌제의 검증을 통해 정식으로 황가의 일원으로 인정받았다. 이때부터 유비는 유황숙으로 불리게 된다. 황숙이라는 신분은 독특하고도 희소한 자원이었다. 천자를 등에 업고 제후들을 움직이는 조조의 위세에는 미치지 못해도 유비는 황숙이라는 이름을 통해 한나라 황실의 대표가 되었기 때문이다. 다시 말해 유비의 이 눈물은 그의 인생 제2막을 위한 중요한 기초를 세웠다고 할 수 있다. 조조로서는 미처 생각지 못한 부분이지만 이미 일이 벌어진 이상 받아들이는 수밖에 없었다.

헌제가 유비를 황숙으로 대접한 데는 또 다른 계산이 숨어 있었다. 당시 조조가 모든 실권을 틀어쥐면서 헌제는 국가의 대소사에 아무런 힘도 쓰지 못하고 있었다. 그런 상황에서 영웅인 데다 종친인 유비를 보자 조조를 견제할 수 있을지도 모른다는 희망이 들었던 것이다. 헌제는 유비에게 관직을 내리고 싶었으나 그럴 만한 힘도 없었기에 조조에게 당부만 했다. 불쌍한 헌제는 허수아비 황제 신세라 마음만 앞설 뿐 실제로 할 수 있는 일은 아무것도 없었다.

조조는 머리가 복잡했다. 스스로 유비를 데려온 만큼 불쾌함을 꾹 누른 채 그를 좌장군左將軍, 의성정후宜城亭候에 봉했다. 귀중한 기회를 잡아 하루아침에 제후가 된 유비는 기쁨에 겨워 심장이 터질 것 같았다.

조조가 승상부로 돌아오자 순욱 등의 모사들이 들어와 말했다.

"오늘 천자께서 유비를 황숙으로 대접한 일이 주공께 불리해질까 걱정입니다."

조조도 그 뜻을 모를 리 없었다. 그 역시 유비를 헌제와 만나게 해서는 안 되었다고 후회하던 주이었다. 그런데 순욱 등이 이 일을 꺼내자 속마음과는 정반대로 말이 나왔다.

"유비와 나는 이미 형제 사이니 괜한 걱정 하지 말게. 자네들이 생각이 많은 탓이야."

이 말에 담긴 조조의 의도를 풀이해보면 '내가 사람을 잘못 볼 리 없어. 천자가 유비를 황숙으로 대접하는 것은 내가 그렇게 의도했기 때문이야.'라고 볼 수 있겠다. 즉 자신은 잘못이나 실수를 하지 않는 것처럼 보이고 싶었던 것이다. 그때 유엽劉曄이 말을 받았다.

"유비는 연못 속에 갇힐 인물이 아닙니다. 주공께서는 조심하시는 것이 좋습니다."

그러자 조조는 계속해서 유비를 변호했다. 이것은 사실상 자신의 행동이 옳다는 것을 고집하는 행동이었다.

"내가 좋은 것과 좋지 않은 것도 구분 못 하겠나. 걱정하지 말게."

잘못의 여부는 스스로가 가장 잘 안다. 그러나 우리는 마음속으로는 스스로의 잘못을 인정하면서도 다른 사람들 앞에서는 좀처럼 인정하려 들지 않는다. 만약 외부에서 잘못을 시인하라고 압박하면 오히려 갖은 이유를 들며 반대로 행동한다. 심지어 외부의 비판이 클수록 우리는 잘못된 방향으로 더욱 깊숙이 들어가 한층 더 잘못된 행동을 한다. 외골수처럼 고집을 부리며 파멸에 이를 때까지 멈추지 않는 것이다.

순욱과 유엽 등이 문제를 제기하자 조조는 오히려 불쾌감을 잊어버리고 유비에게 더욱 잘해주기 시작했다. 그는 어디든 유비와 함께 다니고 자리를 나란히 할 뿐 아니라 좋은 음식도 같이 먹고 형제처럼 다정하게 지냈다. 조조의 이런 행동은 또한 유비와 헌제가 단둘이 만나지 못하도록 하는 효과적인 견제법이기도 했다.

◈ **심리학으로 들여다보기**

재는 눈이 내릴 때 그 가치를 발한다. 재는 눈을 녹이고 미끄러지는 일을 방지한다. 평소에는 쓸모없어 보이지만 결정적인 순간에 자신의 역할을 해내는 것이다. 그러므로 평소에 관리를 잘해두어야 한다.

4부

조조의 위기관리 기술

사면초가, 진퇴양난, 고립무원의 상황은 괴롭다.
위기의 상황은 헤어날 구멍이나 한 줄기 빛을 보여주지 않는다.
그렇다고 좌절하며 무너질 것인가. 이것이 가장 빠른 선택이지만
그래서는 안 된다. 여기 조조가 알려주는 해법을 찾아가 보자.

방관자가 많을수록
아무도 행동을 하려 들지 않는다

지금 죽여야 하나? 아니면 살려둘까?

조조가 헌제를 가로막고 대신들의 만세를 받는 것을 본 관우는 눈을 치뜨고 달려들어 청룡도를 휘두르려 했다. 그러나 이를 알아챈 유비가 재빨리 관우를 붙잡았다. 조조는 어째서 무례하기 짝이 없는 행동을 했으며, 유비는 왜 관우를 말렸을까?

여포를 죽였을 때 흥분이 채 가시지 않은 모사 정욱이 조조에게 말했다.

"이제 여포도 주공의 손에 죽고 나니 천하가 흔들리고 있습니다. 지금이야말로 패업을 실현할 때가 아닙니까?"

정욱의 물음은 왕립의 예언이 가져온 심리적 암시와 관련이 있었다. 하루라도 빨리 예언을 현실화시키고 싶어 조바심이 난 정욱이 참지 못하고 조조를 찾아온 것이다. 이는 질문을 가장한 독촉이었다. 하지만 예리한 전략적 감각을 가진 조조는 상황을 훨씬 냉정하게 바라보고 있었다.

"아직 때가 되지 않았소. 조정에는 아직 한나라에 충성하는 자들이 많으니 경거망동해서는 아니 되오. 내가 먼저 천자를 청해 사냥을 나가 상황을 살펴보아야겠소."

그는 훌륭한 말과 잘 길들인 매, 사냥개, 활 등을 준비한 다음 10만 군사를 성 밖에 모아놓고 헌제에게 사냥을 가자고 청했다. 본래 법도에 따르면 사냥을 청하는 신하는 황제의 동의를 받은 후 날짜를 정하고 충분히 준비한 다음 사냥을 떠나야 했다. 그러나 조조는 무례하게도 준비부터 해놓은 다음 일방적으로 통보하듯 청했다. 조조의 말이라면 무조건 들어온(듣지 않을 수 없었던) 헌제였지만 영웅 유비를 숙부로 삼은 다음부터는 그의 마음에도 미묘한 변화가 생겼다. 그러나 유비와는 첫 만남을 마지막으로 두 번 다시 가까이 앉아 이야기를 나눌 기회가 없었다. 헌제가 대답했다.

"이런 때 사냥을 나가는 것은 옳지 않은 듯싶소만."

예상치 못한 반박이었지만 이미 모든 준비를 마친 조조도 물러서지 않았다.

"예로부터 제왕은 사시사철 사냥을 하며 무예를 천하에 보였습니다. 지금처럼 사방이 어지러운 때에 사냥을 하면 좋은 점이 넷입니다. 첫째로 궁궐에만 계시면 체력이 약해지시니 사냥을 하며 심신을 강하게 할 수 있고, 둘째로 무예를 만천하에 뽐내실 수 있습니다. 또한 오랫동안 쉰 군사들도 사냥을 통해 투지를 일깨울 수 있으니 이것이 셋

째요, 천자부터 대신들까지 말타기와 활쏘기를 단련할 수 있으니 이것이 넷째입니다."

사실 네 가지 이유는 모두 논리적인 근거가 부족했지만 한두 개보다는 네 개가 확실히 그럴듯하게 들렸다. 게다가 강요에 익숙해진 조조가 고집을 부리니 헌제로서는 따라나설 수밖에 도리가 없었다. 여러 대신들도 헌제를 따라 성 밖으로 나갔다.

일행이 허전許田에 도착하자 조조는 반경 200여 리에 군사를 풀어 사냥터를 만들었다. 조조는 겨우 말머리 하나의 거리를 두고 헌제와 나란히 가고 있었다. 헌제가 주위를 돌아보니 모두 조조의 사람들이었고 문무백관들은 멀리 떨어져 따를 뿐 가까이 다가올 수 없었다. 조조는 특별히 준비한 황제의 보궁과 금촉 화살을 주고 다른 사람들에게는 각각 자신의 이름이 붙은 화살을 나누어주었다. 그때 말을 몰던 헌제가 저만치 있던 유비를 발견하고 말했다.

"짐은 황숙의 솜씨를 보고 싶구려!"

조조의 수하에게 둘러싸인 난감한 상황에서 유비에게 보내는 일종의 구조 요청이었다. 유비는 좀 더 가까이 와달라는 헌제의 뜻을 알아차렸지만 모르는 척 성은에 감사하는 예를 표한 뒤 말에 올랐다. 오랜 세월 전쟁터를 누빈 유비에게 활쏘기쯤은 식은 죽 먹기였다. 마침 풀숲에서 토끼 한 마리가 뛰어나오자 유비는 활을 쏘아 단번에 명중시켰다. 그것을 본 헌제는 기뻐하며 축하했다. 그는 속으로 황숙이 이렇게 용맹하니 앞으로 든든한 방패막이가 되어줄 것이라 생각했다.

그때 우거진 숲속에서 사슴 한 마리가 뛰쳐나왔다. 헌제가 연거푸 세 번 화살을 쏘았지만 하나도 맞지 않았다. 조금 머쓱해진 헌제는 옆에 있던 조조에게 말했다.

"경이 한번 쏘아보시오."

그러자 미리 생각해둔 바가 있던 조조는 헌제에게 보궁과 금촉 화살을 달라고 했다. 헌제가 역시 거절하지 못하고 활과 화살을 주자 조조는 단번에 사슴의 등을 꿰뚫어버렸다. 신하들은 사슴의 몸에 꽂힌 화살이 금으로 번쩍이는 것을 보고는 기뻐서 어쩔 줄을 모르며 '황제폐하 만세'를 외쳤다. 그런데 이때 조조가 말을 몰아 헌제의 앞으로 치고 나가더니 손을 들어 신하들의 축하를 받는 것이 아닌가.

이것이 바로 조조의 계획이었다. 천자를 위해 금촉 화살을 준비한 다음 그 화살을 이용해 사냥감을 잡고 천자의 앞에 나가 신하들의 환호를 받는 것이다. 모든 것이 조조가 생각했던 대로였다. 신하들의 의중을 떠보기 위한 조조의 이 작전은 조고趙高의 고사 '지록위마指鹿爲馬'와 비슷하다.

진나라 이세황제二世皇帝 시절, 승상이었던 조고는 황권을 넘보며 야심을 숨기지 않았다. 그러나 조정 대신들의 생각을 확신하지 못했던 그는 한 가지 꾀를 냈다. 어느 날, 조고는 사슴을 한 마리 끌고 와 얼굴 가득 미소를 띤 채 말했다.

"폐하, 제가 폐하께 좋은 말 한 마리를 올리겠나이다."

그것을 본 황제는 '이것이 어떻게 말이라는 것인가? 분명히 사슴이거늘!'이라고 생각하고 웃으며 대꾸했다.

"승상께서 잘못 아셨소. 어찌 사슴을 말이라 하시오?"

그러자 조고가 정색하며 말했다.

"폐하께서 잘못 보셨습니다. 이것은 분명 천리마입니다."

그러자 황제는 사슴을 찬찬히 살핀 다음 되물었다.

"이것이 말이라면 어찌 머리에 뿔이 있소?"

조고가 대꾸했다.

"폐하께서 믿지 못하시겠다면 여기 있는 대신들의 의견을 들어보십시오."

막강한 권력을 가진 조고를 두려워하던 대신들은 입을 다물고 아무런 말도 하지 않았다. 대놓고 반박하는 것은 고작 몇 사람에 불과했다. 심지어 어떤 이들은 조고에게 잘 보이려 그의 편을 들기도 했다.

일반적으로 우리의 행동은 마음속에 품은 생각과 일치한다. 생각이 행동을 결정하기 때문이다. 그러나 외부에서 압력이나 제약이 작용하는 순간, 생각과 행동은 더 이상 같이 움직이지 않게 된다. 특히 자신의 행동으로 말미암아 해를 입으리라 예상되는 상황이라면 생각과 다른 정반대의 행동을 보인다.

이세황제의 대신들도 바보가 아닌 이상 사슴과 말을 구분할 수 있었다. 조고가 황제를 상대로 장난을 치는 것이 뻔했다. 그러나 만약 조고가 틀렸다고 말한다면 곧 엄청난 보복을 받으리란 것을 잘 알고 있었다. 결국 자신의 안전을 위해 '언행불일치'를 택한 것이다. 애초부터 조고는 대신들의 속마음 따위에는 관심이 없었다. 그의 목적은 자신에게 대놓고 반박할 수 있는 이들이 얼마나 많은지 확인하고 싶었을 뿐이다.

이는 조조도 마찬가지였다. 그는 일부러 무례한 행동을 하며 대신들의 반응을 살피고자 했다. 만약 공분하는 쪽으로 분위기가 흐른다면 아직 함부로 움직일 때가 아니라는 뜻이었다. 그 반대라면 좀 더 세게 권력을 쥐어도 무방했다.

그 자리에서 있던 문무대신 가운데 충심을 간직한 사람은 비단 관우 하나뿐만이 아니었을 것이다. 그런데 왜 아무도 나서지 않았을까? 어째서 신념을 행동에 옮긴 유일한 인물 관우조차 유비에게 가로막혔던 것일까? 비단 조조의 보복이 두려워서가 아니었다. 이렇게 '침묵하는 다수'를 만들어낸 것은 일종의 심리적 요인이 작용했기 때문이다. 심리학자들은 이 현상을 '방관자효과bystander effect'라고 정의했다.

1964년 3월의 어느 날, 캐서린 제노비스Catherine Genovese가 뉴욕 퀸즈 지역에서 살해됐다. 피해자는 공개된 장소에게 35분 동안 연속적으로 공격을 당했다. 당시 강도는 큰 길에서 도망치는 피해자를 따라가 세 차례나 공격해 살해했다. 그런데 이상한 점은 당시 38명의 사람들이 자기 집 창가에서 이 모든 과정을 지켜보고 있었다는 것이다. 그러나 목격자 가운데 단 한 사람도 피해자를 도와주지 않았다. 심지어 경찰에 신고조차 하지 않았다.

〈뉴욕타임즈〉가 이 사건을 보도하자 미국 시민들이 도덕과 인정의 부재를 통탄했다. 또한 38명의 목격자를 비난하는 등 사회적으로 큰 반향이 일었다. 도저히 설명이 불가능할 것 같았던 이 현상에 대해 심리학자 존 달리John Darley와 빕 라텐Bibb Latane이 결론을 내렸다. 우리는 38명이나 되는 목격자가 아무런 행동을 하지 않았다는 데 분노한다. 하지만 사실은 너무 많은 목격자가 있었기 때문에 아무런 행동도 하지 않았다. 즉 지켜보는 사람들이 많았기 때문에 책임이 분산되었고, 모두들 다른 누군가가 도움을 주리라 생각한 나머지 아무런 행동도 하지 않았다는 것이다.

방관자가 많을수록 아무도 행동을 하려 들지 않는 것이 바로 방관자효과다. 조조가 무례하게도 헌제의 앞으로 치고 나갔을 때도 방관자효과가 작용했다. 자리에 있던 대신들은 아무도 나서지 않았다. 그나마 나서려던 관우조차 유비에게 저지당했다. 유비가 보여준 행동이 가장 전형적인 방관자효과다.

만약 사냥터에 관우 한 사람만 있었다면 조조의 목은 벌써 떨어졌을 것이다. 그러나 불행하게도 현장에는 너무 많은 사람들이 있었다. 모두 옆 사람이 무슨 행동이라도 하겠거니 생각했기 때문에 서로 눈치만 보는 결과를 낳았다. 조조는 고개를 돌려 유비를 바라보았다. 그러자 유비는 황급히 고개를 숙이며 말했다.

"승상께서는 참으로 신궁이십니다!"

조조는 크게 웃으며 대꾸했다.

"모두 천자께서 복이 있으신 까닭이지요!"

그러고는 천자의 보궁을 허리에 차고 돌려주지 않았다. 주위에 있던 모두가 이 모습을 보았지만 어느 누구도 감히 말을 꺼내지 못했다.

◈ 심리학으로 들여다보기

사람이 많다고 좋은 것은 아니다. 가지 많은 나무는 바람 잘 날 없다. 무수한 말들이 오가고 수많은 이견이 생긴다. 거기서 중심 잡기란 어려운 문제이다. 많은 사람보다 현명한 사람 한두 명이 당신 곁에 있는 것이 낫다.

신중하게 행동하면 하늘이 돕는다

사냥에서 돌아온 관우가 씩씩대며 유비를 탓했다.

"조조 그 도적 같은 놈이 하는 짓거리를 보니 도저히 참을 수가 없습니다! 형님께서는 어째서 저더러 참으라 하셨습니까?"

유비는 '많고 많은 대신들이 있었는데 왜 하필 우리가 나서야 하느냐?'라는 속마음 대신 다른 이유를 들었다.

"이번 사냥은 조조의 치밀한 계획이었다. 천자의 주위에 조조의 사람들로 가득했던 것을 보지 못했느냐? 만약 네가 실패했다면 천자가 위험해졌을 것이고 그 죄는 고스란히 우리가 뒤집어썼을 것이다."

타당성이 부족한 이유였다. 100만 대군 가운데 적장의 목 베기를 제 주머니에서 물건 꺼내듯 하는 관우가 눈앞에 있는 조조를 죽이지 못할 리 없었기 때문이다. 유비의 말에 동의할 수 없었던 관우는 여전히 씩씩댔다.

"두고 보십시오, 형님. 오늘 조조를 죽이지 못한 것이 두고두고 후환이 될 겁니다."

유비가 황급히 말을 받았다.

"우리는 지금 조조의 수중에 있지 않느냐. 이 일은 그만 덮어두도록 해라."

한편 허도로 돌아온 헌제는 복황후를 찾아가 눈물을 흘리며 말했다.

"짐이 황위에 오른 이후 간사한 무리들이 잇따라 일어나 처음에는 동탁, 다음에는 이각과 곽사의 난을 겪었소. 조조는 충성스런 신하라고 생각해 불러들였더니 이번에는 그가 정권을 장악했구려. 매일 대전에서 조조를 볼 때마다 가시를 지고 앉은 기분이오. 오늘은 사냥터에서 내 앞으로 나가 신하들의 치하를 받기까지 했소이다. 그가 곧 천하를 넘볼 것 같으니 우리 부부도 내일을 알 수 없게 되었소."

복황후가 한숨을 쉬며 대꾸했다.

"400년간 한실의 녹을 먹은 신하들이 많은데 설마 나라의 어려움을 구할 이가 하나도 없겠습니까?"

가난한 부부는 매일의 끼니가 걱정이지만 지체 높은 황제 부부라고 편안하기만 한 것은 아니었다. 헌제와 복황후는 결국 참지 못하고 울음을 터뜨렸다. 신하에게 억눌려 사는 것에 익숙해져 있던 헌제가 왜 갑자기 이토록 분해하는 것일까?

그것은 유비 때문이었다. 여러 간웅들을 겪으며 완전히 힘을 잃은 헌제는 고달픈 삶을 운명으로 받아들이고 있었다. 그런데 유비가 나타나면서 헌제는 황숙에게 의지해 다시 일어설 수 있다는 희망을 품게 되었다. 하지만 사냥터에서 유비가 보여준 태도는 매우 실망스러웠다. 유비는 조조의 무례한 행동에 아무런 말도 하지 못한 데다 비굴하게 굴면서 조조를 신궁으로 치켜세웠다. 이것을 본 헌제는 사람을 잘못 보았다며 한탄했다. 영웅인 줄 알았던 황숙이 알고 보니 제 몸 하나 지키기에 급급한 소인배였던 것이다.

더는 유비에게 아무런 기대도 할 수 없겠다고 여긴 헌제는 절망감에 한숨을 쉬었다. 그럼에도 한번 희망에 자극당한 마음은 쉽사리 가라앉지 않았다. 헌제는 자신의 꿈을 이루어줄 다른 사람을 찾으려 했다.

그러나 궁궐에 갇혀 꼼짝달싹 못 하는 처지에 어떻게 사람을 찾는단 말인가? 이렇게 헌제 부부가 울고 있을 때 누군가가 조용히 들어와 눈물을 흘렸다. 궁궐 깊숙한 곳까지 마음대로 들어올 수 있는 이 사람은 복황후의 아버지 복완伏完이었다. 복완이 헌제에게 말했다.

"두 분께서는 너무 상심하지 마십시오. 제가 나라를 구하고 사직을 바로 세울 사람을 알고 있습니다."

그러자 헌제는 눈물을 거두며 물었다.

"황장皇丈께서 어찌 짐의 마음을 아셨소?"

복완이 말했다.

"허전 사냥터에 있던 사람치고 조조 놈의 심보를 눈치채지 못한 이가 없습니다. 그놈이 살아 있는 조고가 아니고 무엇이겠습니까?"

그러나 복완의 말은 헌제 마음속 깊은 곳에 있는 실망감을 건드렸을 뿐이었다.

"지금 조정은 조조의 인척과 심복으로 가득 차 있는데 누가 감히 그에게 맞설 수 있겠소?"

그것도 그랬다. 영웅 대접을 받는 황숙 유비도 조조의 앞에서는 비굴해지는 판에 대체 누가 그 일을 맡으려 하겠는가. 그러자 복완이 말했다.

"믿을 것은 황실의 종친뿐입니다!"

하지만 헌제는 이미 마음속에서 유비를 제쳐놓았기에 누구에게 이런 중책을 맡겨야 할지 몰라 망설였다. 그때 복완이 말을 이었다.

"신은 권력도 힘도 없지만 거기장군이자 국구國舅인 동승董承이라면 능히 이 일을 해낼 수 있을 것입니다."

그 말에 헌제는 과거 이각과 곽사의 난에 자신을 구해준 동승을 떠올렸다. 가슴속에 희망의 불길이 다시 타오르는 것 같아 얼른 고개를 끄덕였다. 나이가 많고 식견이 넓은 복완은 다시 한번 당부했다.

"지금 폐하의 좌우는 모두 조조의 사람들입니다. 이 이야기가 새어나갔다가는 큰 화를 면하지 못하게 될 것이니 반드시 조심 또 조심하십시오."

그런 다음 복완은 헌제에게 비단옷 한 벌과 옥대를 준비한 다음 밀서를 써서 옥대 안에 넣고 꿰매 동승에게 내리라고 일러주었다. 헌제는 손가락을 물어뜯어 흐르는 피로 조서를 쓰고 옥대 안에 넣어 꿰맸다. 그런 다음 비단옷을 입고 옥대를 두르고서 동승을 불렀다. 흔히 헌제는 나약하고 무능한 황제로 알려져 있지만, 사실 그는 힘이 없었을 뿐 무능하지는 않았다.

헌제 유협이 진류왕이던 어린 시절에 대장군 하진何進이 죽고 십상시의 난이 터졌다. 형인 소제 유변과 함께 난을 피해 어가에 올랐을 때 동탁이 서량군을 이끌고 달려왔다. 천자와 신하들은 어찌 된 영문인지 몰라 얼굴이 하얗게 질렸다. 어가를 호위하던 원소가 물었다.

"어찌 감히 어가를 범하는가?"

그러자 동탁은 말을 멈추고 기세 좋게 소리쳤다.

"천자는 어디에 계신가?"

이 말을 들은 소제가 잔뜩 겁을 먹고 신하들도 어쩔 줄 몰라 하고 있을 때, 유협이 어가에서 내려와 동탁을 가리키며 소리쳤다.

"그대는 누구인가?"

당시 아홉 살이었던 유협이 기세등등한 동탁을 맞아 전혀 기죽지 않고 호통을 친 것이다. 그것을 본 동탁은 적잖이 놀라며 대답했다.

"신은 서량자사 동탁입니다."

"그대는 어가를 호위하러 온 것인가, 아니면 해하러 온 것인가?"

"신은 어가를 호위하기 위해 왔습니다."

그 말에 유협이 다시 호통을 쳤다.

"어가를 호위하러 왔다면 어찌 태도가 그리 무례한가? 천자께서 안에 계시다. 당장 말에서 내려 예를 표하라."

그 소리에 깜짝 놀란 동탁은 황급히 말에서 내려 길가에 엎드렸다. 그제야 유협은 동탁을 좋은 말로 위로했다. 동탁은 기개가 범상치 않은 아홉 살짜리 소년 유협에게 깊은 인상을 받았다. 그리고 정권을 잡은 후 소제를 폐위하고 유협을 제위에 앉혔다.

만약 평화로운 시대에 황제가 되었더라면, 혹은 충성스러운 신하를 만났더라면 헌제도 충분히 제왕으로서 업적을 쌓을 수 있었을 것이다. 그러나 동탁부터 조조까지 야망에 휩싸인 신하들 때문에 헌제는 손발이 꽁꽁 묶여 있었다. 그러던 그가 조조를 몰아낼 마음을 먹었으니 심사숙고하면서 조심스럽게 행동해야 했다.

헌제는 동승을 보자마자 곧바로 속을 드러내지는 않았다. 하나는 동승이 어떤 생각을 품고 있는지부터 확실히 파악해야 했다. 다른 하나는 동승이 이 일을 맡는다 하더라도 조조의 세력이 워낙 강했기에 일이 쉽게 풀리지 않을 것이기 때문이다. 그러므로 동승의 투지를 충분히 자극해두지 않으면 일에 착수했다가 포기해버릴 위험이 있었다. 또 당장 무엇보다 중요한 점은 옥대에 숨긴 혈서를 어느 누구에도 의심받지 않고 자연스럽게 동승에게 건네는 게 문제였다. 궁궐 구석구석에 조조의 눈과 귀가 있었기 때문이다.

완벽한 장소를 고민하던 헌제의 머릿속에 공신각功臣閣이 떠올랐다. 공신각에는 한고조를 비롯한 스물네 명의 역대 황제의 초상화가 걸려 있었다. 한고조의 양옆에는 소하蕭何와 장량蕭何의 모습도 있었다. 헌제가 한고조를 가리키며 물었다.

"우리의 시조황제는 누구셨소?"

동승은 깜짝 놀랐다. 너무 뜬금없는 질문이라 천자가 약간 돈 것이 아닌가 생각될 정도였다.

"폐하께서 어찌 이 나라를 여신 고조황제를 모르신단 말씀입니까?"

"우리 고조께서 어찌 몸을 일으켜 나라를 세우셨는가?"

그 말을 들은 동승은 어안이 벙벙했지만 대답하지 않을 수 없었다.

"폐하께서는 신을 놀리지 마옵소서. 고조황제의 업적을 폐하께서 모르실 리가 있겠습니까."

그러나 헌제는 강경했다.

"그대가 말해보시오."

동승은 어쩔 수 없이 한고조 유방이 뜻을 세우고 군사를 일으켜 천하를 평정한 이야기를 줄줄 읊었다. 그러자 헌제가 길게 한숨을 쉬며 말했다.

"조상께서는 큰 영웅이셨거늘 그 후손은 이렇게 나약하니 어찌하면 좋겠소?"

그때까지도 헌제의 의도를 알아차리지 못한 동승이 대꾸했다.

"고조황제께서는 천하에 손꼽히는 영웅이시니 어찌 쉽게 비교할 수 있겠습니까."

동승은 헌제가 자신을 비하하자 황망한 나머지 한고조를 한껏 높여 위로한 것이다. 헌제는 동승이 자신의 뜻을 전혀 알아채지 못하자 이번에는 소하와 장량을 가리키며 물었다.

"저 두 사람은 어째서 이곳에 있는가?"

"소하와 장량은 고조께서 나라를 여실 때 큰 공을 세웠기 때문입니다."

헌제가 고개를 끄덕인 다음 말했다.

"그대 또한 짐 곁에 서게 될 것이오."

두 사람이 공신각에서 초상화를 보며 한가롭게 옛날이야기나 하고 있자 조조가 심어둔 헌제의 시중꾼도 경계를 늦추고 멀찌감치 떨어졌다. 헌제는 이때를 놓치지 않고 말했다.

"경은 내 곁에 더 가까이 오시오."

"아무런 공도 없는 신이 어찌 그런 은혜를 받겠사옵니까?"

"지난날 경이 어가를 구해준 일을 잊지 않고 있소. 그런데 짐은 아무것도 해준 게 없구려. 여기 비단옷 한 벌을 내릴 터이니 경은 자세히 살펴보아 짐을 실망시키지 않도록 하시오."

동승은 황공해하며 옷을 받았다.

헌제는 왜 동승을 공신각까지 데려가서 이야기한 것일까? 자신에게 권위가 부족하다는 사실을 알고 있던 헌제는 한고조 및 역대 황제들의 초상에서 그 권위를 빌리고자 했다. 이렇게 하면 자신의 위엄을 세울 수 있을 뿐 아니라 황실에 대한 동승의 충성심과 믿음을 일깨워 용기를 북돋을 수 있었다. 또한 한고조의 양옆을 지키는 소하와 장량을 모범으로 삼은 것은 최선을 다해 무너져가는 황실을 일으켜 세우라는 뜻이었다. 이 두 가지 바탕을 깔고 난 다음, 헌제는 자연스럽게 비단옷과 옥대를 동승에게 내렸다.

결국 헌제는 조조의 사람들이 사방에 깔린 삼엄한 궁궐에서 동승에게 '혈서'를 전달하는 데 성공했다. 이제 모든 것은 동승에게 달려 있었다.

◈ 심리학으로 들여다보기

희망은 괴로움의 원천이다. 당신에게 채찍을 가하며 달리라고 종용하기 때문이다. 생각대로 진행되지 않을 때는 좌절하게 된다. 가능하지 않은 꿈을 좇아 희망을 품지 마라. 당장 한 걸음 옮겨 이룰 수 있는 목표가 유익하다.

상대를 알기 전에 자신을 드러내지 마라

조조의 정보망은 역시 빨랐다. 헌제와 동승이 공신각에서 이야기를 나누고 있다는 소식을 들은 조조는 눈을 가늘게 떴다. 허전 사냥터에서 사람들의 속마음을 떠본 지 얼마 지나지 않아 황제가 대신과 은밀히 만난 것이 퍽 의심스러웠다. 그는 서둘러 달려가 막 궁궐 문을 나서려는 동승을 붙잡았다.

"국구께서 대궐엔 어쩐 일이시오?"

"천자께서 부르시어 입궐했더니 비단옷과 옥대를 내리셨습니다."

그러자 조조가 되물었다.

"천자께서 무슨 까닭으로 옷을 내리셨단 말이오?"

"예전에 어가를 구한 공을 치하하시더이다."

"그 옥대를 좀 보여주시오!"

무례한 행동이었지만 동승은 감히 거스르지 못했다. 옷과 옥대에 무슨 비밀이 있다는 사실을 눈치채고 있었기 때문에 어색하게 우물쭈물하며 옥대만 만지작거렸다. 더욱 의심스러워진 조조는 수하들에게 동승이 옥대를 벗도록 '도와주라고' 명령했다. 옥대를 받아들고 이리저리 살폈지만 이상한 점을 발견하지 못하자 그는 다시 손을 내밀었다.

"과연 훌륭한 옥대구려. 그 비단옷도 좀 봅시다."

이번에도 동승은 거절하지 못하고 옷을 벗어주었다. 조조는 옷을 받아들고 햇빛에도 비춰보고 이곳저곳 뒤졌지만 역시 아무것도 찾지 못했다. 그러자 그는 옷을 걸치고 옥대까지 두르고는 물었다.

"어떤가?"

수하들이 대답했다.

"승상께 꼭 맞습니다."

조조가 동승에게 말했다.

"이 옷과 옥대를 내게 주시구려. 국구께는 내가 따로 상을 내리겠소."

상황이 안 좋게 돌아가자 동승은 이렇게 항변했다.

"천자께서 성은으로 내려주신 물건이라 함부로 다른 사람에게 넘길 수가 없습니다!"

천자라는 절대 권위를 내세워 거절할 심산이었다. 하지만 조조에게는 이미 '천자'니 '성은'이니 하는 것들이 통하지 않았다. 자신의 감정을 숨기는 데 서툰 조조는 대놓고 물었다.

"이 옷과 옥대에 무슨 음모가 숨어 있는 것은 아니오?"

그의 말에 깜짝 놀란 동승은 하는 수없이 고개를 끄덕였다.

"감히 그럴 리가 있겠습니까. 승상께서 정 원하신다면 거두어주십시오."

나는 새도 떨어뜨리는 권력을 휘두르는 조조였다. 누구나 조조 앞에서 작아졌고 몸을 낮췄다. 유비도 그랬고 동승도 예외는 아니었다.

조조는 정말로 비단옷과 옥대가 탐이 난 것이 아니다. 옷을 빼앗는 시늉을 한 것은 단지 동승을 떠보기 위한 것이었다. 만약 동승이 한사코 주지 않으려 한다면 옷 안에 무언가 있다는 소리였고 반대라면 아무 문제도 없다는 뜻이었기 때문이다. 그런데 동승이 한발 물러서며 옷과 옥대를 흔쾌히 넘기려 하자 조조는 의심을 거두었다. 그는 동승에게 옷을 돌려주며 껄껄 웃었다.

"천자께서 내리신 물건을 내가 가로챌 리 있겠소? 농담이오, 농담."

등에 식은땀이 줄줄 흐를 지경인 동승으로서는 참으로 감당 못 할 농담이었다. 동승이 조조에게 옷을 주려고 한 것은 그가 밀서에 대해 아무것도 몰랐기 때문이다. 헌제가 옥대 속에 감춰둔 밀서를 직접적으로 언급하지 않은 것이 천만다행이었다. 그렇지 않았다면 동승은 도둑이 제 발 저리는 격으로 아는 사실을 모두 털어놓았을 것이다.

무사히 빠져나온 동승은 집에 도착하자마자 옷과 옥대를 구석구석 살펴보았다. 하지만 아무것도 찾아내지 못했다.

아무리 이리저리 봐도 밀서가 숨겨져 있을 만한 곳이 보이지 않았다. 그렇게 밤이 깊도록 옷과 옥대를 뒤지던 동승은 탁자 위에 엎드려 잠이 들었다. 그런데 등잔에서 불똥이 떨어져 옥대에 구멍이 났고, 그 틈새로 핏빛의 혈서가 드러났다. 잠에서 깨어나 그것을 발견한 동승은 옥대를 뜯어 밀서를 꺼내 펼쳤다. 그 안에는 조조와 그 일당을 제거하라는 헌제의 명이 담겨 있었다.

그 후 동승은 며칠 동안 집안에 틀어박혀 임무를 수행할 방법을 궁리했다. 여러 날 밤잠을 설친 탓에 피곤이 밀려와 서재에서 깜빡 졸고 있었다. 그때 동승과 친한 공부시랑 왕자복王子服이 찾아왔다. 주인과 교분이 두텁다는 것을 아는 문지기가 알리지도 않고 그냥 들여보내준 것이다. 그가 들어왔을 때 거듭 읽고 또 읽던 헌제의 밀서는 잠든 동승의 팔 아래에 있었다.

밀서를 읽은 왕자복은 크게 놀랐다. 그도 한나라를 걱정하는 충신이었지만 조조의 세력이 두려워 아무런 내색도 하지 못하고 있었다. 그런데 헌제의 피로 쓰인 밀서를 보니 한 글자 한 글자가 자신의 피를 뜨겁게 했다. 이렇게 중요하고도 위험한 천자의 혈서를 아무렇게나 두고 잠들어 있다니. 여기까지 생각하자 동승을 혼내주고 싶어졌다. 왕자복은 밀서를 자신의 옷 안에 감추고 동승을 향해 소리쳤다.

"자네는 조승상을 죽이려 하는구먼! 지금 당장 승상께 알려야겠네!"

잠에서 깨어난 동승은 소스라치게 놀라 눈물을 흘리며 애원했다.

"그럼 우리 집안뿐만 아니라 한나라 전체가 끝입니다!"

왕자복은 그제야 표정을 풀었다.

"걱정 말게. 내 그저 농담을 해본 것이네. 우리 집안도 3대에 걸쳐 한나라의 녹을 먹었는데 어찌 배신할 수가 있겠나? 나도 자네를 돕겠네."

동승은 가슴을 쓸어내렸다. 그렇다면 왕자복은 왜 이토록 무서운 '농담'을 한 것일까? 이는 복잡하게 얽힌 상황에서 아군과 적군을 구분하기 위해서는 '떠보기 전략'이 필수였기 때문이다. 우리는 타인에게 우리의 속마음을 감추고 싶어 한다. 진실이 밝혀질 경우 자신이 해를 입을 수 있는 상황이라면 더더욱 그렇다. 그래서 먼저 상대를 시험하는 말을 던져 그 사람의 진짜 생각을 알아보려 하는 것이다.

왕자복은 동승이 갖고 있는 황제의 밀서를 보았다. 그가 황실의 인척이라는 것도 알고 있었지만 그의 진짜 속내는 확신할 수 없었다. 동승의 입장도 황제와 같은지 아니면 조조의 권력에 굴복해 함부로 나서기 싫은 것인지 아직 정확히 알 수 없었던 것이다.

그런 상황에서 미리 떠보지 않고 곧바로 힘을 보태겠다며 나선다면 동승이 거꾸로 자신을 조조에게 고발할 수도 있었다. 그래서 왕자복은 '조조에게 알린다'는 말로 동승을 시험하여 그가 먼저 속내를 드러내도록 유도했다. 그래야 자신도 상황에 따라 다르게 처신할 수 있기 때문이다.

뜻을 모은 동승과 왕자복은 장수교위 충집种輯과 의랑 오석吳碩 등을 차례로 끌어들였다. 하지만 모인 사람들은 모두 문관이라 칼을 쓸 줄 몰랐다. 이들이 한창 조조를 죽일 방법을 의논하고 있을 때 서량태수 마등馬騰이 찾아왔다. 군대 지휘권을 가진 마등이 도와준다면 조조 암살에 성공할 가능성이 훨씬 컸다. 다만 마등의 속마음을 아직 확신할 수 없었기에 동승은 왕자복이 자신에게 썼던 방법을 쓰기로 했다. 동승은 문지기를 불러 말했다.

"내가 지금 병이 나서 손님을 만날 수 없다고 전하거라."

동승은 마등이 황제를 알현한 후에 곧바로 서량으로 돌아간다는 것을 알고 있었다. 자신과 그리 친하지도 않은 마등이 먼 길을 떠나기 직전에 찾아온 것은 분명 중요한 용건이 있기 때문일 것이다. 그러니 얌전히 물러나지 않을 것이라 판단한 동승은 일부러 문지기에게 그렇게 일렀다. 문지기가 말을 전하자 아니나 다를까 마등은 몹시 화를 냈다.

"어제 저녁에 국구께서 동화문 밖에서 비단옷에 옥대를 차고 돌아다니는 것을 보았는데 갑자기 웬 병이란 말이냐? 내가 밥을 빌어먹으러 온 것도 아니거늘! 국구를 잠깐만 뵙고 곧장 서량으로 돌아가려 했는데 어째서 문전박대를 한단 말인가?"

문지기가 어쩔 수 없이 돌아가 다시 전했다. 동승이 예상했던 대로였다. 동승은 직접 나가 마등을 맞았다. 직선적인 마등은 동승을 보자마자 쏘아붙였다.

"내 지금 서량으로 돌아가려던 차요. 그래도 조정의 원로이시니 잠깐 뵙고 인사를 드리려고 했는데 문전박대를 하니 나를 무시하는 겁니까?"

동승이 대꾸했다.

"내가 병이 나 무례를 범했소이다. 용서하시오."

그러나 마등은 봐주지 않고 몰아붙였다.

"얼굴이 불그스레한 것이 혈색만 좋소만 병은 무슨 병이요?"

동승은 할 말이 없었다. 사실 마등은 허전 사냥에서 조조가 보여준 태도에 큰 불만을 품고 일부러 국구 동승을 찾은 것이었다. 황실 인척으로 황제와 가까운 동승이니 조조에게 적대적이리라 생각했다. 그러나 마등의 진짜 속마음을 모르는 동승은 자신의 입장을 섣불리 밝히지 못한 채 덤덤하게 듣고만 있었다. 그에 기분이 더욱 나빠진 마등은 실망스러운 한숨을 내쉬었다.

"조정에 가득한 신하들 가운데 나라를 구할 사람은 하나도 없구나!"

그러고는 옷깃을 떨치고 가버리려 했다. 동승은 황급히 마등을 붙잡고 물었다.

"그건 무슨 말이오?"

마등이 씩씩대며 말했다.

"허전에서의 일 때문에 내 피가 다 솟구쳤소. 황실의 인척인 국구도 복수할 생각은커녕 술이나 마시고 앉았으니 나라를 구할 이가 대체 어디 있겠소?"

마등이 자신의 입장과 생각을 드러내보였다. 하지만 동승은 마등의 말이 진심인지 아니면 조조의 명을 받아 자신을 떠보기 위해 온 것인지 의심하지 않을 수가 없었다. 그래서 동승은 다시 한번 마음에 없는 소리를 했다.

"조승상께서는 지금 이 나라의 기둥 같은 분이외다. 허전에서의 일은 한낱 사고일 뿐이니 함부로 말하지 마시오."

그러자 마등의 화가 폭발했다.

"국구께서는 조조 그 역적 놈을 두둔하시는 게요?"

동승이 작은 소리로 말했다.

"듣는 귀가 많소. 목소리를 낮추시오."

이 말에 더 화가 난 마등이 목청을 돋워 대꾸했다.

"죽는 것이 두려워 살려고 버둥거리는 당신 같은 사람과 무슨 일을 의논하겠소."

그렇게 말하고는 몸을 돌려 나가려고 했다. 그제야 마등의 마음을 확신하게 된 동승은 안심하고 그를 서재로 데려가 황제의 밀서를 보여주었다. 밀서를 읽은 마등은 몸을 부르르 떨고 이를 갈았다.

"만약 국구께서 거사를 일으키신다면 나는 당장 서량의 군사들을 이끌고 와 조조놈의 목을 치겠소!"

이에 동승, 마등, 왕자복은 피를 섞어 마시고 조조를 죽이기로 맹세했다. 이렇게 다른 사람의 속마음을 떠보려면 일부러 거짓말을 하고 상대의 반응을 본 뒤 계속 밀고 나갈 것인지 아니면 한걸음 물러날 것인지 다음 행동을 결정하면 된다.

한편 마등은 유비를 끌어들이자고 제안했다. 하지만 이번에는 동승이 강력하게 반대하고 나섰다.

◈ 심리학으로 들여다보기

때로는 거짓말이 진실을 밝힌다. 상대의 의중을 알지 못할 때 진실을 먼저 공개하면 안 된다. 바람보다 태양이 나그네의 옷을 벗기지 않던가. 감추어진 진실을 알아내기 위해서는 우회 작전을 펼쳐야 한다.

때론 위장술이 죄책감을 덜어준다

마등이 유비를 천거한 것은 그가 황실 종친이기 때문이었다. 그러나 동승은 유비가 조조와 형제처럼 늘 함께 다니는 데다 조조의 앞에서 비굴해지는 것이 그 수족이나 다름없다며 반대했다. 이에 마등은 고개를 저으며 말했다.

"허전 사냥 때 나는 유비의 옆에 있었소. 모두들 조조를 바라보느라 모르고 있었지만 나는 유비가 관우를 말리는 것을 보았소. 유비가 그랬던 것은 조조를 보호하기 위해서가 아니었소. 오히려 조조의 세력이 너무 커서 함부로 움직이지 못했던 거요."

마등의 말은 굉장히 설득력이 있었다. 유비의 동생인 관우가 유비의 마음을 모를 리가 없었다. 만약 유비가 진심으로 조조를 따랐다면 관우도 조조의 행동에 그토록 분노하지는 않았을 것이다. 그렇다면 유비가 조조와 친하게 지내는 것은 그 나름의 생각이 있기 때문이라는 이야기가 된다. 유비가 여전히 황실에 충성하고 그를 끌어들일 수 있다면 이는 물론 좋은 일이다. 그러나 워낙 중대한 일이니만큼 동승은 여전히 신중한 태도를 유지했다. 아무래도 유비의 속마음부터 떠보아야겠다고 생각한 동승이 직접 나서기로 했다. 한밤중에 찾아온 동승을 본 유비는 깜짝 놀랐다.

"국구께서 어쩐 일이십니까? 밤이 깊었는데 걸음을 하신 것은 필경 이유가 있을 텐데요."

유비는 어째서 깜짝 놀랐을까? 당시 유비는 조조의 아래에 있었다. 지난날 조조가 동탁의 아래 있었던 것과 같은 상황이었다. 하지만 유비는 조조보다 훨씬 신중한 사람이었다. 유비는 조조가 자신을 서주에 남겨두지 않고 허도로 데려온 진짜 의도를 조금씩 감지하고 있었다. 조조가 자신을 경계하고 있다는 사실을 알자 유비는 더욱 조심하고 또 조심했다. 그런 상황에서 동승이 나타나자 분명 용건이 있으리라는 것은 짐작하면서도 또 이 사실을 조조가 알게 되면 어쩌나 하는 생각에 소스라친 것이다. 동승은 떠보기 수법을 펼치며 먼저 말을 꺼냈다.

"낮에 오려 했으나 조조가 의심할 것이 걱정되어 지금 왔소이다."

유비는 이 말을 듣고 속내가 더욱 의심스러웠으나 일단 가만히 듣고 있었다. 동승이 말을 이었다.

"허전에서 운장이 조조를 죽이려 했을 때 황숙께서는 어째서 그를 말리셨소?"

유비는 대꾸할 말을 찾기 위해 열심히 머리를 굴렸지만 동승은 틈을 주지 않았다.

"모두들 보지 못했지만 황숙의 옆에 있던 나는 똑똑히 보았소."

이것은 마등의 말을 그대로 옮긴 것이다. 유비는 속으로 '국구께서 내 옆에 계셨던가? 나는 보지 못하였는데.'라고 생각하며 고개를 갸우뚱했다. 그러나 동승이 마음을 단단히 먹고 온 것 같아 사실대로 말할 수밖에 없었다.

"제 아우가 조조의 무례를 참을 수 없었던 모양입니다."

유비는 자신이 말린 이유는 쏙 빼고 관우가 화가 난 이유만 말했다. 나중에 혹시 조조가 이 일을 알게 되더라도 변명할 여지를 남겨두기 위해서였다. 그러자 동승이 얼굴을 가리고 울기 시작했다. 유비로서는 이유를 물을 수밖에 없었다. 동승이 울며 대답했다.

"조정에 관운장 같은 사람이 몇 명만 더 있었어도 좋았을 텐데요."

하지만 유비는 조조가 자신을 떠보려고 동승을 보낸 것이 아닌지 여전히 의심스러웠다.

"조승상께서 나라를 평안하게 하시니 좋은 것이 아닙니까?"

그러자 동승은 버럭 화를 냈다.

"어찌 그런 말을 하시오. 그러고도 그대가 황제의 숙부란 말이오!"

그제야 마음을 놓은 유비가 말했다.

"국구께서 조조의 사람일까 걱정되어 바른말을 하지 못했습니다. 사실은 저도 조조의 행태를 걱정한지 오랩니다."

동승은 헌제의 혈서를 꺼내 유비에게 건네주었다. 그것을 다 읽은 유비가 말했다.

"천자께서 조서를 내리셨으니 마땅히 목숨을 바쳐야지요!"

"그렇다면 조서 위에 이름을 쓰십시오!"

글로 쓴 약속은 입으로 한 맹세보다 큰 효력을 발휘하는 법이다. 유비는 '좌장군 유비'라고 써넣었다. 이로써 유비는 공식적으로 조조의 반대편에 서게 되었다. 더 이상 물러날 길은 없었다. 동승은 조서를 잘 접어 품에 넣고 돌아갔다. 유비는 동승에게 거듭 당부했다.

"반드시 신중히 움직이십시오. 절대로 새어나가서는 안 됩니다."

유비의 불안한 마음이 잘 나타나는 대목이다. 이러한 불안 심리를 없애고 조조의 의심을 피하기 위해 유비는 꾀를 냈다. 후원에 텃밭을 만들고 농사에 매달리기 시작한 것이다. 그는 매일 같이 밭을 갈고 물과 퇴비를 주는 등 정신없이 바쁘게 지냈다. 이것을 본 관우는 유비가 벌써 영웅의 포부를 잃어버렸나 싶어 물었다.

"형님께서는 어찌 천하를 도모할 궁리는 않으시고 하찮은 농부의 일을 하시는 겁니까?"

그러나 일이 새어나갈 것을 염려한 유비는 관우에게도 말하지 않았다. 온종일 흙을 주무르며 시간을 보내는 유비의 모습은 말을 달리고 군사를 호령하던 예전의 그와 완전히 다른 사람 같았다. 그와 가장 가까운 아우 관우조차 이해하지 못할 정도였다.

두 아우에게는 숨기는 것이 없었던 유비가 이번에는 어째서 아무런 말도 하지 않았을까?

콜롬비아대학 다나 카니Dana R. Carney 교수는 권력이 거짓말에서 오는 죄책감을 덜어준다는 연구결과를 발표한 바 있다. 권력이 있으면 사람을 속이는 능력도 높아진다는 것이다. 카니는 학생들을 무작위로 두 그룹으로 나눈 뒤 각각 사장과 점원으로 정했다. 그리고는 절반의 학생들에게 100달러씩 나누어준 다음 질문을 받게 했다. 실험 조건은 학생들이 어떤 질문을 받든 자신은 돈을 받지 않았다고 말하는 것이었다. 만약 돈을 받은 학생이 질문자를 속여 돈을 받지 않았다고 믿게 만든다면 100달러를 차지할 수 있었다.

실험 결과, 돈을 받은 '사장'들은 돈을 받은 '점원'들보다 훨씬 자연스럽게 행동하며 거짓말을 했다. 들통 난 경우도 점원에 비해 훨씬 적었다. 다시 말해 피실험자들이 실제로는 모두 학생이었음에도 불구하고 실험을 위해 붙여준 가짜 신분만으로 큰 차이를 보인 것이다. '사장'들의 거짓말 실력이 한 수 위였다.

카니는 거짓말을 할 때 나타나는 다섯 가지 증상으로 무의식적으로 어깨 으쓱하기, 말하는 속도 증가, 타액 내 코티솔Cortisol(부신 피질에서 생기는 스테로이드 호르몬의 일종. 일명 스트레스 호르몬-옮긴이) 증가, 인지장애, 기분 저하를 꼽았다. 그런데 비교적 강한 권력을 가진 사람(정치인이나 회사 사장 등)은 거짓말을 할 때 이 같은 다섯 가지 증상의 발생 정도가 미미했다.

그럼 권력자는 거짓말에서 오는 스트레스를 어째서 잘 견뎌내는 것일까?

그것은 권력을 지닌 사람들이 주로 자신이 속한 조직 전체의 이익과 위험에 책임을 지고 있기 때문이다. 이들은 자신이 아닌 조직이나 집단을 위해 거짓말을 한다. 이기적인 목적이 아닌 여러 사람을 위한다는 생각이 거짓말에서 오는 불안감과 죄책감을 상쇄시켜주는 것이다.

유비는 삼형제라는 작은 조직의 리더로서 두 아우의 안전과 장래에 책임이 있었다. 이 책임감이 천연덕스럽게 거짓말을 하도록 만들었다.

자신을 위해서가 아닌 형제 모두를 위해 진실을 감추는 것이어서 더욱 자연스럽게 굴 수 있었다. 그래서 관우와 장비조차 눈치챌 수 없었다.

그러던 어느 날, 관우와 장비가 외출을 하고 유비는 혼자 후원에서 텃밭을 돌보고 있었다. 그때 갑자기 허저와 장료가 수십 명의 군사를 끌고 후원으로 들이닥쳤다.

"승상께서 현덕공을 모셔오라 했습니다."

유비는 깜짝 놀라 심장이 쿵쾅거리는 것을 느끼며 황급히 물었다.

"무슨 급한 일이 있으신가?"

밀서의 일이 발각되어 조조가 손을 쓰려는 것이 아닌가 하는 생각이 뇌리를 스쳤다. 허저가 대답했다.

"저는 모릅니다. 승상께서 장군을 모셔오라고 명하셨습니다."

유비는 두려운 가운데에서도 '모셔오라' 했다는 허저의 말에 놀란 가슴을 진정시켰다. 만약 조조가 불같이 노해 이들을 보냈다면 틀림없이 '잡아 오라'고 했을 것이기 때문이었다. '모셔 오라'고 했으니 별일은 없을 것 같았다. 하지만 유비는 여전히 불안에 떨며 두 장수를 따라 승상부로 갔다. 조조는 유비를 보자마자 정색하고 말했다.

"요새 집에서 좋은 일을 하고 있다면서요!"

마치 유비가 무슨 일을 꾸미고 있는지 모두 알고 있다는 말투였다. 유비는 너무 놀라 얼굴까지 흙빛이 되었다. 이것을 본 조조는 활짝 웃으며 유비의 손을 잡아 후원으로 이끌었다.

"현덕, 농사일이 쉬운 게 아니라오. 허허허!"

그제야 안도의 한숨을 내쉰 유비는 조조의 농담을 이해하고 대답했다.

"남는 시간에 소일거리로 하는 것뿐입니다. 농사랄 것도 아니지요."

유비가 텃밭을 가꾸는 것이 조조를 기쁘게 한 까닭은 무엇일까? 설마 조조는 유비가 정말로 농사에 뜻을 두고 있다고 믿은 것일까?

물론 조조는 그렇게 순진하지 않다. 유비를 경계하게 된 조조가 그를 곁에 둔 것은 잘 감시하기 위해서였다. 조조가 기뻐했던 것은 '호랑이를 묶어두는 계책'이 효과를 발휘하고 있기 때문이다. 말을 달리고 군사를 호령하던 영웅이 자신의 그늘에 갇혀 텃밭이나 가꾸고 있으니 조조가 기쁜 것은 당연했다. 조조는 고개를 젖히고 크게 웃으며 오늘 유비를 불러온 까닭을 말했다.

"아까 매실이 푸르게 열린 것을 보니 작년에 장수를 정벌하러 갔을 때의 일이 생각났소. 행군 중에 물이 모자라 다들 목이 말랐는데 내가 꾀를 내어 채찍으로 앞을 가리키며 '저 앞에 매실 숲이 있다'라고 말했죠. 그걸 들은 군사들의 입에 침이 괴어 갈증을 면할 수가 있었소. 그런데 오늘 매실을 보니 술 한잔하고 싶은 생각이 들지 않겠소. 그래서 현덕공을 불렀소이다."

망매지갈望梅止渴의 고사가 여기서 비롯되었다. 매실을 생각하고 침을 흘리는 것은 바로 조건반사원리이다. 러시아 생리학자 파블로프가 개를 이용한 실험으로 이 개념을 밝혀내 1904년 노벨상을 받았다. 그런데 천오백 년 전의 인물인 조조는 일상적인 행동을 관찰함으로써 이미 조건반사의 원리를 터득한 것이다. 게다가 그것을 군사를 지휘하는데 응용하기까지 했으니 그 선구적 지혜에 감탄을 금할 수 없다.

조조의 말을 듣자 유비도 입에 침이 고이는 것을 느꼈다. 요동치던 심장도 서서히 제 박자를 찾았다. 그렇게 조조와 유비는 마주 앉아 주거니 받거니 술잔을 기울였다.

◈ 심리학으로 들여다보기

권력은 거짓말할 권리도 부여한다. 그러므로 감정에 호소하거나 인간적인 면모를 추궁해서는 진실을 밝혀낼 수 없다. 객관적이고 논리적인 근거를 들이대는 것이 효과적이다.

타인의 시선에 휘둘리면
내 행동반경이 좁아진다

술잔이 한 순배 돌자 갑자기 하늘이 어두워졌다. 비가 쏟아질 것처럼 몰려든 구름이 흡사 용 같았다. 조조는 무슨 생각이 들었는지 입을 열었다.

"현덕, 용은 커졌다 작아졌다 제 마음대로 변신한다고 하오. 사람들은 영웅을 가리켜 용이라고 하죠. 현덕은 이곳저곳 안 다녀본 곳이 없으니 당대의 영웅들에 대해 잘 알겠구려?"

"제 둔한 눈으로 어찌 영웅을 알아보겠습니까?"

"겸양은 그만두고 솔직히 말해보구려."

유비가 보기에 천하에 진정한 영웅은 몇 안 되었다. 그러나 자신을 바라보는 조조의 날카로운 시선을 피하기 위해 그는 별것 아닌 인물들을 생각나는 대로 늘어놓았다.

"회남의 원술은 군사와 양식이 풍족하니 영웅이라 할 만합니다."

원술은 옥새를 손에 넣은 후로 스스로 황제를 자청하고 있었다. 천하의 제후들 가운데 가장 먼저 야심을 드러낸 인물이라 유비는 그를 가장 먼저 꼽은 것이다. 그러나 얼마 전에 수춘성을 빼앗고 원술을 회남으로 쫓아내버린 조조는 차갑게 웃으며 말했다.

"원술은 무덤 속 뼈다귀나 마찬가지일 뿐이오. 나에게 잡히는 건 시간문제죠!"

유비가 다시 말했다.

"하북의 원소는 어떻습니까? 명문가 출신에 기주를 차지한 데다 거느린 사람도 많으니 영웅이지요."

예전에는 조조도 원소를 가장 강력한 상대로 생각하고 있었다. 하지만 곽가와 순욱이 이미 조조가 원소를 이길 수밖에 없는 이유를 각각 열 가지와 네 가지로 꼽아보였다. 그 이후로 조조는 더 이상 원소를 염두에 두지 않고 있었다.

"원소는 허우대만 멀쩡할 뿐 담이 작고, 지략은 있지만 추진력이 없소. 큰일에는 몸을 사리면서 작은 이익에 목숨을 거니 영웅이라 할 수 없소."

궁지에 몰린 유비가 유표를 거론하자 조조는 주색잡기만 좋아하는 자라며 고개를 저었다. 유비가 다시 손책을 영웅이라 했지만 조조는 젖비린내 나는 어린놈이라고 일축했다. 다급해진 유비가 유장, 장수, 장로, 한수 등의 이름을 대보았으나 조조는 그저 크게 웃을 뿐이었다.

"그들은 말할 필요도 없는 소인배들이요!"

이름이 알려진 인물들은 모두 이야기하고 나자 유비는 더 이상 할 말이 없었다.

"저는 잘 모르겠습니다."

사실 여기서 유비는 좀 더 똑똑하게 대처해야 했다. 할 일 없이 노는 사람도 아닌 조조가 그저 심심해서 이런 질문을 할 리는 없기 때문이다. 만약 세상에 영웅이 단 한 명뿐이라면 그것은 조조 자신이었다. 만약 유비가 닥치는 대로 이 사람 저 사람 이름을 들먹이지 않고 그저 조조를 가리키며 '천하의 영웅은 오직 승상 한 분뿐이십니다.'라고 말했더라면 아무 일도 없었을 것이다. 한참을 기다려도 유비가 자신의 이름을 꺼내지 않자 내심 기분이 언짢아진 조조가 말했다.

"영웅이란 가슴에 큰 뜻을 품고 깊은 지모를 지닌 사람입니다. 그 기개가 우주를 덮고 하늘과 땅의 뜻을 토해내는 자이지요."

여전히 상황파악을 하지 못한 유비가 되물었다.

"그런 사람이 누구입니까?"

이쯤 되자 조조는 다소 짜증스러워졌다. 그리고는 손가락으로 유비와 자신을 가리키며 대꾸했다.

"지금 천하에 영웅이라 할 사람은 오직 현덕과 이 조조뿐이오!"

그 말을 들은 유비는 깜짝 놀란 나머지 쥐고 있던 젓가락까지 떨어뜨리고 말았다. 유비는 왜 이렇게 두려워했던 걸까?

바로 '투명도착각' 때문이었다. 앞서 말한 투명도착각은 자신의 생각과 감정, 느낌을 남들도 똑같이 들여다볼 수 있다고 착각하는 현상이다. 그렇다면 사람들은 어째서 이러한 인지상의 오류를 범하는 것일까? 우리는 무의식중에 스스로를 세계의 중심으로 인식한다. 그래서 다른 사람들도 나를 주목한다고 생각하는 것이다.

2000년, 미국 사회심리학자 토머스 길로비치Thomas Gilovich가 한 가지 실험을 했다. 길로비치는 코넬대 학생 한 명에게 미국 유명 가수 베리 매닐로우Barry Manilow의 얼굴이 크게 그려진 티셔츠를 입혀 다른 학생들이 있는 방에 들여보냈다. 티셔츠를 입은 학생은 방에 있던 다른 학생의 절반 정도가 자신이 입은 티셔츠를 기억할 것이라고 생각했다. 그러나 실제로 티셔츠를 인식한 학생은 전체의 23%에 불과했다. 티셔츠를 입은 학생은 본인에 대한 타인의 시선을 과도하게 평가했지만 막상 사람들은 별다른 신경을 쓰지 않은 것이다.

자아 중심이 빚어내는 투명도착각 때문에 우리는 자신의 행동에 따른 결과도 과도하게 의식한다. 부정적인 행동일 경우 특히 그렇다. 참석한 파티에서 유일하게 집주인을 위한 선물을 준비해가지 않았거나 조용한 도서관에서 실수로 큰 소리를 냈을 경우 당사자는 오랫동안 신경이 쓰일 것이다. 그러나 막상 다른 사람들은 금방 잊어버리고 자신의 일에 집중한다.

유비가 아무런 야심이 없는 척 텃밭에서 흙이나 주무르며 '영웅'의 흔적을 지우려 한 것은 조조가 그를 경계하고 있었기 때문이다. 조조의 남달리 예민한 감각과 그 휘하에 있는 모사들의 날카로운 안목을 감안해 위장한 것이다.

그러나 유비는 천하를 향한 포부를 간직하고 있었다. 헌제가 옥대에 숨겨 내린 조서를 본 후 그는 더더욱 한실 부흥에 책임감을 느끼게 되었다. 동승 등과 비밀리에 손을 잡음으로써 조조의 반대편에 섰다. 유비는 투명도착각 때문에 순간적으로 조조가 이러한 자신의 생각을 낱낱이 알고 있을까 봐 두려웠다.

그런데 젓가락까지 떨어뜨리며 소스라치게 놀라는 유비의 모습은 누가 봐도 충분히 의심스러웠다. 그런 모습은 유비의 영웅적 이미지와 딴판이었기 때문이다. 역시나 조조는 의아해하며 물었다.

"현덕, 왜 그러시오?"

그때 마침 천둥이 치며 비가 쏟아지기 시작했다. 이때다 싶은 유비는 얼른 잔뜩 겁먹은 표정을 지으며 대답했다. 억세게 운이 좋은 덕분에 난감할 뻔했던 상황을 잘 넘기게 된 셈이다.

"천둥소리에 놀라 그리되었습니다!"

그러자 조조가 의심스러운 눈초리로 물었다.

"천둥이야 자연의 이치인데 어찌 놀라신단 말이오?"

유비는 여전히 얼이 빠진 얼굴로 대꾸했다.

"저는 어려서부터 천둥소리를 무서워했습니다. 천둥이 치면 어디론가 숨곤 했지요!"

그 말을 들은 조조는 생각했다.

'아니, 내가 사람을 잘못 보았다는 말인가? 영웅이라는 유비가 고작 천둥 따위에 놀라 손까지 떨다니.'

투명도착각에 빠진 사람은 상대방이 자신의 생각을 들여다본다고 생각해 긴장한다. 그로인해 엉뚱한 실수를 저질러 불필요한 의심을 산다. 그렇게 의심을 받으면 본인은 상대가 자신의 속마음을 알고 있다고 더더욱 확신하는 것이 투명도착각이 일으키는 악순환이다. 도둑이 제 발을 저려 결국 잡히는 것이 바로 이런 원리다.

유비의 경우도 마찬가지다. 원래 아무런 의심도 없던 조조였지만 유비가 젓가락까지 떨어뜨리며 놀라자 의아하게 생각했다. 다행히 천둥을 핑계 삼아 수렁에서 벗어날 수 있었지만 하마터면 일을 그르칠 수 있었던 순간이었다.

한편 당시의 조조는 투명도착각에 대한 지식이 없던 탓에 두 차례나 실수를 저지른 셈이 되고 말았다. 일전에 동탁 암살에 실패한 후 지레 겁을 먹고 도망쳐 쫓기는 신세가 되었고, 지금은 또다시 유비에게 속아 넘어갔으니 말이다.

그런데 한 가지 의아한 부분이 있다. 조조가 자신과 유비 두 사람을 영웅으로 꼽은 것이다. 본인은 당연히 영웅으로 생각했겠지만 유비는 왜 끼워 넣은 것일까?

여기에는 네 가지 이유가 있다. 첫째, 유비는 세 차례나 서주를 양보했다. 이는 큰 그림을 위해 눈앞의 이익을 포기한 것으로 아무나 할 수 있는 일이 아니다. 둘째, 유비는 식객으로 받아들인 여포에게 서주를 넘겨주고 그 아래에 머물렀으니 이런 인내심 또한 아무나 가질 수 있는 것이 아니다. 셋째, 양봉과 한섬의 머리를 베어 조조에게 바친 것도 보통 결단력이 아니다. 조조는 아무나 갖출 수 없는 이 세 가지 때문에 유비를 영웅으로 인정했다.

다만 네 번째 이유는 조금 달랐다. 허전 사냥터에서 자신의 위세를 직접 확인한 조조는 매우 흡족했다. 힘을 자랑하고 싶은데 아무리 교만한 사람이라도 드러내놓고 자화자찬을 하기란 좀 민망했다. 그래서 유비와 자신을 한데 묶어 영웅이라고 정의한 것이다. 말로는 '너랑 내가 영웅'이라고 했지만 사실 그의 진정한 의도는 바로 '내가 영웅'이라는 것이었다. 물론 유비도 위의 세 가지 조건으로 조조의 인정을 받았기 때문에 그나마 한데 묶일 수 있었다.

비가 쏟아지는 가운데 두 사람은 계속 이야기를 나누었다. 조조는 유비가 방금 보여준 모습이 퍽 실망스러웠지만 또 다르게 생각하면 적수가 하나 줄어드는 셈이니 반가운 일이었다. 조조는 그렇게 점점 더 기분이 좋아졌다. 그런데 이때 무기를 치켜든 장수 두 사람이 후원으로 뛰어 들어왔다. 승상부를 지키는 조조의 수하들도 막지 못할 정도로 무서운 기세였다.

다름 아닌 관우와 장비였다. 활을 쏘러 성 밖에 나갔다가 돌아온 두 사람은 장료와 허저가 유비를 승상부로 데려갔다는 말을 듣고는 깜짝 놀라 무기까지 빼들고 단숨에 달려온 것이다. 그런데 위험에 처한 줄 알았던 유비가 뜻밖에도 조조와 술잔을 기울이며 담소를 나누고 있는 것을 보자 당황한 나머지 제자리에 우뚝 멈춰버렸다. 그런 그들에게 조조가 의아한 얼굴로 물었다.

"두 사람은 무기까지 들고 여긴 어쩐 일인가?"

아우들을 본 유비는 침을 꼴깍 삼켰다. 조조의 질문 공세를 간신히 피했는데 관우와 장비가 어처구니없는 실수를 해버렸으니 의심을 사기에 충분한 상황이었다. 그때 관우가 임기응변을 발휘해 입을 열었다.

"승상께서 저희 형님과 술자리를 가지신다는 말을 듣고 저희가 칼춤으로 흥이나 돋궈볼까 하고 왔습니다."

조조가 큰 소리로 웃으며 말했다.

"여기는 홍문鴻門의 연회장도 아닌데 항장項莊과 항백項伯이 있을 리가 있소(초한시대, 항우가 유방을 죽이기 위해 홍문에서 연회를 열었다. 항장과 항백이 칼춤을 추며 유방을 죽이려 했는데, 이를 눈치챈 번쾌가 역시 칼춤으로 가로막으며 위기를 넘겼다-옮긴이)?"

그제야 마음을 놓은 유비도 따라 웃었다. 이번만큼은 진심으로 편안한 마음에서 나오는 웃음이었다. 조조가 기분 좋게 명령했다.

"술을 가져오너라. 여기 두 '번쾌樊噲'도 한잔해야지!"

관우와 장비는 이때다 싶어 허리를 굽혀 감사를 표했다. 위기는 이렇게 무사히 지나갔다. 기분이 좋을 때면 늘 실수를 저지르는 조조는 이번에도 유비 삼형제에게 속아 넘어갔다. 집으로 돌아온 관우가 유비에게 말했다.

"조조가 저와 아우를 죽일까 봐 조마조마했습니다."

그제야 유비는 텃밭을 가꾸게 된 진짜 이유를 이야기해주었다. 관우와 장비는 유비의 속임수에 탄복하며 고개를 끄덕였다.

◈ 심리학으로 들여다보기

상대에 대한 과도한 칭찬은 간접적인 자화자찬이다. 칭찬에 몸 둘 바를 모르는 상대가 결국 당신에게 그 덕을 돌리도록 하는 것 아닌가. 넘치는 백 마디 칭찬보다 합리적인 언행이 상대를 기쁘게 한다.

남을 헐뜯는 말에는 나를 노리는 칼이 숨어 있다

유비가 허도에 묶여 있을 때 원소가 공손찬을 무너뜨렸다는 소식이 들려왔다. 이로써 원소의 세력은 더욱 강해졌다. 그런데 회남의 아우 원술은 어려운 지경에 빠져 있었다. 원술은 고민 끝에 옥새와 황제의 칭호를 원소에게 넘기고 투항하기로 했다. 이 소식을 들은 유비는 눈을 반짝이며 서둘러 조조를 찾아갔다. 조조의 손아귀에서 벗어날 수 있는 좋은 기회였기 때문이다.

"원술이 원소에게 가려면 반드시 서주를 지나야 합니다. 서주 땅은 제가 잘 알고 있으니 승상께서 군사를 내어주시면 중간에서 원술을 치겠습니다."

원소와 원술이 힘을 합친다면 조조에게는 더욱 버거운 상대가 된다. 지난번 천둥에 놀라 젓가락을 떨어뜨린 유비를 본 이후로 경계심을 거둔 조조는 그 자리에서 고개를 끄덕였다.

조조는 유비에게 주령朱靈, 노소路昭 두 장군과 5만 대군을 주며 서주로 가 원술을 치도록 했다. 유비는 쫓기듯 서둘러 군사를 점검하고 그날 밤 허도를 나섰다.

이 소식을 들은 동승은 말을 달려 10리나 떨어진 곳에서 겨우 유비를 만났다. 주위의 시선을 전혀 의식하지 않은 행동이었다.

"국구께서는 조금만 기다리고 계십시오. 반드시 약속을 지키러 오겠습니다."

유비는 이렇게 동승을 달래 돌려보냈다. 하지만 사람은 본래 이기적인 동물이다. 황제의 밀서가 아무리 중요해도 자신의 목숨보다 값진 것은 아니다. 유비로서는 일단 조조가 실수를 깨닫기 전에 최대한 멀리 달아나는 것이 급선무였다. 인내의 대명사였던 유비가 꽁지에 불붙은 새처럼 허둥지둥 서두르자 관우와 장비가 의아해하며 유비에게 물었다.

"우리는 지금 새장에 갇힌 새요 그물에 걸린 물고기 신세다. 조조가 후회하며 다시 잡아 가두기 전에 서둘러 떠나야 한다."

그 말을 들은 관우와 장비는 고개를 끄덕이며 군사들을 다그쳐 더 신속하게 움직이기 시작했다. 이번에도 유비는 운이 좋았다. 마침 곽가가 조조 세력권의 곡식과 돈을 조사하기 위해 나가 있었기 때문이다. 그가 허도에 돌아왔을 때 유비는 이미 떠난 뒤였다. 뒤늦게 사실을 알게 된 곽가는 황급히 조조를 찾았다.

"승상께서는 어찌 유비에게 군사를 주어 보내셨습니까?"

"유비가 서주로 가 원술을 막겠다고 자청했소."

그제야 실태를 깨달은 정욱도 거들고 나섰다.

"유비에게 서주목 벼슬을 내리실 때 그를 처단해야 한다고 말씀드렸지만 승상께서는 듣지 않으셨습니다. 그런데 이제 그에게 5만 군사를 주어 보냈으니 용을 바다에 푼 격이고 호랑이를 산으로 놓아준 꼴입니다. 이제 유비를 막는 것이 어렵게 되었습니다."

곽가가 말을 받았다.

"유비는 포부가 큰 데다 민심을 얻고 있습니다. 그 휘하에 관우와 장비도 각기 1만 명은 능히 상대할 수 있는 맹장이지요. 유비는 남의 밑에 오래 있을 사람이 아닙니다. 그 속도 도무지 알 수가 없고 말입니다. 옛말에 적을 놓아주는 것은 하루지만 그 후환은 만 년 간다고 했습니다. 유비가 이제 군사까지 거느려 호랑이가 날개를 단 격이니, 승상께서는 부디 헤아려주십시오."

조조가 말했다.

"유비는 남는 시간에 뒤뜰에서 텃밭이나 가꾸고 술을 마시면 천둥소리도 무서워하는 자요. 별것도 아닌 자 때문에 걱정할 건 또 무엇이란 말이오."

정욱이 말했다.

"유비가 텃밭을 가꾸고 천둥소리에 떤 것은 모두 승상을 속이려 꾸며낸 짓입니다."

곽가와 정욱은 오랫동안 조조를 따른 충심이 깊은 수하들이었다. 조조는 여전히 미심쩍었지만 허저에게 군사 500명을 주어 유비를 따라잡아 허도로 데리고 돌아오도록 했다.

이때 유비는 아직 조조의 세력권에서 벗어나지 못하고 있었다. 게다가 휘하의 군대는 모두 조조가 직접 엄격히 훈련시키고 관리한 군사들이었다. 주령, 노소 두 장수도 조조의 사람이었다. 조조의 뜻에 거스른다면 아무리 유비가 행군을 고집해도 듣지 않을 것이 뻔했다.

만약 유비가 허저를 돌려보낼 설득력 있는 방법을 생각해내지 못하고 허도로 돌아간다면, 다시 새장 속의 새와 같은 생활을 해야 할 게 불 보듯 뻔했다. 어쩌면 두 번 다시 독립할 수 없을지도 몰랐다. 유비를 따라잡은 허저가 속히 회군하라는 조조의 명령을 전하자 유비가 말했다.

"출정한 장수는 임금의 명령도 듣지 않는다 했소. 나는 황제 폐하와 조승상의 명령을 받들어 출정했는데 이제 와서 회군이라뇨? 장군이 승상께 좀 전해주시오. 실은 전에 곽가와 정욱 등이 내게 뇌물을 요구했는데 주지 않았소. 그 일로 앙심을 품고 나를 비방하는 말을 했을 것입니다, 승상께서는 그 소리를 듣고 장군을 보내 나를 쫓도록 한 것이 틀림없소. 나는 승상으로부터 큰 은덕을 입은 사람이오. 내가 만약 인간의 도리도 모르는 자라면 장군이 지금 당장 나를 죽이면 그만이잖소. 다시 돌아가 승상을 뵐 것은 또 뭐란 말이오? 가서 나의 이런 고충을 승상께 전달해주시면 정말 감사하겠소이다."

허저는 여기서 유비를 죽여야 하나 어쩌나 생각했다. 하지만 옆에 버티고 선 관우와 장비를 보자 도저히 엄두가 나지 않았다. 그렇다고 빈손으로 돌아갈 수는 없었다. 다행히 유비가 적당한 명분을 던져주었다. 바로 곽가와 정욱이었다.

유비는 어째서 곽가와 정욱이 뇌물을 요구했다는 거짓말을 했을까? 이것은 '입장과 이익의 관계를 이용한' 유비의 꾀였다. 같은 입장에 처한 사람들은 같은 이익을 추구하게 마련이고, 반대되는 입장에 놓여 있다면 정반대의 이익을 취하게 된다. 이는 매우 기본적인 이치다. 누군가가 내 편에 서서 나의 이익을 위해 다른 사람을 공격한다면 나는 그것을 믿고 받아들인다. 만약 그 '다른 사람'이 '누군가'와 반대 입장에 서 있다면 '누군가'의 말은 더 이상 믿지 않는다.

유비는 곽가와 정욱이 뇌물을 요구했고 자신은 그것을 거절했다고 말했다. 곽가와 정욱을 자신과 반대 입장에 놓은 것이다. 대립하는 사이라면 반대 이익을 취하게 마련이니 곽가와 정욱이 유비를 험담하는 것도 이해할 수 있다. 다만 동기가 불순한 험담인 만큼 그 신뢰도는 크게 떨어진다.

그렇다면 유비는 왜 곽가와 정욱의 이름을 직접적으로 거론했을까? 이 두 사람이 조조에게 간언을 한 것은 사실이지만 유비는 전혀 모르는데 말이다. 여기에는 두 가지 이유가 있다.

첫째, 곽가와 정욱이 처음부터 유비와 대립각을 세웠기 때문이다. 이 두 사람은 항상 조조에게 유비에 대해 나쁜 말을 해왔다. 이는 인품의 문제가 아니라 조조에 대한 충성심과 책임감에서 나온 충언이었다. 조조는 물론 이것을 알고 있었다. 유비 또한 이 점을 매우 잘 알고 있었기 때문에 이를 전제로 '입장과 이익의 관계를 이용한 꾀'를 사용했던 것이다. 만약 반대로 곽가와 정욱이 유비와 우호적인 관계였고 조조도 이것을 알고 있었다면 어땠을까? 유비를 경계하라는 이 두 모사의 충고는 절대적인 신뢰를 받았을 것이다.

둘째, 곽가와 정욱은 조조 휘하에서도 손꼽히는 모사들이다. 뛰어난 두뇌를 가진 만큼 유비의 계획(조조 본인조차도 속아 넘어간)을 꿰뚫어볼 것이기 때문이다. 유비는 만일의 경우를 대비해 '곽가와 정욱 등의 사람들'이라고 두루뭉술하게 말해 여지를 남겨두기까지 했다.

허저의 말을 들은 조조는 즉시 곽가와 정욱을 불러 꾸짖듯 말했다.

"그대들은 유비에게 뇌물을 요구했다가 뜻대로 되지 않자 번번이 내게 유비의 험담을 했소?"

그러자 두 사람은 깜짝 놀라 고개를 저으며 변명했다.

"승상께서 또다시 유비에게 속으신 것입니다. 저희는 유비에게 아무것도 요구하지 않았습니다."

그러나 뚜렷한 증거가 없는 곽가와 정욱은 누명을 깨끗하게 벗을 수 없었다. 변명하면 할수록 더욱 의심을 받을 수밖에 없는 상황이었다.

'곽가와 정욱이 내게 그 말을 했을 때 유비는 이미 허도에 없었다. 그런데도 마치 옆에서 들은 것처럼 두 사람을 언급한 것은 분명 무언가가 있기 때문이 아니겠는가.

그렇다면 유비의 말대로 곽가와 정욱이 뇌물을 요구했다가 앙금이 생긴 것이 사실이 아닐까?'

가만히 정황을 따져본 조조는 고개를 끄덕였다. 그러나 곽가와 정욱은 그가 가장 아끼는 수하들이었다. 혹여 뇌물을 좀 챙기려고 했다 한들 그들을 향한 조조의 신뢰에는 변함이 없었다. 조조는 그저 달래듯 말했다.

"이왕 떠난 사람을 이제 와서 다시 부른들 무엇이 달라지겠소. 그대들을 탓하지 않을 테니 괜한 생각은 접으시오."

이렇게 유비는 또 한 번의 위기를 넘겼다. 조조는 또 한 차례 속아 넘어갔다. 한편 유비가 갑자기 떠나버린 후 마등도 서량으로 돌아가버렸다. 헌제의 밀서 때문에 허도에 머무르고 있었지만 유비의 소식을 듣자 자신도 일단 돌아가기로 결정한 것이다.

서주에 도착한 유비는 감흥이 남달랐다. 서주는 도겸이 세 번이나 양보했지만 거절했고, 여포에게 빼앗겼다가 되찾았지만 조조와 함께 허도로 가면서 다시 잃어버린 사연 많은 땅이었다. 그러나 지금의 서주태수는 조조가 두고 간 차주였다. 지원군으로 온 유비는 차주와 함께 원술을 칠 의논을 해야 했다.

유비와 치열한 접전을 치른 원술은 패해서 도망가다 비참한 최후를 맞았다. 서구徐璆라는 사람이 원술이 갖고 있던 옥새를 가져다 바치자 조조는 크게 기뻐하며 고릉高陵태수 벼슬을 내렸다.

원술이 죽었으니 군사를 이끌고 허도로 돌아가야 했지만 유비는 그러고 싶지 않았다. 황숙이라는 신분, 황제의 밀서, 풍요로운 서주, 5만 병력 등 원하던 자원을 손에 넣었으니 독립하고 싶었다. 그는 조조의 장수인 주령과 노소에게 글을 한 통 써주고 허도로 돌려보낸 다음, 슬슬 서주를 차지할 궁리를 시작했다.

서주 땅을 되찾게 된 유비는 기뻤지만 조조는 분노했다. 유비가 겹겹으로 쳐놓은 속임수에 완전히 넘어갔다는 사실을 깨닫자 머리끝까지 화가 났다. 보기 좋게 계략에 빠진 주령과 노소의 목을 쳐 끓어오르는 화를 풀려고 했지만 정욱이 말렸다.

"유비가 권한을 가진 데다 관우와 장비까지 있었으니 두 사람도 어쩔 수 없었을 것입니다."

씩씩대며 유비에게 빚을 갚아줄 방법을 찾던 조조의 머리에 좋은 생각이 떠올랐다. 자신이 서주에 숨겨놓은 무기를 사용하면 될 것 같았다.

◈ 심리학으로 들여다보기

모함은 엄청난 파괴력을 지녔다. 구성원은 물론이고 조직을 공중분해시킨다. 더 중요한 점은 그 파괴력이 자신에게도 영향을 미친다는 것이다. 바르고 옳은 정도를 걷자. 그 길이 더디더라도 온전한 승리를 안겨준다.

때로는 적이 기회를 만들어준다

'유비 너도 재주가 좋지만 나도 보통은 아니다!'

조조는 회심의 미소를 지었다. 그의 손에는 두 장의 히든카드인 진등 부자가 있었다. 이들을 시켜 차주와 함께 유비를 처리하면 일은 의외로 쉽게 끝날 수 있었다. 그러나 조조가 미처 깨닫지 못한 사실이 있었다. 바로 유비의 스파이 실력도 타의 추종을 불허한다는 사실이다.

조조는 즉시 차주에게 밀서를 내려 상황을 설명하고 진등과 의논하라고 지시했다. 이야기를 들은 진등은 깜짝 놀랐지만 아무렇지 않은 척 차주에게 말했다.

"유비를 죽이는 것은 식은 죽 먹기이니 걱정하지 마십시오. 장군께서는 군사들과 함께 성벽 안에 숨어 있다가 유비를 맞아들이는 척하면서 끌어들여 해치우면 됩니다. 저는 성 위에서 화살을 쏘아 유비를 뒤

따르는 자들을 쫓아버리겠습니다."

그 말을 들은 차주는 크게 기뻐하며 진등의 말에 따랐다. 그러나 진등은 유비의 사람이었다. 일전에 여포를 팔아 조조에게 상을 받았지만 그것은 어디까지나 유비를 위해서 한 행동이었다. 이 사실을 까맣게 모르는 조조와 차주는 진등을 철석같이 믿었다.

진등은 아버지 진규에게 상황을 알린 다음 곧바로 유비에게 소식을 전하러 가다가 앞서 오던 관우와 장비를 만났다. 자초지종을 들은 장비가 당장 달려가 차주를 죽여버리겠다며 펄쩍 뛰자 관우가 붙잡으며 말했다.

"차주가 이미 성안에 매복해 있을 것이다. 그를 죽이겠다고 들어간다면 함정에 빠지는 꼴이 아니냐. 내 생각에는 이렇게 해야 할 것 같구나."

관우의 작전은 이랬다. 자신의 군사들을 조조의 병사로 꾸며 승상이 보낸 지원군이라 속이고 성안으로 들어가 차주를 죽이는 것이다. 물론 이 작전은 유비에게 알리지 않는다는 전제가 따랐다. 유비의 성격을 잘 아는 관우는 그가 결코 조조에게 정면으로 맞서지 않을 것을 알고 있었다. 더구나 조조의 명을 받아 그의 군사를 거느리고 온 유비가 이런 식으로 조조를 배신한다면 도의적으로도 옳지 않은 일이었다. 만약 유비가 알았다면 결코 작전대로 움직이지 않았을 것이다.

진작부터 유비의 성격에 혀를 내두르던 장비도 기회는 있을 때 잡아야 한다며 얼른 찬성했다. 관우와 장비의 군사들은 원래 조조의 군사라 깃발이나 복색을 따로 준비할 필요가 없었다. 두 사람은 3경이 되기를 기다렸다가 조용히 군사를 이끌고 서주성 앞으로 갔다. 성문을 지키는 자가 누구냐고 묻자 관우는 선불리 입을 열지 못하고 병사 하나를 시켜 승상의 장수인 장료의 군대라고 대답하게 했다.

장료는 조조의 휘하에 있는 장수 가운데 관우가 가장 잘 아는 사람이었다. 그렇다면 관우는 어째서 전혀 안면이 없거나 싫어하던 장수 중 아무나 골라 대지 않았던 것일까? 여기에는 매우 흥미로운 심리적 현상이 숨어 있다. 얼른 거짓말을 만들어내야 하는 긴박한 상황에서 우리는 반사적으로 우리에게 가장 익숙한 정보를 내뱉는다. 다음 이야기에서도 이러한 현상을 관찰할 수 있다.

당나라 헌종 때의 일이다. 강동 출신의 포의包誼라는 사람이 과거 시험을 보기 위해 장안으로 향했다가 그만 시험일을 놓쳐버리고 말았다. 포의는 별수 없이 장안에 잠시 머물며 다음 시험을 기다리기로 했다. 하루는 포의가 어느 사찰에 놀러 갔다가 웬 남자 하나를 보았다. 어찌나 덩치가 크고 거들먹거리는지 그는 참지 못하고 한마디 했다.

"거 참 원숭이같이 생겼구먼!"

그런데 그 말을 들은 남자가 화를 내며 싸움을 걸어왔다. 남자의 이름은 유태진이었다. 이 일로 포의와 사이가 아주 나빠졌다. 당시 중서사인中書舍人이던 유태진은 이듬해에 예부시랑禮部尙書으로 승진하여 과거 시험을 주관하게 되었다.

응시자 명단을 살피던 유태진은 포의의 이름을 보고 절대로 그를 합격시키지 않기로 마음먹었다. 시험이 끝난 후 유태진은 합격자 명단을 만들어 승상에게 올렸다. 포의도 높은 점수를 받았지만 명단에는 빠져 있었다. 그런데 당시 주차朱泚가 반란을 시도한 지 얼마 지나지 않은 때라, 합격자 명단을 본 승상이 주씨 성을 가진 응시자를 가리키며 말했다.

"이 사람은 주차와 성이 같으니 합격시키지 않는 것이 좋겠소."

유태진은 감히 대꾸하지 못하고 대답했다.

"알겠습니다."

승상이 다시 물었다.

"대신 넣을 사람이 있소?"

승상이 되묻었을 때 유태진은 망설일 수 없었다. 만약 조금이라도 우물쭈물한다면 아무에게나 뇌물을 받고 합격시켜준다거나 아는 사람을 추천하려 한다는 오해를 살 수 있었기 때문이다. 그게 아니더라도 시험 감독을 철저히 하지 않아 실력 있는 사람을 곧바로 떠올리지 못했다고 질책 받기 십상이었다. 그때 유태진에게 가장 익숙한 이름이 바로 포의였다. 요 며칠간 입술을 잘근잘근 깨물며 포의의 이름을 노려보았으니 무의식중에 각인되어버린 것이다.

유태진은 결국 포의를 천거할 수밖에 없었다. 승상은 곧바로 명단에 포의를 넣어 발표하도록 했다. 이렇게 해서 포의는 과거에 합격해 진사가 되었다. 자신이 어떻게 합격자 명단에 오를 수 있었는지, 그는 죽었다 깨어나도 모를 것이다. 이렇게 유태진이 다급한 상황에서 포의를 외친 것이나 관우가 긴장 속에서 장료를 고른 것은 모두 심리적으로 같은 원리다.

한편, 보고를 받은 차주는 고개를 갸웃했다. 조금 전에 도착한 조조의 밀서에는 장료를 보낸다는 말이 없었기 때문이다. 게다가 한밤중에 군대를 끌고 와 문을 열라니 더더욱 의심스러웠다. 그러나 만약 진짜 장료라면 문을 열어주지 않았다가 나중에 무슨 벌을 받을지 몰랐다. 선불리 결정을 내리지 못하던 차주는 무슨 일이든 진등과 상의하라는 조조의 말을 떠올렸다. 차라리 혼자 결정하는 것이 훨씬 나았을 테지만 내막을 전혀 모르는 차주는 진등을 불렀다. 어떻게 보면 차주를 죽인 것은 결국 조조였는지도 모르겠다. 진등은 어서 문을 열도록 차주를 부추겼지만 차주는 신중하게 움직였다.

"밤이 깊어 분별하기 어려우니 날이 밝거든 다시 오시오!"

그러자 성 아래에서 다시 소리쳤다.

"유비가 알까 두렵소. 어서 문을 여시오!"

그러나 차주는 5경까지 기다렸다가 문을 열기로 했다. 5경이 되자 성 아래가 소란스러워졌다. 밤새 잠을 설친 차주는 갑옷 차림으로 무기를 들고 성 밖으로 나갔다.

"문원은 어디에 계시오?"

그는 서둘러 장료부터 만나 사정을 설명하고 간밤의 무례를 사과하고자 했다. 그런데 함성을 지르며 달려 나오는 장수는 장료가 아닌 관운장이었다.

"이 하찮은 놈, 감히 우리 형님을 죽이려 하다니!"

호통을 친 관우가 청룡도를 휘두르며 다가오자 놀란 차주는 그를 당해내지 못하고 몸을 돌려 성으로 도망치려 했다. 그러나 성 위에서는 어느새 진등이 나타나 병사들을 지휘하며 화살을 쏘아댔다. 그제야 유비와 진등이 쳐놓은 올가미에 걸렸다는 사실을 깨달았다. 차주는 성을 돌아 도망가려 했지만 관우의 칼에 목숨을 잃고 말았다. 차주를 죽인 관우가 우레 같은 목소리로 말했다.

"역적 차주는 내가 이미 죽였다. 다른 군사들은 죄가 없으니 항복하면 살려주겠다."

이 말은 매우 중요했다. 차주에게 역적이라는 꼬리표를 달지 않으면 장수를 잃은 군사들은 계속 필사적으로 싸우려 들 것이다. 결국 병사들만 죽고 다치게 되니 관우에게는 손해였다. 게다가 관우가 이끄는 병사도 결국 조조의 군사였기 때문에 잘못하면 이들마저 관우의 말을 따르지 않을 수 있었다.

서주에 들어간 관우와 진등은 군사들과 백성들을 안심시키고 사람을 보내 유비를 데려오도록 했다. 서주를 차지할 생각은 했지만 이런 식의 작전은 전혀 고려하지 않았던 유비는 이야기를 듣고 깜짝 놀랐다. 차주의 머리를 본 유비가 무거운 얼굴로 말했다.

"큰일이구나. 조조가 군대를 몰고 온다면 어찌한단 말이냐?"

도겸 태수 시절, 조조가 직접 대군을 몰고 서주를 침공했을 때 벌어진 참상을 기억하는 유비는 몸을 부르르 떨었다. 그러나 이미 엎질러진 물이었다. 유비는 현실을 받아들이고 황망한 가운데 수하들을 모아 대책을 의논했다. 진등이 말했다.

"조조는 원소를 두려워하고 있습니다. 원소는 기주, 청주, 병주, 유주 네 곳을 호랑이굴로 삼고 있습니다. 군사가 100만이고 거느린 문관과 무장도 헤아릴 수 없이 많습니다. 그와 손을 잡는다면 조조를 막아낼 수 있을 것입니다."

유비가 한숨을 쉬며 말했다.

"나는 원소와 교분이 깊지 않을 뿐 아니라 얼마 전에는 그의 동생 원술을 죽였소. 그런데도 원소가 나를 도우려 하겠소?"

이 같은 질문을 예상하고 있던 진등이 대답했다.

"이곳에 환제桓帝 때 상서를 지낸 정현鄭玄이라는 분이 계십니다. 원씨 가문과는 삼대에 걸쳐 교분이 두터우니 그분께 부탁해 글을 얻는다면 원소는 반드시 주공을 도울 것입니다."

그 말을 들은 유비는 진등과 함께 정현을 찾아가 원소에게 보낼 편지를 얻었다. 그렇다면 유비는 정현을 어떻게 설득했을까?

유비는 더 이상 예전의 빈주먹 무장이 아니었다. 만천하에 공인된 황숙이라는 신분이었다. 역적 조조를 토벌하라는 천자의 밀서에도 이름까지 올렸으므로 조조를 반역자로 몰아갈 충분한 근거도 갖추고 있었다. 이렇게 국가적 대의를 내세우자 한나라의 신하인 정현은 당연히 유비를 도울 수밖에 없었다.

"역적 조조가 천자를 속이고 사직을 위험에 몰아넣어 백성들은 도탄에 빠졌소. 공이 유현덕을 도와 이 나라를 구한다면 그 옛날 이윤伊尹(상나라 재상으로 탕왕을 도와 하나라 걸왕을 치고 통일을 이루었음-옮긴이)이 탕왕을 돕고 주공周公(주나라 문왕의 아들이자 무왕의 동생. 무왕이 일찍 죽자 그의 어린 아들을 도와 나라의 기틀을 마련했다. 공자를 비롯한 여러 위인들이 흠모했던 고대 중국의 최고 성인-옮긴이)이 성왕成王을 도운 것과 다름없을 것이니 공의 이름도 역사에 길이 남아 영원히 빛나게 될 것이오."

정현이 그 자리에서 편지를 써주자 유비는 무척 기뻤다. 즉시 손건에게 편지를 들려 보냈지만 뜻밖에도 원소의 반응은 차가웠다.

"유비는 내 아우를 죽였소. 지금 당장 달려가 복수하지 않는 것만도 감사해야 할 일이거늘 감히 군사를 내어 달라고?"

손건은 가슴이 서늘해졌다. 그는 정현의 편지가 제 역할을 하지 못하는 것 같아 안타까워 변명하듯 입을 열었다.

"우리 주공이 원술을 해한 것은 조조의 명령 때문이었습니다."

누가 들어도 억지스러운 변명이었다. 조조의 명령을 받아 원술을 죽이고, 조조의 군사로 서주를 빼앗은 뒤 후환이 두려워 원술의 형에게 도움을 청한다는 건 도무지 앞뒤가 맞지 않는 소리였다. 그러나 손건은 기적같이 원소를 설득해 군사를 내주도록 만들었다. 이건 또 어떻게 된 일일까?

◈ 심리학으로 들여다보기

당황하면 누구나 엉뚱한 소리를 하게 마련이다. 이런 일로 흉보거나 놀리지 마라. 상황과 환경이 바뀌면 누구라도 당황한다. 그때 그의 본성이나 본심이 드러난다. 당신에게는 이를 간파할 절호의 기회이다.

갈림길에 섰다면
조언 구하기를 즐겨라

원소를 설득한 것은 정현의 편지도 손건의 말도 아니었다.

정현은 편지에서 원소를 잔뜩 추켜세웠지만 이윤과 주공을 앞세운 그의 전략은 제 역할을 하지 못했다. 왜냐하면 원소는 이미 제왕이 될 마음을 품고 있었기 때문이다. 이윤과 주공이 아무리 잘나봤자 신하에 불과했다. 황제 노릇을 하던 원술에게 옥새와 제호를 넘겨받기로 했던 일이 유비 때문에 수포로 돌아간 후 원소는 몹시 화가 나 있었다.

그런데 손건이 찾아와 변명을 하면서 상황은 달라졌다. 원소는 세력이 자신만 못한 조조가 단지 헌제를 차지했다는 이유만으로 자신의 손발을 묶어놓았다고 생각했다. 만약 황숙 유비와 손을 잡는다면 조조를 역적으로 몰아 군사를 일으킬 수 있었다. 먼저 조정을 장악했다가 기회를 봐서 황제의 자리를 빼앗을 수도 있다.

여기까지 계산이 서자 원소는 동생의 원수를 갚을 생각을 버리고 유비와 동맹을 맺었다. 그리고 문무 관원들을 모아 조조를 칠 의논을 했다. 그런데 원소의 모사들은 둘로 나뉘어 팽팽하게 맞섰다. 먼저 입을 연 것은 원소 진영에서 제일가는 모사 전풍이었다.

"전쟁이 계속되면서 곡식은 바닥나고 백성들도 지쳐 있습니다. 이런 때에 또다시 군사를 일으키시다니요? 주공께서는 군사를 여럿으로 나누어 조조를 압박하시는 것이 좋습니다. 그렇게 3년 정도 지나면 조조의 세력도 점점 약해지다가 무너질 것입니다."

그러나 심배가 반박하고 나섰다.

"주공께서는 무예가 출중하고 지략도 뛰어나신 분이오. 역적 조조 따위를 치는 것은 손바닥 뒤집듯 쉬운 일인데 어찌하여 싸움을 질질 끌며 세월만 낭비한단 말이오? 주공, 지금처럼 좋은 기회를 놓친다면 나중에는 일이 더 어려워질 것입니다."

또 다른 모사 저수는 전풍의 편에 섰다.

"지금 조조는 천자를 끼고 허도에 들어앉아 온갖 명분을 다 지니고 있습니다. 그 법령이 이미 자리를 잡은 데다 군사도 강성하지요. 만약 주공께서 명분 없이 군사를 일으켰다가는 일을 그르칠 것입니다."

이번에는 심배의 편인 곽도가 저수를 공격했다.

"그렇다면 무왕武王이 은의 주왕紂王을 토벌한 것도 신하가 임금을 배신한 것이니 명분이 서지 않는 것이오? 바로 지금이 기회요. 주공께서는 정상서의 뜻에 따라 유비와 함께 역적 조조를 처단하십시오. 하늘과 백성의 뜻을 따르는 일입니다!"

둘로 나뉜 모사들의 의견은 '조조'와 '역적 조조'로 극명히 구분되었다. 같은 집단을 이룬 주체들이 각자 다른 의견을 보이거나 심지어 정반대로 주장하며 대립하는 것은 지극히 정상적인 현상이다. 그러나 원소의 모사들은 현실에 대한 객관적인 인지를 바탕으로 입장을 결정하지 않았다. 바로 여기에 문제가 숨어 있다. 심배와 곽도는 언제나 전풍, 저수와 대립했다. 이들은 실질적으로 분리된 소그룹이었다. 전풍과 저수가 찬성하면 심배와 곽도는 무조건 반대했다. 이렇듯 집단의 이익을 위해서가 아닌 반대를 위한 반대는 비정상적인 행동이다.

이 같은 상황은 원소의 리더십과 직접적으로 연결되어 있다. 조조의 모사들을 생각하면 이해가 쉬울 것이다. 조조의 모사들은 똘똘 뭉쳐 서로 협력하며 집단을 위해 최선을 다하는 모습을 보여준다. 하나를 보면 열을 알 수 있는 법이다. 원소가 결코 조조를 이길 수 없다는 사실은 이처럼 작은 차이에서도 쉽게 엿볼 수 있다.

아끼는 모사 네 명이 둘씩 짝지어 팽팽하게 맞서자 원소는 결정을 내리지 못했다. 그때 허유許攸와 순심荀諶이 들어왔다. 원소는 크게 기뻐하며 두 사람에게 물었다.

"지금 정상서가 편지를 보내 유비를 도와 조조를 치라고 하는구려. 어떻게 해야겠소?"

이 둘과 사이가 좋지 않았던 전풍과 저수는 고개를 숙여버렸다. 허유와 순심은 곽도와 심배의 눈짓을 읽고는 원소에게 말했다.

"하늘이 주는 것을 받지 않으면 오히려 화를 입는다고 했습니다. 지금 치지 않으면 조조가 우리를 공격할 것입니다."

찬성과 반대가 4대 2가 되자 원소는 결정을 내렸다.

"두 사람의 말이 내 뜻과 같소."

원소는 정예병 10만을 뽑아 여양黎陽을 향해 출발했다. 원소가 심배 등의 의견을 받아들인 것은 그들이 다수를 차지한 '선택적 자각'이 작용했기 때문이었다. 앞서 설명했지만 선택적 자각은 객관적으로 사물을 판단하지 않고 우리가 믿고 싶은 부분만 선택적으로 자각하는 현상이다. 심할 경우 마음에 들지 않는 외부의 정보를 왜곡해서 받아들이기도 한다.

그렇다면 원소는 조조를 어떻게 판단하고 있던 걸까? 하나는 귀족 출신의 원소는 조조에게 줄곧 심리적인 우월감을 갖고 있었다는 점이다. 조조는 과거 열여덟 명의 제후를 모아 연합군을 구성하고도 맹주 자리를 원소에게 양보했다. 뿐만 아니라 천자를 차지한 후에도 스스로 대장군에 오르지 않고 원소에게 주었다. 이러한 사건들은 가뜩이나 콧대 높은 원소의 우월심리를 한층 부풀려놓았다. 다른 하나는 실제로 원소의 군사력이 조조보다 강했기 때문이다. 원소는 제아무리 '천자를 끼고' 있는 조조라도 자신의 상대는 되지 못한다고 생각했다. 이런 그의 생각이 공격하기로 결정을 내린 것이다.

한편 조조는 유비가 자신이 준 군사들을 속여 차주를 죽이고 서주를 차지한 것도 모자라 최대의 적수인 원소와 손을 잡았다는 소식을 듣자 불같이 화를 냈다.

'지난날 여포가 유비로부터 서주를 빼앗은 것과 무엇이 다르단 말인가? 그 여포도 유비의 말을 듣고 죽였거늘!'

조조의 자존심이 와르르 무너졌다. 자신을 건드린 자는 반드시 쫓아가 갚아주는 것이 또한 그의 성격이었다. 조조는 어떻게든 유비에게 복수하리라 마음먹었다. 그러나 앞뒤 재지 않고 충동적으로 움직이던 예전과는 달랐다. 정치적 두뇌가 날로 성숙해져 가는 조조는 더 이상 옛날의 풋내기 장수가 아니었다. 유비에게 맺힌 한이 골수에 사무칠 정도였지만 먼저 전체적인 상황부터 파악해야 했다. 조조는 장수들과 모사들을 불러 모았다. 그때 북해태수였던 공융이 원소가 군사를 일으킨다는 소식을 듣고 황급히 승상부로 찾아왔다. 그는 장군 벼슬을 받고 허도에 머무르고 있었다.

"원소는 세력이 매우 엄청납니다. 쉽게 맞서지 말고 화해하는 게 좋을 듯합니다."

공융은 유비를 생각해 원소와 조조를 중재하려 나섰다. 지난날 북해가 포위되었을 때 유비가 구해준 적이 있기 때문이다. 조조는 가타부타 말이 없었다. 그도 물론 선택적 자각에서 자유롭지 못했다. 예전에 곽가와 순욱이 마치 짠 것처럼 원소를 이길 수밖에 없는 이유를 조목조목 들어보였을 때부터 몸이 근질근질하던 참이었다. 어차피 천하를 손에 넣으려면 언젠가는 원소와 한판 붙어야 했다. 단 명성이 높은 공융의 조언이니만큼 조조는 곧바로 반박하지 않고 모사들에게 물었다.

"어떻게 해야겠는가?"

자신이 직접 나서지 않아도 공융에게 반박할 모사가 많다는 사실을 알고 있었다. 역시나 순욱이 가장 먼저 일어나 말했다.

"원소는 아무짝에도 쓸모없는 위인인데 어째서 화해를 한단 말씀입니까?"

그러고는 화해하지 말아야 할 이유를 늘어놓기 시작했다.

"원소의 군사는 숫자만 많을 뿐 잘 훈련되어 있지 않소. 전풍은 강직하여 윗사람을 거스르고, 심배는 고집만 세고 지모가 없습니다. 봉기는 쓸데없이 과단성만 좋은 사람이오. 게다가 저들끼리도 뜻이 맞지 않아 반드시 분란이 일어날 것입니다. 안량과 문추 또한 별 볼 일 없는 장수들이라 단번에 잡을 수 있습니다. 나머지 졸개들이야 100만 명이 이 몰려온다 해도 걱정할 것 없지요!"

순욱은 원소의 급소를 하나하나 짚어 보였다. 내부적으로 단결되지 않은 집단이 전투력을 갖출 수는 없다. 게다가 위급한 상황에 처하면 그 균열은 더욱 심해져 결국 자멸하고 만다. 공융은 더 이상 할 말이 없어 입을 다물어버렸다. 조조는 크게 웃었다.

"모든 것이 문약文若(순욱의 자)의 예측대로일 것이오!"

조조는 대군을 이끌고 여양에서 원소를 공격하기로 결정했다. 그런데 한 가지 걸리는 게 있었다. 지금 가장 중요한 목표는 원소지만 그렇다고 유비를 가만히 두자니 마음이 내키지 않았다. 직접 군사를 이끌고 배신자를 처단하고 싶었다. 하지만 몸은 하나뿐이었다.

조조는 유비가 자신의 깃발을 걸고 차주를 속인 것에서 아이디어를 얻어 '눈에는 눈, 이에는 이' 수법을 쓰기로 했다. 그는 유대와 왕충王忠을 불러 말했다.

"유장군은 전군이 되고 왕장군은 후군이 되어 군사 5만을 이끌고 서주로 가시오. 내 깃발을 걸고 서주로 가 유비를 잡아 오라는 말이오. 두 사람이 유비의 상대가 되지 못한다는 것을 알고 있소. 그러니 내가 직접 온 것처럼 허장성세를 하되 함부로 공격하지 말고 기다리시오. 원소를 무찌른 다음 나도 군사를 끌고 그쪽으로 가리다."

유대와 왕충은 명령을 받들어 서주로 출발했다. 조조는 직접 대군을 이끌고 여양으로 가 원소와 마주쳤다.

◈ 심리학으로 들여다보기

상대에게 이익을 제시하면 반드시 설득할 수 있다. 단, 실현 불가능한 이익의 제시는 안 된다. 그에게 실익이 되고 유효한 제안이라야만 가능하다. 자신의 이익만 구하고자 이를 간과하면 안 된다.

속임수에 넘어가지 말고 상대 속임수를 넘봐라

진짜 싸울 필요도 없고 그저 깃발을 흔들고 공격하는 시늉만 하라는 명령이었다. 기분 좋은 임무를 맡은 유대와 왕충은 가벼운 마음으로 서주로 향했다.

두 사람은 서주성에서 100리 정도 떨어진 곳에 진영을 꾸렸다. 이 광경을 본 유비는 함부로 움직이지 않고 조용히 사람을 보내 원소의 소식을 알아 오게 했다.

조조군과 대치 중인 원소 진영은 좀처럼 의견을 하나로 모으지 못하고 있었다. 만나자마자 바로 싸울 줄 알았던 조조는 원소가 행동하지 못하자 작전을 바꿀 수밖에 없었다. 얼마 후 이쪽의 상황이 여의치 않으니 먼저 유비를 공격하라는 명령이 유대에게 전해졌다. 유대는 깜짝 놀랐다.

첫째, 다른 사람들과 마찬가지로 유대 역시 조조가 원소를 이기지 못할 것으로 생각했다. 그래서 그는 조조가 패배했다는 소식이 올 때까지 서주에 있다가 안전하게 후퇴할 것이라 예상하고 있었다.

둘째, 유대는 과거 동탁을 토벌하기 위한 연합군에 제후 자격으로 참여했다. 당시 순식간에 화웅의 목을 베어온 관우의 실력과 여포를 상대하던 유비 삼형제의 무예를 직접 목격했다. 그래서 그는 자신이 관우나 장비의 상대가 아님을 잘 알고 있었다. 공격하는 척만 하는 건 문제가 없었지만 진짜 싸우는 건 엄두가 나지 않았다.

그러나 조조의 명령이 떨어진 이상 당장 행동을 개시해야 했다. 혼자서 끙끙 고민하던 유대는 슬며시 왕충에게 짐을 떠넘겼다.

"승상께서 이제 성을 공격하라는 명을 내리셨으니 자네가 먼저 공격하게."

하지만 왕충도 유대의 속셈을 모를 리 없었다.

"승상께서는 자네에게 명령을 내리시지 않았나."

"나는 주장主將이 아닌가!"

"같은 직책을 받고 왔는데 주장은 무슨 주장인가? 싸워야 한다면 같이 나가세!"

애초부터 유비와 싸울 생각이 없었던 두 사람은 궁지에 몰리자 벌벌 떨며 서로 책임을 미루기에 급급했다. 물론 이처럼 웃지 못할 상황이 벌어진 데는 조조의 책임이 컸다. 애초에 두 사람이 유비의 상대가 되지 못한다는 것을 알고 있으니 허장성세만 하고 있으라고 선을 그어버렸으니 말이다. 또한 조조는 유대가 전군을 맡고 왕충은 후군을 맡으라고만 했을 뿐 어느 한 사람에게 군대 전체에 대한 책임과 권한을 맡기지 않았다. 이 같은 두 가지 이유로 인해 유대와 왕충은 공격에 나서지 못하고 우왕좌왕했던 것이다. 그러나 이미 명령은 떨어졌고 고민하던 두 사람은 제비를 뽑기로 결정했다. 운이 나빴는지 '선'을 뽑은 왕충이 절반의 군사를 이끌고 억지로 서주를 향해 걸음을 뗐다.

승상의 깃발을 본 유비는 의심스러웠다.

'여양에 있는 조조군에 승상기가 없다고 했는데, 그렇다면 조조가 서주로 왔다는 말인가?'

하지만 눈앞에 보이는 적군의 모습에서는 조조 특유의 예리함을 전혀 찾아볼 수 없었다. 만약 조조가 직접 군사를 지휘했다면 무서운 기세로 달려들어 곧장 공격을 퍼부었을 것이다. 적군을 가만히 지켜보던 진등이 말했다.

"조조는 원소에게 많은 신경을 쓰고 있었습니다. 그런 사람이 여양으로 가지 않고 서주로 오다니요. 분명히 속임수일 겁니다."

그 말은 들은 유비는 두 아우를 불렀다. 누가 조조군의 상황을 알아보러 나겠느냐고 묻자 장비가 재빨리 나섰다.

"제가 가보겠습니다."

그러나 유비는 고개를 저었다.

"너는 성질이 불같아 믿을 수 없다."

장비에 대한 유비의 인상(초두효과)이 그랬지만 약이 오른 장비는 더 펄쩍 뛰며 대꾸했다.

"만약 조조가 직접 왔다면 제가 당장 끌고 오면 될 게 아닙니까!"

유비는 한숨을 내쉬며 정색하고 말했다.

"조조가 비록 역적이나 어쨌든 천자의 조서를 받들고 있지 않느냐. 그에게 맞서는 것은 곧 반역이다!"

그러자 장비는 장비대로 길게 탄식했다.

"그럼 그냥 이대로 앉아서 죽기만 기다리자는 말씀이오?"

장비의 말에서 한줄기 불만을 느낀 유비가 서둘러 대꾸했다.

"그래도 그럴 수는 없다. 원소만 믿고 있다가 조조가 대군을 이끌고 온다면 우리는 무덤자리도 없이 죽어갈 것이다."

여기에서 조조를 몹시 두려워하고 있는 유비의 심리 상태가 잘 드러난다. 가만히 앉아 있지도, 그렇다고 맞설 수도 없는 유비의 마음을 읽은 관우가 차분하게 말했다.

"제가 조용히 가서 상황을 살펴보고 오겠습니다."

그러자 유비의 얼굴에 반가움이 떠올랐다.

"아우가 가준다면 나는 마음을 놓겠네."

옆에서 듣고 있던 장비는 심통이 나 입술을 씰룩이며 조만간 반드시 큰형님이 자신을 다시 보도록 만들어주겠노라 다짐했다.

한편 군사를 이끌고 오던 왕충은 눈앞에 관우가 나타나자 깜짝 놀랐다. 술잔의 술이 식기도 전에 화웅의 목을 베었다는 관우의 모습에 다리가 후들거릴 지경이었다. 자기 같은 사람 열 명이 한꺼번에 달려든대도 결코 그의 상대가 될 수 없었다. 관우는 벌벌 떠는 왕충을 죽이지 않고 사로잡아 성으로 돌아왔다. 유비가 조조를 자극하기를 원치 않았기 때문이다. 유비가 왕충에게 물었다.

"너는 누구이기에 감히 조승상을 사칭했느냐?"

겁먹은 왕충은 솔직하게 털어놓았다.

"제가 어찌 승상을 사칭하겠습니까. 그저 명령을 받들었을 뿐입니다."

조조가 오지 않았다는 사실을 확인한 유비는 마음을 놓았다. 그리고 일단 왕충을 가두고 유대와 함께 처리하기로 했다.

관우가 왕충을 잡아온 것을 본 장비는 이번에는 자신이 나가 유대를 잡아오겠다며 유비를 졸랐다. 고민 끝에 좋은 계책 하나를 생각해 두었기 때문이다. 한편 유대는 왕충이 관우에게 붙잡혀간 이후로 더더욱 몸을 사렸다. 진영 안에 숨은 채 장비가 아무리 도발해도 도무지 싸우러 나오지 않았다. 장비는 성격이 좀 급할 뿐 머리가 나쁜 편은 아니었다.

'오랜 세월을 함께 보낸 큰형님이 나를 망나니 사고뭉치로 생각하고 있다면 다른 사람들의 생각 또한 크게 다르지 않을 테지.'

이 점에 주목한 장비는 한층 심한 망나니짓으로 적을 속여야겠다고 마음먹었다. 남들의 눈에 비친 나를 정확히 알고 있다면 이 또한 좋은 자원으로 활용할 수 있다. 지금의 장비도 그렇지만 나중에는 제갈량도 같은 계책을 썼다(제갈량은 사람들에게 신중함의 대명사로 알려진 자신의 이미지를 역이용하여 공성계를 펼쳤다).

장비는 2경에 유대의 진영을 습격한다는 명령을 내렸다. 그런 다음 대낮부터 막사 안에 술을 항아리째 가져다 놓고 마신 뒤 잔뜩 취한 척을 하며 아무 이유 없이 병사들을 괴롭혔다. 억울하게 매를 맞고 묶여 있던 병사들은 동료의 도움으로 빠져나가 유대의 진영으로 도망쳤다. 물론 이들을 풀어준 사람은 장비가 은밀히 보낸 수하였다.

유대는 지략과 용맹을 모두 갖춘 관우를 가장 두려워하고 있었다. 그런데 상대가 장비라니 힘으로는 못 당해도 작전만 잘 쓴다면 해볼

만한 싸움이 될 것 같았다. 도망쳐온 장비의 병사들에게 내막을 알아낸 유대는 장비의 작전을 거꾸로 이용하기로 했다. 그러나 유대가 미처 예상하지 못한 것이 있었다. 바로 이 모든 것이 장비의 계략이라는 사실이다. 장비의 야습을 역이용하려던 유대는 오히려 기다리고 있던 장비에게 사로잡히고 말았다.

장비가 훌륭한 계책으로 싸움에서 이겼다는 소식을 듣자 유비는 크게 기뻐했다. 오랫동안 자신을 따라다니던 고정관념을 성공적으로 깨뜨린 장비도 의기양양했다. 그러나 유비는 이 일 때문에 장비를 지나치게 믿다가 나중에 아주 난처한 상황에 처하게 된다.

유대를 본 유비는 얼른 달려가 직접 밧줄을 풀어주었다. 그래도 과거 연합군을 결성한 열여덟 제후들 중 한 사람이었기 때문이다. 더불어 갇혀 있던 왕충도 함께 풀어준 다음 말했다.

"내가 차주를 죽인 것은 그가 나를 해치려 했기 때문입니다. 승상께서는 분명 내가 배반한 것으로 오해하고 두 분 장수를 보내 죄를 물으려 하셨을 겁니다. 허도에 있을 때 승상의 크나큰 은덕을 입은 내가 보답하지는 못할망정 어찌 조정을 배반할 수 있겠습니까? 두 분께서 허도로 돌아가서 이러한 제 입장을 승상께 잘 말씀드려 주신다면 감사하겠습니다."

도무지 앞뒤가 맞지 않는 소리였다. 차주가 유비를 죽이려 한 것은 조조의 명령을 받았기 때문이다. 또한 조조는 유비가 원술을 물리치고도 허도로 돌아오지 않고, 조조의 장수들만 돌려보낸 뒤 군사를 가로채 서주를 차지할 생각을 했기 때문에 화가 났던 것이다. 그런데 지금 유비는 모든 책임을 차주에게 돌리고 있었다.

유비의 입에서 '허도로 돌아가서'라는 말이 나오자 유대와 왕충은 가슴을 쓸어내렸다. 목이 떨어지느냐 마느냐 하는 마당에 유비의 말을 꼼꼼히 따져볼 겨를이 없었다. 그저 연신 고개를 끄덕이며 유비의 말에 동의할 뿐이었다.

"저희가 반드시 승상께 유사군의 뜻을 전달하겠습니다!"

유대와 왕충은 돌아가자마자 조조를 찾아가 유비의 무죄를 호소했다. 원소와 대치하고 있다가 군대를 철수하고 허도로 돌아온 조조는 마침 유비를 어떻게 처리하면 좋을지 궁리하던 참이었다. 유비의 오금을 저리게 해줄 생각으로 보냈던 두 사람이 오히려 유비를 옹호하자 조조는 화가 머리끝까지 치솟았다. 당장 둘의 목을 베어버리려 했지만 옆에 있던 공융이 말렸다. 만약 조조가 두 사람을 죽이면 유비에게 갈 다음 타자는 자신이 될 것이기 때문이다.

"승상께서는 저들을 보내실 때부터 유비의 상대가 되지 못한다는 걸 알고 계셨습니다. 그런데도 지고 돌아온 장수들을 죽이신다면 애초에 이기지 못할 싸움에 보내놓고 죄 없는 장수를 죽였다는 오명을 쓰게 될 것입니다."

일리가 있는 말이었다. 조조는 생각을 바꿔 두 사람을 살려주었다. 그러나 유비에 대한 악감정은 더욱 커져 급기야는 자신이 직접 군대를 이끌고 유비를 잡으러 가야겠다고 마음먹었다. 그러자 공융이 새로운 계책을 내놓았다.

"지금은 한겨울이라 군사를 움직여서는 안 됩니다. 내년 봄까지 기다려야 합니다. 기다리는 동안 장수와 유표에게 사람을 보내 손을 잡으십시오."

◈ 심리학으로 들여다보기

내가 속임수를 쓸 줄 안다면 상대 또한 그렇다. 작전과 묘수는 당신에게만 있는 게 아니다. 언제나 상대의 수를 읽고 파악하는 경계가 필요하다. 방심하다 허를 찔리는 낭패를 당하지 말자.

〈2권에 계속〉